KB193914

한 권으로 끝내는 새신자 바이블

한 권으로 끝내는 새신자 바이블

초판 1쇄 펴낸 날 · 2012년 8월 15일 | 초판 2쇄 펴낸 날 · 2013년 7월 10일
지은이 · 이규학 | 펴낸이 · 김승태
등록번호 · 제2-1349호(1992. 3. 31) | 펴낸 곳 · 예영커뮤니케이션
주소 · (136-825) 서울시 성북구 성북1동 179-56 | 홈페이지 www.jeyoung.com
출판사업부 · T. (02)766-8931 F. (02)766-8934 e-mail: jeyoungedit@chol.com
출판유통사업부 · T. (02)766-7912 F. (02)766-8934 e-mail: jeyoung@chol.com

ISBN 978-89-8350-807-2 (03230)

값 12,000원

한 권으로 끝내는 새신자 바이블

이규학 지음

예영커뮤니케이션

머리말

제 평생소원은 푸른 초장 맑은 시냇가에서 맘껏 풀을 뜯으며 자라는 양떼를 바라보는 것입니다. 갓 태어난 양들이 건강하게 자라는 것을 보면 기쁘기 한이 없습니다.

한국교회 새신자 정착률은 평균 20%라고 합니다. 새신자 정착사역은 교회에서 전도와 더불어 가장 중요한 사역입니다. 저는 목회를 시작하면서 '겨자씨' 성경공부반을 개설하여 15년 동안 새신자 정착과 양육을 위한 사역을 했습니다. 그리고 '겨자씨'를 보완한 『새신자 길라잡이』로 새신자 정착과 양육 사역을 시작한 지 벌써 15년이 흘렀습니다.

저는 30여 년의 목회사역을 전도와 새신자 양육에 집중했습니다. 그 결과 새신자들이 교회에 잘 정착해서 리더가 되었고, 우리 교회는 인천의 대표적인 교회로 성장했습니다. 이 책은 30여 년의 새신자 사역 경험을 바탕으로 『새신자 길라잡이』를 21세기 목회현장에 적합하도록 수정·보완해서 새신자 정착뿐만 아니라 제자양육까지 나아가도록 했습니다.

새신자 정착과 제자화를 통한
조국교회의 새로운 부흥을 꿈꾸며

이규학

본 교재의 효과적 활용

　본 교재는 본인이 목회를 시작하면서부터 지금까지 30여 년 동안 새신자 정착과 양육을 위해 가르치고 훈련한 내용들을 모아 엮은 것입니다.

　본 교재의 주제들에 공통적으로 포함된 내용은 교회론과 구원론, 제자훈련입니다. 선교 단체에서 나오는 교재는 구원의 확신에 대해서는 강조하지만 교회론 부분이 취약하고, 교회에서 나오는 교재는 교회론에 대해서는 충실하지만 구원론 부분이 미진합니다. 그래서 본 교재 1부는 교회론과 구원론적 두 관점에서, 2부는 제자양육을 목표로 집필했습니다. 이 책은 개교회에서 새신자들이 구원의 확신을 갖고 교회 생활을 충실히 하는 데 도움을 줄 것입니다.

　본 교재는 소주제에 따른 핵심 성경을 본문에 제시하고 그 본문 성경을 해설해 나가는 방법을 취했습니다. 이렇게 한 이유는 "성경이 성경을 해석한다."라는 기본 명제에 충실하기 위함입니다. 새신자들이 처음부터 하나님의 말씀을 직접 대하여 구원에 이르기를 바란 까닭입니다. 각주에 나오는 성경 구절도 참고하면 큰 도움이 될 것입니다. 또한 인도자를 위해 인도자 참고를 넣었습니다.

🎯 이렇게 구성되어 있습니다

1. 총 31과로 구성되어 있습니다.
2. 1부는 구원의 확신과 교회론에 관한 내용입니다.
3. 2부는 제자훈련에 관한 내용입니다.
4. 소제목 : 전체 내용을 소제목으로 구분하였습니다.
5. 본문 성경 : 소제목에 합당한 성경구절입니다.
6. 본문 성경 해설 : 새신자의 입장에서 해설하였습니다.
7. 각주 성경 : 본문을 해설하는 중에 참고한 성구입니다.
8. 함께 나눔 : 소그룹 토론주제입니다.

🎯 이런 용도로 적당합니다

1. 새신자를 정착시키고, 제자로 양육합니다.
2. 청장년, 대학부 양육 및 제자훈련용입니다.
3. 소그룹 성경공부로 사용할 수 있습니다.
4. 새신자들이 혼자 읽고 공부하기 쉽습니다.

🎯 이렇게 사용하면 좋습니다

1. 본문 성경은 학생들이 함께 읽도록 합니다.
2. 인도자는 해설을 중심으로 소주제를 설명합니다.
3. 함께 나눔으로 소그룹 토론을 합니다.
4. 한 주에 한 과를 기준으로 합니다(한 과는 1시간 내외로 합니다).

1부
성도의 믿음(정착과 양육)

|

2부

성도의 삶(제자훈련)

I

1부
성도의 믿음

—

정착과 양육

제1과
성경 말씀을 믿습니다

"또 어려서부터 성경을 알았나니 성경은 능히 너로 하여금 그리스도 예수 안에 있는 믿음으로 말미암아 구원에 이르는 지혜가 있게 하느니라 모든 성경은 하나님의 감동으로 된 것으로 교훈과 책망과 바르게 함과 의로 교육하기에 유익하니"(디모데후서 3:15-16).

전 세계에 존재하는 크고 작은 6,000여 부족이 애용하는 책이 있습니다. 이 책은 1,600여 개 나라의 언어로 번역되었으며, 인류 역사상 가장 많이 만들어지기도 했습니다. 또한 세상에서 가장 많은 사람에게 사랑받는 책이기도 하지만, 아울러 미움도 가장 많이 받는 책이기도 합니다. 사람들은 이 책을 읽고 감동을 받을 뿐 아니라 진리와 생명을 찾습니다. 이 책은 무엇일까요? 바로 성경입니다.

1. 성경에 관한 기본 상식

성경은 약 1,500년간 40여 명의 저자에 의해 기록된 66권의 책들을 한 권으로 묶어 놓은 것입니다. 성경은 크게 구약과 신약으로 구분됩니다. 구약성경은 예수님이 세상에 오시기 전에 기록된 성경을 말합니다.[1] 구약성경은 모세가 기록한 '창세기'로부터 시작하여 말라기 선지자가 기록한 '말라기'까지 39권으로 구성되어 있습니다. 구약성경은 대부분 이스라엘 민족이 사용하던 고대 셈어계의 히브리어로 쓰

---

1) 예수님이 태어나신 해를 기원 1년이라고 합니다. 예수님의 탄생을 기준으로 기원 전(B.C.; before Christ)과 후(A.D.; Anno Domini)가 구분됩니다.

였습니다. 신약성경은 예수님이 이 세상에 오신 후, 예수님의 가르침과 하신 일을 기록한 책으로 모두 27권으로 이루어져 있습니다. 신약성경은 예수님 당시의 로마 세계가 쓰던 희랍어로 기록되었습니다.[2]

2. 성경은 하나님의 말씀입니다

"모든 성경은 하나님의 감동으로 된 것으로 교훈과 책망과 바르게 함과 의로 교육하기에 유익하니"(디모데후서 3:16).

성경은 하나님의 성령으로 감동을 받은 사람들이 기록했습니다. 1,500년 동안, 그것도 40여 명에 의해 기록된 책의 내용이 완전한 일관성을 유지한다는 것은 하나님이 친히 간섭하셨기 때문에 가능한 일입니다. 그래서 성경에는 '하나님께서 말씀하시기를', '여호와께서 말씀하시되', '주께서 이르시되' 등의 하나님이 친히 말씀하신 증거가 곳곳에 나타나는 것입니다.

---

2) 성경에 대한 기본 상식
① 성경이 기록된 연대 : 구약성경은 모세가 창세기를 기록한 것으로 시작하여 말라기 선지자가 말라기를 기록한 것으로 끝이 납니다. 이 시기를 대략 주전 1400-500년간으로 보면 구약성경은 약 1000년 동안 기록되었습니다. 만일 욥기를 욥이 기록했다면 욥은 아브라함과 비슷한 시기의 인물이므로 그 연대는 주전 2000년경으로 소급될 것입니다. 신약성경은 주님 부활 후 갈라디아서부터 기록되기 시작하였으며, 요한계시록이 주후 95년경에 마지막으로 기록되었습니다.
② 성경 번역본 : 구약은 히브리어와 아람어로, 신약은 헬라어로 기록된 성경은 현재 1600개 이상의 언어로 번역되었습니다. 지금 이 시간에도 세계 미전도 부족들을 대상으로 한 '성경번역선교회' 소속 선교사들을 통해 성경이 번역되고 있습니다. 성경번역 선교사들은 문자가 없는 부족들에게 문자를 만들어 성경을 번역해 주고 있습니다.
③ 성경의 저자 : 성경은 1500년간 40여 명의 저자들에 의해 기록되었는데, 저자들의 직업은 왕, 선지자, 목자, 농부, 관원, 제사장, 어부, 세리, 사사, 신학자, 의사 등으로 매우 다양하였습니다. 그 사람들이 하나님의 신에 감동되어 성경을 기록했습니다.

3. 성경은 사람을 구원에 이르게 합니다

"또 어려서부터 성경을 알았나니 성경은 능히 너로 하여금 그리스도 예수 안에 있
는 믿음으로 말미암아 구원에 이르는 지혜가 있게 하느니라"(디모데후서 3:15).

하나님이 1,500년이라는 오랜 세월을 통해 우리에게 성경을 주신 목적은 무엇일
까요? 성경이 기록된 목적은 사람으로 하여금 예수님을 하나님의 아들이요, 세상
을 구원하는 구세주로 믿어 구원을 얻게 하기 위함입니다.[3] 구원을 얻는다는 것은
유한한 생명을 가진 인간이 영원한 생명을 가진 하나님의 생명을 얻는다는 것입니
다. 사람 앞에 구원을 얻을 수 있는 방법은 오직 한 가지입니다. 그것은 바로 예수
님을 믿는 믿음을 통해서입니다.

4. 성경은 성도의 삶을 인도합니다

"모든 성경은 하나님의 감동으로 된 것으로 교훈과 책망과 바르게 함과 의로 교육
하기에 유익하니"(디모데후서 3:16).

성경은 사람을 구원에 이르게 하는 것으로 그치지 않습니다. 먼저 성경은 구원
을 얻은 성도가 하나님 앞에서 어떻게 살아야 하는지를 교훈합니다. 성경의 교훈
은 세상의 교훈과 같지 않습니다. 성경의 교훈은 그 자체로 생명력이 있어서 사람
들에게 충만한 생명을 줍니다. 성경의 교훈을 받아 산다는 것은 곧 하나님의 가르
침을 따라 사는 것입니다. 그런데 성도가 하나님의 뜻에 따라 살지 못할 경우에 성
경은 책망합니다. 성도들에게 하나님의 뜻에 따라 바르게 살라고 경고하는 것이지

---

3) "오직 이것을 기록함은 너희로 예수께서 하나님의 아들 그리스도이심을 믿게 하려 함이요 또 너희로 믿
고 그 이름을 힘입어 생명을 얻게 하려 함이니라"(요한복음 20:31).

요. 그러나 책망을 해도 듣지 아니하면 성도를 '바르게' 합니다. 여기서 '바르게' 한다는 것은 굽은 것을 바로 편다는 의미입니다. 굽은 것이 바로 펴지려면 상당한 아픔이 따르게 됩니다. 이는 결국 하나님이 성도를 사랑하사 베푸시는 징계를 의미하는 것입니다. 징계를 내려서라도 바른 길로 가게 하는 역사가 하나님의 역사요, 이 하나님의 역사하심을 신속히 알려 주는 것이 곧 성경 말씀인 것입니다. 하나님은 회개하고 바른 길로 돌아온 자녀를 향해 다시금 의로 교육하십니다.

성경 말씀을 벗어난 모든 행위는 죄입니다. 사람은 태어나면서부터 죄인이기 때문에[4] 말씀과 관계없이 스스로 알아서 행하는 것은 대부분 죄입니다. 따라서 성도는 성경을 부지런히 배우고 읽어야 합니다. 초대교회의 베뢰아 사람들은 하나님의 말씀을 참으로 간절한 마음으로 받았습니다. 그리고 그들은 날마다 성경 말씀을 배우고 따르고자 하는 진지함의 본을 보였습니다.[5]

5. 성경 연구의 축복

(1) 원수를 이기며 스승을 능가하는 지혜를 얻습니다

"주의 계명들이 항상 나와 함께 하므로 그것들이 나를 원수보다 지혜롭게 하나이다"(시편 119:98).

(2) 죄악을 이기는 힘을 얻습니다

"내가 주의 말씀을 지키려고 발을 금하여 모든 악한 길로 가지 아니하였사오며"(시편 119:101).

---

4) "모든 사람이 죄를 범하였으매 하나님의 영광에 이르지 못하더니"(로마서 3:23).
5) "베뢰아에 있는 사람들은 데살로니가에 있는 사람들보다 더 너그러워서 간절한 마음으로 말씀을 받고 이것이 그러한가 하여 날마다 성경을 상고하므로"(사도행전 17:11).

(3) 환난과 우환에서 구원을 얻습니다

"환난과 우환이 내게 미쳤으나 주의 계명은 나의 즐거움이니이다"(시편 119:143).

(4) 감사와 기쁨이 넘치는 삶을 살게 됩니다

"주의 의로운 규례들로 말미암아 내가 하루 일곱 번씩 주를 찬양하나이다"(시편 119:164).

6. 성경을 효과적으로 읽으려면

(1) 성경 구입은 이렇게 하십시오

성경 찬송가는 교회에서 추천하는 것으로 구입하는 것이 좋습니다.

(2) 성경의 차례와 약자를 기억하도록 합시다

신구약성경의 차례와 약자를 기억하고, 장, 절, 관주 찾는 법을 배웁시다. 초신자들의 경우는 창세기부터 읽는 것보다 마태복음부터 읽는 것이 좋습니다.[6]

(3) 진리를 찾는 목마름으로 성경을 읽으십시오

---

6) 바람직한 성경 읽기 순서
　　성경을 차근차근 읽어 가기 위한 규칙이 정해진 것은 아니지만 초신자들의 경우는 신약성경의 복음서부터 읽기 시작하는 것이 좋습니다. 4복음서를 읽은 후 사도행전, 서신서 순으로 읽어 가면 좋습니다. 구약은 신약을 다 읽은 후에 차례로 읽은 것이 좋습니다. 읽을 때 절이나 장으로 구분하여 읽기보다는 한 권씩 읽는 것이 가장 바람직합니다. 한 권씩 읽기가 너무 벅찰 경우는 2회나 3회로 나누어 읽어도 좋습니다.

"베뢰아에 있는 사람들은 데살로니가에 있는 사람들보다 더 너그러워서 간절한 마음으로 말씀을 받고 이것이 그러한가 하여 날마다 성경을 상고하므로 그 중에 믿는 사람이 많고 또 헬라의 귀부인과 남자가 적지 아니하나"(사도행전 17:11-12).

성경은 하나님의 말씀이며, 살아 있는 진리입니다. 그런데 이 진리는 찾는 사람에게만 나타납니다. 만약 진리를 찾겠다는 의지가 없다면, 성경을 아무리 많이 읽는다 해도 별 유익이 없습니다. 진리가 사람을 살리고 사람을 풍성하게 합니다.

(4) 말씀에 순종하겠다는 마음으로 읽습니다

"여호와께서 임하여 서서 전과 같이 사무엘아 사무엘아 부르시는지라 사무엘이 이르되 말씀하옵소서 주의 종이 듣겠나이다 하니"(사무엘상 3:10).

성경을 읽는 목표는 말씀에 순종하기 위함입니다. 말씀을 많이 아는 것이 중요한 것이 아니라 말씀에 순종하는 것이 중요합니다. 말씀 하나하나를 소중히 여겨 순종하십시오.

(5) 즐거움으로 읽으십시오

"내가 모든 재물을 즐거워함 같이 주의 증거들의 도를 즐거워하였나이다"(시편 119:14).

처음부터 성경을 즐겁게 읽는 것은 무리일 수 있습니다. 그러나 읽다 보면 성경보다 즐거운 책이 없다는 것을 알게 됩니다. 참으로 성경은 생명을 풍성하게 하고, 마음을 평온하게 하며, 유쾌하게 합니다.

💮 함께 나누어요

1. 성경을 알기 전 성경에 관한 내 생각과 지금의 생각을 나눕시다.

2. 성경을 통해 얻을 수 있는 유익을 함께 이야기해 봅시다.

3. 하루 중 규칙적으로 성경을 읽을 시간과 장소를 정해 봅시다.

4. 성경을 효과적으로 읽기 위한 방법을 적어 봅시다.

제2과
창조주 하나님을 믿습니다

"일의 결국을 다 들었으니 하나님을 경외하고 그의 명령들을 지킬지어다 이것이 모든 사람의 본분이니라"(전도서 12:13).

한 번 산다고 해서 '일생'(一生)이라고 합니다. "노세, 노세, 젊어서 노세, 늙어지면 못노나니."라는 가락에 흥겨워하며 어깨춤 추는 나이 든 분들이 많습니다. 또한 "인생을 깊이 생각하지 말자! 그냥 주어진 시간 동안 즐기자!"라고 말하는 신세대들도 있습니다. 그리고 그들은 점점 그 정도를 더해 가기만 합니다. 그러나 이러한 타락한 문화 속에서도 인생을 진지하게 생각하는 사람들이 있습니다. 여기 이 땅 위를 살다 간 사람들을 대표해서 진지하게 인생을 논한 한 사람의 말을 들어 봅시다.

그는 말하기를 "헛되고 헛되며 헛되고 헛되니 모든 것이 헛되도다 해 아래에서 수고하는 모든 수고가 사람에게 무엇이 유익한가."(전 1:2-3)라 하여 인생들이 수고하는 모든 일이 허망함을 말했습니다. 또한 "마음껏 누려 본 쾌락도 유익이 없고, 온 세상에서 나는 기름진 산해진미로 입을 즐겁게 해 봤으나 그것이 빈부의 한 그릇 밥과 다를 바가 없으니 잘 먹는 것도 무익하고, 거대한 사업을 벌려 무수한 재물과 노비와 처첩들을 수없이 거느려 봤으나 그것도 헛된 것이더라."(전 2:1-9)라고 말하는가 하면, 드디어는 "이러므로 내가 사는 것을 미워하였노니 이는 해 아래에서 하는 일이 내게 괴로움이요 모두 다 헛되어 바람을 잡으려는 것이기 때문이로다."(전 2:17)라고 절망적인 선언을 합니다.

이처럼 인생무상을 노래한 사람은 이 세상을 사는 동안 최고의 지혜와 부귀영화와 권세를 마음껏 누렸던 이스라엘 왕 솔로몬입니다.

위의 말들로 자신의 주장을 결론 맺었다면, 솔로몬 역시 인생들이 한결같이 자신이 고백한 인생무상을 말한 것에 불과했을 것입니다. 그러나 그의 결론은 다른 데 있었습니다.

"일의 결국을 다 들었으니 하나님을 경외하고 그의 명령들을 지킬지어다 이것이 모든 사람의 본분이니라"(전 12:13).

인생무상을 논하던 사람은 하나님을 경외하고 그 명령을 지키는 것이 사람의 본분이며, 거기에 행복이 있다고 권고합니다. 하나님이 누구시기에 하나님을 경외하고 그 명령을 지키라는 것일까요?

1. 천지 만물의 주인이신 하나님

"다윗이 온 회중 앞에서 여호와를 송축하여 이르되 우리 조상 이스라엘의 하나님 여호와여 주는 영원부터 영원까지 송축을 받으시옵소서 여호와여 위대하심과 권능과 영광과 승리와 위엄이 다 주께 속하였사오니 천지에 있는 것이 다 주의 것이로소이다 여호와여 주권도 주께 속하였사오니 주는 높으사 만물의 머리이심이니이다 부와 귀가 주께로 말미암고 또 주는 만물의 주재가 되사 손에 권세와 능력이 있사오니 모든 사람을 크게 하심과 강하게 하심이 주의 손에 있나이다 우리 하나님이여 이제 우리가 주께 감사하오며 주의 영화로운 이름을 찬양하나이다"(역대상 29:10-13).

하나님은 천하 만물을 만드신 주인이십니다. 만물이 하나님께 속하였습니다. 하나님은 천지 만물을 다스리시는 만왕의 왕이십니다. 우리 인간의 본분은 천지 만물을 대신하여 하나님께 영원한 감사와 찬양을 드리는 일입니다.

2. 하나님의 성품

(1) 영원하신 하나님

"산이 생기기 전, 땅과 세계도 주께서 조성하시기 전 곧 영원부터 영원까지 주는 하나님이시니이다"(시편 90:2).

인생을 비롯한 모든 피조물은 시작과 끝이 있습니다. 태어나는 날이 있고 죽는 날이 있습니다. 그러나 하나님은 시작도 없고 끝도 없으신 분이십니다. 영원부터 스스로 존재하셨던 분이십니다. 그래서 영원하신 분이라고 하는 것입니다.

(2) 어디에나 계시는 하나님

"여호와의 말씀이니라 사람이 내게 보이지 아니하려고 누가 자신을 은밀한 곳에 숨길 수 있겠느냐 여호와가 말하노라 나는 천지에 충만하지 아니하냐"(예레미야 23:24).

하나님은 그가 창조하신 우주 어느 곳에든지 계십니다. 그러기에 하나님은 인생이 아니라 신이십니다. 하나님은 영이기에 볼 수 없으나, 지금 여기에도 계십니다.

(3) 전지전능하신 하나님

"나는 여호와요 모든 육체의 하나님이라 내게 할 수 없는 일이 있겠느냐"(예레미야 32:27).

모든 피조물은 그 능력이 제한되어 있으나 하나님의 능력은 끝이 없습니다. 전지전능하신 하나님은 단지 말씀만으로 천지를 창조하신 분이십니다. 하늘과 땅의 모든 권세를 가지신 분이십니다.

(4) 변치 아니하시는 하나님

"온갖 좋은 은사와 온전한 선물이 다 위로부터 빛들의 아버지께로부터 내려오나니 그는 변함도 없으시고 회전하는 그림자도 없으시니라"(야고보서 1:17).

만물은 변합니다. 사람도 변합니다. 그러나 하나님은 변함이 없으십니다. 하나님의 약속이 변함없고, 사랑이 변함없으며, 성실하심과 인내가 변함없습니다.

(5) 거룩하신 하나님

"서로 불러 이르되 거룩하다 거룩하다 거룩하다 만군의 여호와여 그의 영광이 온 땅에 충만하도다 하더라"(이사야 6:3).

하나님은 아무 흠도, 죄도, 어두움도 없으신 분이십니다. 죄인이 가까이 할 수 없는 분이십니다. 오직 예수 그리스도의 보혈의 은혜로 하나님께 나아갈 수 있습니다. 그 하나님이 예수님을 믿는 자를 거룩하다고 하시고 하나님의 자녀로 영접하십니다. 하나님은 자신이 거룩하니 우리에게도 거룩하도록 힘쓰라고 하십니다.[7]

(6) 사랑의 하나님

"하나님이 우리를 사랑하시는 사랑을 우리가 알고 믿었노니 하나님은 사랑이시라 사랑 안에 거하는 자는 하나님 안에 거하고 하나님도 그의 안에 거하시느니라"(요한일서 4:16).

하나님은 사랑이시며 그 사랑은 무궁합니다.[8] 하나님이 하나님의 형상을 따라

---

7) "기록되었으되 내가 거룩하니 너희도 거룩할지어다 하셨느니라"(베드로전서 1:16).
8) "옛적에 여호와께서 나에게 나타나사 내가 영원한 사랑으로 너를 사랑하기에 인자함으로 너를 이끌었다 하였노라"(예레미야 31:3).

인간을 만드심이 사랑이요, 범죄하여 하나님을 떠나 죽게 된 인생들을 위해 하나님 자신이 사람의 몸을 입고 이 땅에 오셔서 우리를 대신하여 죽으심이 사랑입니다. 그 사랑을 알고 하나님 앞으로 나아가는 것이 인생의 본분입니다.

3. 하나님을 알면

"하나님이 그들에게 복을 주시며 하나님이 그들에게 이르시되 생육하고 번성하여 땅에 충만하라, 땅을 정복하라, 바다의 물고기와 하늘의 새와 땅에 움직이는 모든 생물을 다스리라 하시니라"(창세기 1:28).

성도가 하나님을 알 때 어떤 일이 일어날까요? 창세기 1장 28절의 말씀처럼 생육하는 복, 번성하는 복, 충만해지는 복, 세상을 정복하는 복, 세상을 다스리는 복을 받습니다.

4. 어떻게 하나님을 알 수 있을까요?

"그러므로 우리가 여호와를 알자 힘써 여호와를 알자 그의 나타나심은 새벽 빛 같이 어김없나니 비와 같이, 땅을 적시는 늦은 비와 같이 우리에게 임하시리라 하니라"(호세아 6:3).

하나님을 깊이 아는 것이 축복받고 인생의 평안과 행복을 누리는 지름길입니다. 사람들은 하나님의 창조 세계에 나타난 신비를 통해서, 그리고 마음속에 심긴 믿음의 씨앗으로 하나님을 조금은 알 수 있으나, 그것만으로는 부족합니다.

"예수께서 이르시되 내가 곧 길이요 진리요 생명이니 나로 말미암지 않고는 아버지께로 올 자가 없느니라"(요한복음 14:6).

인간은 스스로 하나님을 알 수 없습니다. 하나님을 알기 위해 아무리 연구를 많이 한다.할지라도 결코 알 수 없습니다. 사람이 지은 죄 때문입니다. 죄에 가려 하나님이 보이지 않는 것입니다. 사람의 힘으로 죄를 깨끗하게 할 수가 없습니다. 하지만 하나님은 인간이 하나님을 알 수 있는 한 가지 길을 만들어 놓으셨습니다. 그 길은 바로 예수 그리스도입니다. 하나님을 믿으려면 먼저 예수님을 믿어야 합니다. 하나님을 알려면 예수님을 알아야 합니다. 하나님을 경배하려면 예수님을 경배해야 합니다. 이것이 하나님이 만드신 신비의 법칙입니다. 아직 하나님을 잘 모르겠다면, 먼저 예수님을 구세주로 믿으십시오.

5. 예배는 하나님을 경외하는 최상의 길

"오라 우리가 여호와께 노래하며 우리의 구원의 반석을 향하여 즐거이 외치자 우리가 감사함으로 그 앞에 나아가며 시를 지어 즐거이 그를 노래하자"(시편 95:1-2).

하나님을 알고 경외하는 사람들은 하나님께 예배부터 드립니다. 예배를 드리는 것은 하나님을 아는 사람, 예수님을 믿는 사람에게서 반드시 나타나는 자연적인 현상입니다.

6. 하나님을 믿으면

(1) 하나님의 자녀가 되는 축복을 받습니다

(2) 천국 백성이 되는 은혜를 받습니다.

(3) 참 평화를 얻습니다.

🌷 함께 나누어요

1. 하나님을 아는 사람이 반드시 해야 할 일들을 말해 봅시다.

2. 사람이 어떻게 하나님을 알 수 있을까요?

3. 내가 오늘 알게 된 하나님은 어떤 분인지 소개해 봅시다.

제3과
구세주 예수님을 믿습니다

"시몬 베드로가 대답하여 이르되 주는 그리스도시요 살아 계신 하나님의 아들이
시니이다"(마태복음 16:16).

예수님에 대해 아십니까? 그분은 누추한 마구간에서 태어나셨습니다. 가난한
사람, 병든 사람, 억울한 사람의 벗으로 사시다가 33세의 젊은 나이로 죄 없이 십자
가에서 사형당하셨습니다. 예수님은 인류 역사상 가장 존경받는 성인입니다. 예수
님은 인류 역사를 A.D.(Anno Domini;主前)와 B.C.(Before Christ;主後)로 나눈 구세주입니다.

1. 예수님은 하나님이십니다

"빌립이 이르되 주여 아버지를 우리에게 보여 주옵소서 그리하면 족하겠나이다 예
수께서 이르시되 빌립아 내가 이렇게 오래 너희와 함께 있으되 네가 나를 알지 못
하느냐 나를 본 자는 아버지를 보았거늘 어찌하여 아버지를 보이라 하느냐"(요한복
음 14:8-9).

예수님의 열두 제자의 소원은 하나님을 보는 것이었습니다. 제자들 중 가장 의
심 많은 빌립은 예수님께 하나님을 보여 달라고 졸랐습니다. 이에 예수님은 놀라운
말씀을 하셨습니다. 예수님을 본 사람은 하나님을 봤다는 것입니다. 이 말씀은 자
신이 곧 하나님이라는 선언입니다. 예수님은 사람의 몸을 입고 오신 하나님입니다.

2. 예수님이 하나님이신 증거들

"예수께서 떡 다섯 개와 물고기 두 마리를 가지사 하늘을 우러러 축사하시고 떡을
떼어 제자들에게 주어 사람들에게 나누어 주게 하시고 또 물고기 두 마리도 모든
사람에게 나누시매 다 배불리 먹고 남은 떡 조각과 물고기를 열두 바구니에 차게
거두었으며 떡을 먹은 남자는 오천 명이었더라"(마가복음 6:41-44).

예수님이 하나님이라는 증거는 무수히 많지만, 몇 가지만으로도 충분할 것입니
다. 먼저 예수님의 오병이어(五餠二魚) 사건입니다. 굶주림에 지친 백성을 향해 하나
님은 물고기 두 마리와 보리떡 다섯 개로 장년 남자만 오천 명, 여자와 아이들까지
합친다면 수만 명에 이르는 사람들을 먹이셨습니다. 오직 하나님만이 이 일을 하실
수 있습니다. 예수님은 하나님이십니다.

"저물매 배는 바다 가운데 있고 예수께서는 홀로 뭍에 계시다가 바람이 거스르므
로 제자들이 힘겹게 노 젓는 것을 보시고 밤 사경쯤에 바다 위로 걸어서 그들에게
오사 지나가려고 하시매 제자들이 그가 바다 위로 걸어 오심을 보고 유령인가 하
여 소리 지르니 그들이 다 예수를 보고 놀람이라 이에 예수께서 곧 그들에게 말씀
하여 이르시되 안심하라 내니 두려워하지 말라 하시고 배에 올라 그들에게 가시니
바람이 그치는지라 제자들이 마음에 심히 놀라니 이는 그들이 그 떡 떼시던 일을
깨닫지 못하고 도리어 그 마음이 둔하여졌음이러라"(마가복음 6:47-52).

하나님은 창조주이십니다. 그분은 바람에게 명하시고, 바다를 잠잠하게 하시며,
모든 자연계를 다스리십니다. 예수님이 바다를 걸어오신 것은 인간의 능력으로 하
신 것이 아닙니다. 예수님이 하나님이셨기에 가능했던 것입니다.

"건너가 게네사렛 땅에 이르러 대고 배에서 내리니 사람들이 곧 예수신 줄을 알고
그 온 지방으로 달려 돌아 다니며 예수께서 어디 계시다는 말을 듣는 대로 병든 자
를 침상째로 메고 나아오니 아무 데나 예수께서 들어가시는 지방이나 도시나 마을
에서 병자를 시장에 두고 예수께 그의 옷 가에라도 손을 대게 하시기를 간구하니
손을 대는 자는 다 성함을 얻으니라"(마가복음 6:53-56).

성경에 나타난 예수님의 치유 사역은 불치병을 앓고 있는 사람을 대상으로 했던 것이 대부분입니다. 성경은 하나님을 질병을 고치시는 치료의 하나님으로[9] 소개하기도 합니다. 예수님은 스스로 병을 고치는 치료의 하나님이심을 나타내셨습니다. 그뿐만 아니라 죽은 사람을 세 차례나 살리심으로써 자신이 생사(生死)를 주관하는 하나님이심을 증거하셨습니다.

3. 예수님이 하나님이심을 믿지 못한 사람들

"나와 아버지는 하나이니라 하신대 유대인들이 다시 돌을 들어 치려 하거늘 예수께서 대답하시되 내가 아버지로 말미암아 여러 가지 선한 일로 너희에게 보였거늘 그 중에 어떤 일로 나를 돌로 치려 하느냐 유대인들이 대답하되 선한 일로 말미암아 우리가 너를 돌로 치려는 것이 아니라 신성모독으로 인함이니 네가 사람이 되어 자칭 하나님이라 함이로라"(요한복음 10:30-33).

예수님은 유대인들 앞에서 자신을 하나님과 하나라고 주장하셨습니다. 이에 격분한 유대인들은 예수님을 돌로 치려 합니다. 그러나 주님은 자신이 하나님이라는 분명한 증거를 보이셨습니다. 유대인들은 그 증거를 보고 예수님이 하나님이신지의 여부를 결정해야 했습니다. 그런데 소수의 사람만이 예수님을 하나님이라고 믿었습니다. 사람들은 대부분 증거를 보고도 믿지 않았습니다. 오늘날에도 사정은 동일합니다. 예수님을 세계 4대 성인 중의 한 사람으로 여기거나, 심지어는 신화적 인물로 보는 사람들이 대부분입니다. 예수님이 하나님이신 사실을 믿고 믿지 않고는 개인의 문제이겠지만, 그 결과에 대한 책임은 개인이 져야 할 것입니다. 만 가지 죄는 용서받을 수 있으나 예수님이 하나님이심을 부인하는 죄만은 용서받을 수 없습니다.

---

9) "이르시되 너희가 너희 하나님 나 여호와의 말을 들어 순종하고 내가 보기에 의를 행하며 내 계명에 귀를 기울이며 내 모든 규례를 지키면 내가 애굽 사람에게 내린 모든 질병 중 하나도 너희에게 내리지 아니하리니 나는 너희를 치료하는 여호와임이라"(출애굽기 15:26).

예수님이 하나님이심을 부인하는 것은 성령을 훼방하는 죄이기 때문입니다.[10]

4. 예수님은 사람이셨습니다

"자녀들은 혈과 육에 속하였으매 그도 또한 같은 모양으로 혈과 육을 함께 지니심은 죽음을 통하여 죽음의 세력을 잡은 자 곧 마귀를 멸하시며 또 죽기를 무서워하므로 한평생 매여 종 노릇 하는 모든 자들을 놓아 주려 하심이니 이는 확실히 천사들을 붙들어 주려 하심이 아니요 오직 아브라함의 자손을 붙들어 주려 하심이라 그러므로 그가 범사에 형제들과 같이 되심이 마땅하도다 이는 하나님의 일에 자비하고 신실한 대제사장이 되어 백성의 죄를 속량하려 하심이라 그가 시험을 받아 고난을 당하셨은즉 시험 받는 자들을 능히 도우실 수 있느니라"(히브리서 2:14-18).

예수님은 하나님이면서 동시에 혈과 육을 가진 우리와 성정이 똑같은 사람이셨습니다. 예수님은 아브라함의 후손으로 마리아에게서 태어나셨습니다. 원래 예수님은 하나님의 본체였으나 사람들을 구원하기 위해 사람의 모습으로 태어나신 것입니다.[11] 예수님이 사람이 되신 까닭은 마귀를 멸하기 위함이요, 자기 백성을 죄로부터 구원하기 위함이고, 시험받는 자를 돕기 위함입니다. 이 세 가지는 하나님이면서 동시에 사람인 분만이 하실 수 있는 일이었습니다.

---

10) 성령을 훼방하는 죄
 "누구든지 성령을 모독하는 자는 영원히 사하심을 얻지 못하고 영원한 죄가 되느니라 하시니"(막 3:29)라고 하여 성령을 훼방하는 죄를 말합니다. 성령을 훼방하는 죄란 하나님을 거역하는 죄를 말합니다. 하나님은 죄인을 구원하는 방법으로 예수님을 믿으라고 하셨습니다. 예수님을 믿지 않는 것이야말로 용서받을 수 없는 죄가 되는 것입니다. 모든 죄는 예수님을 믿음으로 사함을 받지만, 예수님이 구세주이심을 믿지 않는 죄는 사함을 받지 못합니다. 그렇기에 불신앙의 죄가 가장 나쁜 죄입니다.
11) "그는 근본 하나님의 본체시나 하나님과 동등됨을 취할 것으로 여기지 아니하시고 오히려 자기를 비워 종의 형체를 가지사 사람들과 같이 되셨고"(빌립보서 2:6-7).

5. 예수 그리스도는 구세주이십니다

"예수께서 이르시되 내가 곧 길이요 진리요 생명이니 나로 말미암지 않고는 아버지
께로 올 자가 없느니라"(요한복음 14:6).

참 하나님이요, 참 사람이신 분만이 죄인을 구원할 수 있습니다. 그래서 예수님
만이 구원의 길이고, 구원으로 인도하는 진리며, 생명을 주시는 분입니다. 예수님
을 통하지 않고서 하나님을 알 수 없고, 예수님을 믿지 않고서 하나님을 믿을 수
없습니다. 예수님 외에 구원의 길은 없습니다. 예수님 외에 하나님께 가는 길도 없
습니다.

"다른 이로써는 구원을 받을 수 없나니 천하 사람 중에 구원을 받을 만한 다른 이
름을 우리에게 주신 일이 없음이라 하였더라"(사도행전 4:12).

예수님만이 구원의 길이라는 진리에 대해 예수님의 제자인 베드로도 예수님과
똑같은 말을 합니다. 인간은 과학이나 철학의 힘으로 구원받지 못합니다. 조상을
숭배하는 것으로나, 세상 어떤 사람이나 신의 이름으로도 구원받을 수 없습니다.
인간을 구원하는 유일한 분은 예수님입니다.

6. 예수님을 믿으십시오

아직도 믿음이 없는 분들은 예수님을 영접하십시오. 구원은 오직 하나님의 아
들 예수님을 믿음으로 받습니다. 어떻게 믿어야 할지 모르시는 분들은 저희가 도
와 드리겠습니다.

7. 예수님을 믿으면

(1) 하나님의 자녀가 되는 권세를 얻습니다.

(2) 영생을 얻습니다.

🌳 함께 나누어요

1. 당신에게 있어서 예수님은 어떤 분입니까?

2. 어떻게 구원받습니까?

3. '구원받는다'는 의미를 말해 봅시다.

제4과
성령님! 우리 안에 계심을 믿습니다

"내가 아버지께 구하겠으니 그가 또 다른 보혜사를 너희에게 주사 영원토록 너희
와 함께 있게 하리니 그는 진리의 영이라 세상은 능히 그를 받지 못하나니 이는 그
를 보지도 못하고 알지도 못함이라 그러나 너희는 그를 아나니 그는 너희와 함께
거하심이요 또 너희 속에 계시겠음이라"(요한복음 14:16-17).

성도들에게 있어서 성령 하나님에 관한 내용처럼 오해가 많은 부분도 없을 듯합
니다. 성령님을 인격을 지닌 하나님이 아닌, 무슨 능력으로 이해하거나(여호와의 증인
들이 그러합니다), 성도들을 감정적으로 격동하게 하는 분으로 오해하기도 합니다. 성
도들이 성령 하나님을 이해함에 있어서 먼저 성령님이 하나님이라는 사실과 성령
님이 성도와 함께, 성도 안에 계시다는 사실을 우선 믿어야 합니다.

1. 성도들은 성령님을 모시고 사는 사람들입니다

"너희는 너희가 하나님의 성전인 것과 하나님의 성령이 너희 안에 계시는 것을 알
지 못하느냐"(고린도전서 3:16).

성도가 성령님을 모시고 산다는 사실은 간단히 넘어갈 문제는 아닙니다. 그런
데 많은 성도가 이 소중한 진리를 아예 모르거나, 대수롭지 않게 여기고 있습니
다. 귀신이 들려도 사람이 달라지는 법인데, 하물며 사탄의 권세를 이기신 예수 그
리스도의 영을 모신 사람이 아무런 변화가 없는 것은 불가능한 일입니다. 성령님

을 모시고 사는 사람은 세상 사람들의 눈에 마치 흑과 백이 대조를 이루듯 다르게 보여야 정상입니다. 그래서 불신자들이 미칠 수 없는 수준의 인격과 삶을 지니고 살아야 합니다.

2. 성령님은 성도를 예수님 앞으로 인도하십니다

"내가 아버지께 구하겠으니 그가 또 다른 보혜사를 너희에게 주사 영원토록 너희와 함께 있게 하리니 그는 진리의 영이라 세상은 능히 그를 받지 못하나니 이는 그를 보지도 못하고 알지도 못함이라 그러나 너희는 그를 아나니 그는 너희와 함께 거하심이요 또 너희 속에 계시겠음이라"(요한복음 14:16-17).

예수님은 다른 보혜사를 우리에게 보내시겠다고 약속하십니다. 보혜사(保惠師)를 헬라어로는 파라클레토스(παρακλητος)라고 하며, 우리말로는 '상담자', '위로자', '보호자', '대언자'라고 합니다. 우리가 어렸을 적에는 부모님이 보혜사 역할을 해 주고, 자라면서는 여러 사람이 우리의 보혜사 역할을 해 줍니다. 그런데 우리의 생명을 책임지시는 영원하고도 완전한 보혜사는 예수님입니다. 원래 예수님이 우리의 상담자이고 위로자이며 보호자요 대언자이십니다. 그런데 예수님은 자신을 대신할 보혜사를 우리에게 보내시겠다고 하셨습니다. 이분이 곧 성령님입니다. 오직 예수님만이 하나님 앞에 나아갈 수 있는 유일한 길인 것처럼,[12] 성령님의 인도 없이는 어느 누구도 예수님 앞에 나아올 수 없습니다.[13] 성령님의 인도를 통해 예수님 앞에 나아가고, 예수님을 통해 하나님께 나아갈 수 있는 것입니다.

---

12) "예수께서 이르시되 내가 곧 길이요 진리요 생명이니 나로 말미암지 않고는 아버지께로 올 자가 없느니라"(요한복음 14:6).
13) "내가 아버지께로부터 너희에게 보낼 보혜사 곧 아버지께로부터 나오시는 진리의 성령이 오실 때에 그가 나를 증언하실 것이요"(요한복음 15:26).
   "그러나 진리의 성령이 오시면 그가 너희를 모든 진리 가운데로 인도하시리니 그가 스스로 말하지 않고 오직 들은 것을 말하며 장래 일을 너희에게 알리시리라"(요한복음 16:13).

3. 세상은 성령님을 알지 못합니다

"그는 진리의 영이라 세상은 능히 그를 받지 못하나니 이는 그를 보지도 못하고 알지도 못함이라 그러나 너희는 그를 아나니 그는 너희와 함께 거하심이요 또 너희 속에 계시겠음이라"(요한복음 14:17).

세상 사람들은 결코 성령에 관해서 알지 못합니다. 성령을 받는 사람만이 성령을 알 수 있습니다. 마치 귀신을 받은 무당이나 박수들만이 귀신을 확실히 아는 것과 유사합니다. 세상 사람들은 성령을 받지 않았기 때문에 하나님에 대해서도 모르고, 예수님에 대해서도 알지 못합니다. 당연히 성령에 대해서는 그 이름조차 알지 못합니다.

4. 성령님은 성도들에게만 자신을 알리십니다

"그는 진리의 영이라 세상은 능히 그를 받지 못하나니 이는 그를 보지도 못하고 알지도 못함이라 그러나 너희는 그를 아나니 그는 너희와 함께 거하심이요 또 너희 속에 계시겠음이라"(요한복음 14:17).

성도는 성령님을 알 수 있습니다. 성령님이 성도와 함께 거하시기 때문입니다. 성령님이 성도와 함께 거하신다는 표현은 교회 공동체 안에 계신다는 말입니다. 성령님이 가장 활발하게 활동하시는 곳이 바로 교회입니다. 따라서 성도들은 교회 공동체와 함께하는 삶을 통해 성령님의 인도하심을 받고, 구원받는 삶을 누리는 것입니다. 예수님을 믿는다고 하면서 교회에 나오지 않으면 성령을 받지 못한 사람입니다.

성령님이 우리 속에 계시겠다고 하신 말씀은 성도 개인과 함께 계시겠다는 내용이기도 합니다. 성령님이 개인에게 거하신다고 할 때에도 개인은 교회 공동체에 실질적으로 참여하여 유기적인 연합을 이루고 있는 사람을 말하는 것은 물론입니다. 성도들은 이 진리를 믿어야 합니다. 우리는 우리 안에 성령님이 계심을 알아야 합니다.[14] 우리는 살아 계신 하나님의 성령이 거하는 거룩한 성전입니다.[15]

5. 성령님을 모신 사람에게는 그 증거가 나타납니다

"오직 성령의 열매는 사랑과 희락과 화평과 오래 참음과 자비와 양선과 충성과 온유와 절제니 이같은 것을 금지할 법이 없느니라 그리스도 예수의 사람들은 육체와 함께 그 정욕과 탐심을 십자가에 못 박았느니라"(갈라디아서 5:22-24).

성령님을 모신 사람의 중요한 특징은 육체의 소욕과 성령의 소욕이 서로 대립

---

14) 성전

① 장막 성전
성전이란 하나님이 계시는 궁전(宮殿)을 말합니다. 원래 하나님은 천지의 주인이시기에 천지간 어디에나 계십니다. 그런데 온 우주에 충만하신 하나님은 특별히 인간 세상에서 이스라엘이라는 나라에 거하셨습니다. 이스라엘 사람들은 광야에서 장막을 치고 살았는데, 하나님도 이스라엘의 장막 가운데 자기 집을 짓고 사셨습니다. 이때 하나님의 집을 '성막'이라고 불렀습니다.

② 솔로몬 성전
이스라엘이 가나안에 정착하면서 집을 짓고 살게 되자 하나님도 그분의 집을 지으셨는데, 이 하나님의 집을 '성전'이라고 했습니다. 솔로몬 왕 때 지어져서 솔로몬 성전이라고 불렀습니다. 세상 사람들은 하나님을 만나려면 이스라엘에 있는 하나님의 집으로 찾아와야 했습니다.

③ 성전이신 예수 그리스도
그런데 이 성전은 사실상 예수 그리스도를 상징하는 것이었습니다. 예수 그리스도가 이 땅에 오심으로 상징적 의미를 가졌던 옛 성전은 없어지고, 이제 예수님이 진정한 성전이 되셨습니다. 예수님이 성전이 되셨다는 것은 예수님 안에 하나님이 충만히 거하셨다는 것입니다. 그렇기 때문에 예수님을 본 사람은 하나님을 본 것이요, 예수님을 믿은 사람은 하나님을 믿은 것입니다.

④ 성전인 성도들
그런데 이제는 하나님이 예수 믿는 성도들과 교회 안에 계신다는 것입니다. 바로 성령으로 계시는 것이지요. 고린도전서 3장 16절에 "너희는 너희가 하나님의 성전인 것과 하나님의 성령이 너희 안에 계시는 것을 알지 못하느냐."라고 말씀하심으로 하나님이 성령으로 성도들 안에 계심을 알리고 계십니다.

15) "하나님의 성전과 우상이 어찌 일치가 되리요 우리는 살아 계신 하나님의 성전이라 이와 같이 하나님께서 이르시되 내가 그들 가운데 거하며 두루 행하여 나는 그들의 하나님이 되고 그들은 나의 백성이 되리라"(고린도후서 6:16).

하여 나타난다는 사실입니다. 소욕(所欲)이란 본능적인 욕구를 말합니다. 육신의 소욕은 갈라디아서 5장 18-20절에 있는 것처럼 음행, 더러운 말과 행동, 조상이나 우상에게 제사하는 것, 술수, 원수 맺는 것, 분쟁, 시기, 분내는 것, 편 가르기, 이단에 빠지는 것, 질투, 술 취함, 방탕하는 것 등입니다.

이렇게 세상을 사는 사람들은 하나님 나라에 들어갈 수 없고, 하나님 나라를 유업으로 받지 못합니다. 그러나 그들에게 성령님이 임하면 육체의 소욕이 아닌 성령의 소욕이 생겨나기 시작합니다. 성령의 소욕은 사랑, 희락, 화평, 오래 참음, 자비, 양선, 충성, 온유, 절제 등입니다. 신자에게는 육신의 소욕과 성령의 소욕이 대립하여 나타나지만, 차츰 성령의 소욕이 육신의 소욕을 이깁니다. 왜냐하면 우리는 육신의 소욕을 예수 그리스도의 십자가에 못 박아 버렸기 때문이요, 성령의 소욕을 주신 성령님이 우리 안에 계시기 때문입니다.

6. 성령을 소멸하지 말아야 합니다

"성령을 소멸하지 말며 예언을 멸시하지 말고 범사에 헤아려 좋은 것을 취하고 악은 어떤 모양이라도 버리라"(데살로니가전서 5:19-22).

하나님의 성령이 성도 안에 거하게 되면 성도의 양심이 새로워지기 때문에 죄를 지을 때마다 괴로운 심정에 빠지게 됩니다. 과거에는 대수롭지 않게 행하던 언행들이 이제 조심스러워집니다. 나를 위해서만 살았던 내가 하나님을 위해, 예수님을 위해 살려고 합니다. 이것이 성령님이 주신 마음입니다. 그런데 이처럼 성령님이 우리에게 주신 마음을 무시하고, 예전의 육신의 소욕을 따르는 신자들도 많습니다. 이런 행위는 성령을 소멸하는 것입니다. 성령을 소멸하는 가장 큰 이유는 하나님의 말씀을 무시하거나, 하나님의 말씀을 알면서도 지키지 않기 때문입니다. 그런가 하면 하나님의 말씀을 알지 못해서 범죄하는 경우도 많습니다. 성경 공부, 성경 읽기, 기도를 소홀히 하는 것은 큰 죄입니다. 따라서 성경 말씀을 묵상하고 기도하며 그 말씀대로 삶을 살아야 합니다. 그러면 성령님은 내 안에 항상 거하십니다.

> "너희는 너희가 하나님의 성전인 것과 하나님의 성령이 너희 안에 계시는 것을 알지 못하느냐 누구든지 하나님의 성전을 더럽히면 하나님이 그 사람을 멸하시리라 하나님의 성전은 거룩하니 너희도 그러하니라"(고린도전서 3:16-17).

알고 짓는 죄, 모르고 짓는 죄는 성도를 더럽힙니다. 그런데 문제는 성도가 죄로 더러워지는 것이 곧 성전(聖殿)을 더럽히는 것이라는 데 있습니다. 왜냐하면 우리 몸은 이미 우리 개인의 것이 아니라 하나님의 것이기 때문입니다. 그리고 우리 몸은 하나님의 성령이 거하시는 곳이기 때문입니다. 하나님이 거룩하시기 때문에 하나님의 백성도 거룩해야 마땅합니다. 만일 성도가 계속해서 성전인 몸과 마음을 더럽히는 죄를 범한다면, 입으로만 하나님을 믿는 자요 마음은 이미 하나님을 떠난 자이기에 이들은 멸망에 처할 것입니다.[16]

7. 예수님을 믿으면 성령을 받습니다

예수님을 믿은 사람들은 성령을 받았습니다. 아직 성령을 받지 못하신 분들은 어서 속히 예수님을 믿으십시오. 성령이 없는 사람들은 멸망할 것입니다. 어서 성령을 받으시고 성령이 없는 사람들에게 예수님을 믿도록 권하십시오.

---

16) "이런 자를 사탄에게 내주었으니 이는 육신은 멸하고 영은 주 예수의 날에 구원을 받게 하려 함이라"
(고린도전서 5:5).

🌳 함께 나누어요

1. 성령을 받는다는 것에 대한 의미에 대해 생각해 봅시다.

2. 성령을 모신 증거가 무엇입니까?

3. 당신에게는 그 증거가 있습니까?

제5과
삼위일체 하나님을 믿습니다

"주 예수 그리스도의 은혜와 하나님의 사랑과 성령의 교통하심이 너희 무리와 함께 있을지어다"(고린도후서 13:13).

성경에서 가장 이해하기 어려운 부분은 삼위일체 하나님에 관한 진리입니다. 성경에는 '삼위일체'라는 용어는 나오지 않으나, 성부와 성자와 성령을 하나님이라고 소개하는 말씀은 자주 등장합니다. 우리는 어떻게 세 분(三位)이 한(一體) 하나님인지는 알 수 없습니다.

사실 인간이 지닌 지식은 한계가 있어서 이해할 수 없는 것이 많습니다. 정직하게 말하자면, 인간은 완전하게 아는 것이 거의 없습니다. 인간의 제한된 지식으로 하나님의 최고의 신비인 삼위일체에 관해서 완전히 이해한다는 것 자체가 불가능한 일입니다. 그러나 우리가 이해하기 어렵다고 해서 이 사실을 몰라도 된다는 것은 아닙니다. 삼위일체 진리는 기독교 진리의 출발점입니다. 또한 하나님을 아는 만큼 하나님을 섬길 수 있고, 축복을 누릴 수 있습니다. 우리는 하나님을 더욱 경배하기 위해서도 하나님에 관한 핵심진리인 삼위일체에 대해 하나님이 가르쳐 주시는 만큼은 알아야 합니다.

1. 성경에 나타난 삼위일체에 관한 진리

"하나님이 이르시되 우리의 형상을 따라 우리의 모양대로 우리가 사람을 만들고 그들로 바다의 물고기와 하늘의 새와 가축과 온 땅과 땅에 기는 모든 것을 다스리게 하자 하시고"(창세기 1:26).

삼위일체에 관한 진리는 성경의 첫 구절에서부터 시작합니다. '하나님'이라는 히브리어 단어 '엘로힘'(אלהים)은 단수가 아니라 복수입니다. '엘로힘'(אלהים)의 단수 형태는 '엘로하'(אלה)인데, 하나님의 이름으로는 엘로힘으로만 쓰이지 엘로하로는 사용되지 않습니다. 가장 널리 쓰이는 이름에서 한 분 하나님이 세 인격으로 계신다는 사실을 알 수 있습니다.

이 사실을 좀 더 확실하게 알 수 있는 곳은 창세기 1장 26-27절입니다. 하나님이 사람을 만들되 '우리'의 형상을 따라 만들자고 하셨습니다. '우리'라는 표현은 하나님을 지칭하는 것이기에, 여기서도 한 분 하나님이 삼위로 계신다는 사실을 상당히 직접적으로 표현하고 있는 것입니다. 만일 하나님이 한 인격이셨다면, '우리의 형상을 따라'가 아니고 '내 형상을 따라'라고 하셨을 것입니다.

"그러므로 너희는 가서 모든 민족을 제자로 삼아 아버지와 아들과 성령의 이름으로 세례를 베풀고"(마태복음 28:19).

위의 성경 구절은 주님이 제자들에게 '지상명령'(至上命令)이라고 부르는 복음전도를 하라는 장면입니다. 여기서도 주님은 세례를 줄 때 성부 하나님의 이름으로만 주라고 한 것이 아니라, 성부와 성자와 성령 즉 삼위일체 하나님의 이름으로 세례를 주라고 하셨습니다. 이는 성부, 성자, 성령 세 분이 모두 동일한 권세를 가지고 동일한 영광을 받으시는 하나님이시요, 하나님은 한 분이시라는 것을 상기시켜 줍니다.

"주 예수 그리스도의 은혜와 하나님의 사랑과 성령의 교통하심이 너희 무리와 함께 있을지어다"(고린도후서 13:13).

예배 시간에 하나님의 이름으로 축도를 함에 있어서도 성부, 성자, 성령 어느 한 분의 이름으로 하지 않고, 반드시 삼위 하나님의 이름으로 축도를 합니다. 이 사실은 하나님이 삼위일체로 계신다는 진리를 말해 줍니다.

2. 삼위는 일체로 계십니다

"나와 아버지는 하나이니라 하신대"(요한복음 10:30).

성자 하나님이 자신을 하나님이라고 직간접적으로 밝힌 내용은 무수히 많습니다. 예수님의 모든 가르침과 이적은 사실 예수님이 하나님이라는 사실을 가르쳐 주는 것입니다. 요한복음의 첫머리에서도, 말씀이신 예수님과 하나님은 한 분이심을 장엄하게 선포하는데[17], 이 성경 구절은 창세기 1장 1절에[18] 나타난 엘로힘으로서의 삼위일체에 대한 부분과 병행을 이루고 있습니다. 주님은 제자들 중 하나가 하나님을 보고 싶다고 했을 때도 예수님 자신이 바로 하나님임을 가르치셨으며[19], 예수님의 대적자를 향해서도 자신을 하나님과 하나라고 선언하셨습니다.

"베드로가 이르되 아나니아야 어찌하여 사탄이 네 마음에 가득하여 네가 성령을 속이고 땅 값 얼마를 감추었느냐 땅이 그대로 있을 때에는 네 땅이 아니며 판 후에

---

17) "태초에 말씀이 계시니라 이 말씀이 하나님과 함께 계셨으니 이 말씀은 곧 하나님이시니라"(요한복음 1:1).
18) "태초에 하나님이 천지를 창조하시니라"(창세기 1:1).
19) "예수께서 이르시되 빌립아 내가 이렇게 오래 너희와 함께 있으되 네가 나를 알지 못하느냐 나를 본 자는 아버지를 보았거늘 어찌하여 아버지를 보이라 하느냐"(요한복음 14:9).

도 네 마음대로 할 수가 없더냐 어찌하여 이 일을 네 마음에 두었느냐 사람에게 거짓말한 것이 아니요 하나님께로다"(사도행전 5:3-4).

아나니아를 향한 베드로의 말씀을 주목해 봅시다. 베드로는 3절에서 아나니아가 성령을 속였다고 했는데, 4절에서는 하나님을 속였다고 하여 성령과 하나님을 동일한 분으로 바꾸어 사용하고 있습니다. 즉 하나님과 성령을 한 분 하나님으로 파악한 것입니다.

"내가 아버지께 구하겠으니 그가 또 다른 보혜사를 너희에게 주사 영원토록 너희와 함께 있게 하리니"(요한복음 14:16).

보혜사라는 용어는 삼위일체에 대한 진리를 잘 나타내고 있습니다. 보혜사(保惠師)는 글자 그대로 연약한 인생들의 보호자이시요(保), 죄인들에게 은혜를 한량없이 베푸시는 분이시며(惠), 우둔한 인생을 진리로 인도하시는 선생(師)입니다. 보혜사는 하나님의 하나님되심을 아주 잘 나타내는 용어입니다. 어느 누구도 보혜사가 될 수 없고, 오직 하나님만 보혜사가 될 수 있습니다.

옛적부터 우리의 영원한 보혜사는 하나님이셨습니다. 하나님은 실로 우리 인생들의 보혜사이셨습니다. 모든 육체가 하나님의 보호하시는 은혜로 생명을 유지했고, 지금도 하나님의 은혜로 살고 있습니다. 그런데 예수 그리스도는 하나님의 자격으로 보혜사이신 하나님의 일을 하시는 것입니다. 육신의 몸을 입고 오신 예수님이 보혜사의 일을 하셨습니다. 예수님의 지상 사역은 보혜사로서의 사역이셨습니다. 주님이 하나님이라는 진리를 우리에게 보이신 것입니다.

보혜사인 주님은 요한복음 14장 16절에서 하나님께 부탁하여 자신의 일을 대신할 보혜사를 보내시겠다고 하셨습니다. 이분은 주님께서 보혜사이신 하나님의 일을 하셨던 것과 동일하게 보혜사이신 예수 그리스도의 일을 하실 분입니다. 이

분은 바로 성령님입니다. 즉 인생들을 위한 보혜사는 오직 하나님 한 분뿐인데, 성부, 성자, 성령 하나님이 보혜사입니다. 삼위 하나님은 한 하나님이고, 한 보혜사입니다.

3. 삼위일체 하나님의 구원 사역

삼위일체 하나님이 죄인을 구원하시는 구원 사역을 하실 때 삼위께서는 각각 독특한 영역에서, 조금의 빈틈도 없이 연합하여 일하심으로 우리의 구원을 이루어 가십니다. 이에 대한 많은 성경 구절을 제시하기보다는 에베소서 1장 3-14절을 중심으로 삼위 하나님의 구원 사역을 살펴봅시다.

(1) 성부 하나님의 사역

"찬송하리로다 하나님 곧 우리 주 예수 그리스도의 아버지께서 그리스도 안에서 하늘에 속한 모든 신령한 복을 우리에게 주시되 곧 창세 전에 그리스도 안에서 우리를 택하사 우리로 사랑 안에서 그 앞에 거룩하고 흠이 없게 하시려고"(에베소서 1:3-4).

먼저 우리 주 예수 그리스도의 아버지요, 성도들의 아버지이신 성부 하나님의 사역을 알아보겠습니다. 죄인을 구원하시는 구원 사역에 있어서 성부 하나님의 사역은 그리스도 안에서 주시는 신령한 복과 관련합니다. 하나님이 우리에게 주시는 신령한 복은 하나님의 기쁘신 뜻에 따른 선택입니다.

하나님의 백성은 어느 날 갑자기 구원받는 것이 아니라 창세 전, 곧 하나님이 세상을 만드시기 전, 우리가 이 땅에 태어나기 전에 이미 선택된 것입니다. 하나님의 모든 일이 그러하듯 창세 전 선택도 우리의 이성으로 이해하기는 어려운 진리이지만, 하나님이 그렇게 말씀하시니 "아멘!"[20] 하고 믿는 것입니다. 우리는 이미 창세 전에 선택되어 이 시대에 하나님이 지극히 귀히 쓰시려고 우리가 섬기는 교회로 보냄받은 것입니다.

(2) 성자 하나님의 사역

"우리는 그리스도 안에서 그의 은혜의 풍성함을 따라 그의 피로 말미암아 속량 곧 죄 사함을 받았느니라 이는 우리가 그리스도 안에서 전부터 바라던 그의 영광의 찬송이 되게 하려 하심이라"(에베소서 1:7,12).

예수님은 창세 전에 선택한 하나님의 백성을 구원하시기 위한 구속 사역을 하셨습니다. 구속이란 저주받을 수밖에 없는 우리를 대신해 저주받으시고, 우리 죄를 대신하여 죽으신 후 죄와 죽음을 이기고 부활하신 것을 말합니다. 주님이 부활하심으로 우리도 죄의 값인 고난과 사망의 권세에서 벗어나 구원을 받았습니다. 이처럼 우리를 위한 예수 그리스도의 고난과 죽음 그리고 부활을 구속 사역이라고 합니다. 성자 하나님은 선택한 백성을 위해 구속 사역을 담당하셔서 우리로 하나님께 영광과 찬양을 돌리게 하십니다.

(3) 성령 하나님의 사역

"그 안에서 너희도 진리의 말씀 곧 너희의 구원의 복음을 듣고 그 안에서 또한 믿어 약속의 성령으로 인치심을 받았으니 이는 우리 기업의 보증이 되사 그 얻으신 것을 속량하시고 그의 영광을 찬송하게 하려 하심이라"(에베소서 1:13-14).

성령님의 사역은 예수 그리스도가 이루신 구속 사역을 교회에 적용하는 일입

---

20) '아멘' 이라는 단어는 '나도 그렇게 생각합니다', '그 의견에 동의합니다', '그렇게 믿습니다'라는 의미입니다.

니다. 예수 그리스도의 구속을 천하에 알리는 일을 위해 교회를 세우신 분이 성령 하나님입니다. 성령님이 임하심으로써 비로소 복음이 땅 끝까지 전파되었고,[21] 성령님이 역사하심으로써 선택받은 하나님의 백성이 예수 그리스도의 구속의 메시지를 듣고 믿게 되었습니다. 즉 사람들이 예수님을 주로 믿는 것은 오직 그에게 역사하시는 성령님으로 말미암는 것입니다.[22] 성령님은 선택된 사람들이 예수님을 믿도록 하시며, 믿는 사람들을 인(印)치십니다. '인친다'는 것은 계약서에 도장을 찍는다는 것인데, 우리가 하나님의 자녀가 됐다는 증거로 보통 도장을 찍는 것이 아니라 성령님 자신이 도장이 되신다는 것입니다. 이 말씀은 성령님이 우리 안에 영원히 계시겠다는 것입니다. 성령님 스스로가 우리 구원의 인(印)이 되어 주신다니, 이 얼마나 감격스러운 은혜입니까?

4. 삼위일체 하나님을 믿음

하나님을 삼위일체 하나님으로 믿지 못하면, 예수님을 믿으십시오. 예수님을 믿는 자들에게는 성령님이 오셔서 하나님이 삼위일체되심을 믿을 수 있도록 인도하십니다. 그리고 이를 믿는 사람은 영생을 얻습니다.

---

21) "오직 성령이 너희에게 임하시면 너희가 권능을 받고 예루살렘과 온 유대와 사마리아와 땅 끝까지 이르러 내 증인이 되리라 하시니라"(사도행전 1:8).
22) "그러므로 내가 너희에게 알리노니 하나님의 영으로 말하는 자는 누구든지 예수를 저주할 자라 하지 아니하고 또 성령으로 아니하고는 누구든지 예수를 주시라 할 수 없느니라"(고린도전서 12:3).

☘ 함께 나누어요

1. 하나님이 삼위일체로 계심을 믿을 수 있습니까?

2. 어떻게 삼위일체 하나님을 믿을 수 있습니까?

3. 예수님이 하나님이신 것을 배운 내용을 중심으로 써 봅시다.

제6과
내가 죄인임을 믿습니다

"여호와 하나님이 그 사람을 이끌어 에덴 동산에 두어 그것을 경작하며 지키게 하
시고 여호와 하나님이 그 사람에게 명하여 이르시되 동산 각종 나무의 열매는 네
가 임의로 먹되 선악을 알게 하는 나무의 열매는 먹지 말라 네가 먹는 날에는 반드
시 죽으리라 하시니라"(창세기 2:15-17).

"당신은 죄인입니다. 회개하고 예수님을 믿으십시오."

"뭐? 내가 죄인이라고요? 허참 별소릴 다 듣겠네."

현대인들은 '죄인'이라는 말을 제일 듣기 싫어합니다. 그 이유는 멀쩡한 사람을
왜 죄인이라고 하느냐는 것입니다. 자신이 죄인이라는 사실을 진지하게 생각하지
않은 사람은 하나님의 사랑을 비웃고, 예수님의 십자가 죽음을 자신과 전혀 관계없
는 것으로 여깁니다. 대부분의 사람들이 그렇습니다. 이제 우리는 우리 자신의 원
래 모습을 살펴보도록 하겠습니다.

I. 창조주 하나님의 처음 명령

"여호와 하나님이 그 사람을 이끌어 에덴 동산에 두어 그것을 경작하며 지키게 하
시고 여호와 하나님이 그 사람에게 명하여 이르시되 동산 각종 나무의 열매는 네
가 임의로 먹되 선악을 알게 하는 나무의 열매는 먹지 말라 네가 먹는 날에는 반드
시 죽으리라 하시니라"(창세기 2:15-17).

하나님은 자신의 모양대로 사람을 만드시고, 사람으로 하여금 자신을 대신하여 세상을 다스리도록 하셨습니다. 사람은 하나님의 은혜를 크게 입은 피조물이었습니다. 하나님은 사람에게 자신을 대신하여 창조 세계를 다스리도록 명하셨고, 사람에게 중요한 한 가지 명령을 내리셨습니다. 그것은 바로 선악을 알게 하는 나무의 열매는 먹지 말라는 것이었습니다. 그것을 먹으면 죽는다는 것이었습니다. 흔히 생각하듯 선악과에 무슨 마력적인 힘이 있어서 그랬던 것은 아닙니다. 하나님이 인간에게 선악과를 먹지 말라고 하셨던 것은 인간을 죽음에서 보호하기 위함이었습니다. 인간을 비롯한 모든 피조물은 스스로 살 수 없습니다. 스스로 살 수 있는 분은 세상에 하나님 한 분뿐입니다. 식물은 땅에 뿌리를 내려야 살고, 동물은 여러 가지 것들을 먹어야 그 생명을 유지합니다. 하나님의 형상을 따라 만들어진 인간은 더욱 하나님을 의존하여 살아야 합니다. 풀이 땅에서 뿌리 뽑히면 말라 죽는 것처럼, 인간은 하나님을 떠나는 순간 죽고 맙니다. 그러므로 하나님은 인간의 생명을 지키기 위해서 하나님을 떠나서는 안 된다고 하신 것입니다. 하나님이 선악과를 먹지 말라고 하심은 하나님을 떠나면 죽는다는 것을 인간에게 가르치신 것입니다.

2. 하나님을 떠난 인간

"뱀은 여호와 하나님이 지으신 들짐승 중에 가장 간교하니라 뱀이 여자에게 물어 이르되 하나님이 참으로 너희에게 동산 모든 나무의 열매를 먹지 말라 하시더냐 여자가 뱀에게 말하되 동산 나무의 열매를 우리가 먹을 수 있으나 동산 중앙에 있는 나무의 열매는 하나님의 말씀에 너희는 먹지도 말고 만지지도 말라 너희가 죽을까 하노라 하셨느니라 뱀이 여자에게 이르되 너희가 결코 죽지 아니하리라 너희가 그것을 먹는 날에는 너희 눈이 밝아져 하나님과 같이 되어 선악을 알 줄 하나님이 아심이니라 여자가 그 나무를 본즉 먹음직도 하고 보암직도 하고 지혜롭게 할 만큼 탐스럽기도 한 나무인지라 여자가 그 열매를 따먹고 자기와 함께 있는 남편에게도 주매 그도 먹은지라 이에 그들의 눈이 밝아져 자기들이 벗은 줄을 알고 무화

과나무 잎을 엮어 치마로 삼았더라 그들이 그 날 바람이 불 때 동산에 거니시는 여호와 하나님의 소리를 듣고 아담과 그의 아내가 여호와 하나님의 낯을 피하여 동산 나무 사이에 숨은지라"(창세기 3:1-8).

사탄은 하와에게 하나님을 떠나면 (선악과를 먹으면) 하나님처럼 될 수 있다고 유혹했습니다. 그리고 하와는 사탄의 유혹에 넘어가 하나님처럼 되기 위해 선악과를 따먹었습니다. 하와의 남편인 아담도 하나님의 말씀에 순종하는 대신 아내에게 순종했고, 결과적으로 사탄에게 순종하는 길을 선택했습니다. 아담과 하와가 선악과를 먹은 이유는 하나님처럼 되기 위해서였습니다. 선악과를 먹고 하나님을 떠나면 죽으리라는 하나님의 사랑의 음성을 믿지 않았던 것입니다. '피조물의 신분에 만족할 수 없다', '하나님께 순종하며 살기 싫다', '나도 독립하여 하나님의 간섭 없이 살아보고 싶다'는 교만에 빠져 하나님으로부터 독립을 선언한 것입니다. 오늘날도 이처럼 하나님으로부터 독립하여 살려는 사람이 많습니다.

아담과 하와가 하나님께 불순종하고 독립을 선언했으나 사실은 독립한 것이 아니라 사탄의 종이 된 것입니다. 선악과를 먹은 것이 하나님께 대한 범죄였다는 증거는 아담과 하와가 수치심을 느끼고 하나님을 피해 숨었다는 것에서 찾을 수 있습니다. 사람의 양심이 거의 마비되었음에도 불구하고, 사람은 죄를 지으면 수치심을 느끼게 됩니다. 이는 죄가 단순한 것이 아니라 하나님을 떠난 것이며 하나님께 죄지은 것임을 우리에게 알려 주는 중요한 단서입니다.

하나님은 우리가 범죄한 사실을 하나하나 정확하게 알고 계십니다. 그런데 인간은 범죄한 사실을 알고 계시는 하나님을 피하는 방법으로써 어리석게도 '눈 가리고 아웅' 하는 식으로 하나님이 없다고 주장합니다.[23]

---

23) "어리석은 자는 그의 마음에 이르기를 하나님이 없다 하는도다 그들은 부패하고 그 행실이 가증하니 선을 행하는 자가 없도다"(시편 14:1).

3. 범죄의 결과

"아담에게 이르시되 네가 네 아내의 말을 듣고 내가 너더러 먹지 말라 한 나무 실과를 먹었은즉 땅은 너로 인하여 저주를 받고 너는 종신토록 수고하여야 그 소산을 먹으리라 땅이 네게 가시덤불과 엉겅퀴를 낼 것이라 너의 먹을 것은 밭의 채소인즉 네가 얼굴에 땀이 흘러야 식물을 먹고 필경은 흙으로 돌아가리니 그 속에서 네가 취함을 입었음이라 너는 흙이니 흙으로 돌아갈 것이니라 하시니라"(창세기 3:17-19).
"이같이 하나님이 그 사람을 쫓아내시고 에덴 동산 동편에 그룹들과 두루 도는 화염검을 두어 생명나무의 길을 지키게 하시니라"(창세기 3:24).

인간은 그를 지으신 하나님의 말씀에 순종하지 않았습니다. 하나님처럼 되겠다는 배은망덕하고 주제넘은 교만 때문입니다. 불순종, 교만, 배은망덕함이 인간이 지은 대표적인 죄입니다. 이러한 죄를 지은 결과는 실로 무서운 것이었습니다.

(1) 교제가 단절되었습니다

아담과 하와는 죄를 짓고 하나님을 피하여 숨었습니다. 그들은 하나님을 피한 결과 하나님의 존재마저 부정했습니다. 하나님과의 관계 단절은 사람과의 단절을 가져왔습니다. 하와를 향하여 "내 뼈 중의 뼈요 살 중의 살"이라고[24] 사랑을 고백했던 아담이, "하나님이 만들어 준 저 여자 때문에 죄를 짓게 됐다."라고[25] 하와와 하나님께 동시에 죄를 전가한 것입니다. "나는 죄가 없다. 모두 너 때문이다." 이것이 오늘을 살아가는 우리 죄인의 모습입니다.

---

24) "아담이 이르되 이는 내 뼈 중의 뼈요 살 중의 살이라 이것을 남자에게서 취하였은즉 여자라 부르리라 하니라"(창세기 2:23).
25) "아담이 이르되 하나님이 주셔서 나와 함께 있게 하신 여자 그가 그 나무 열매를 내게 주므로 내가 먹었나이다"(창세기 3:12).

(2) 죽음이 찾아왔습니다

하나님의 말씀대로 죽음이 찾아왔습니다. 흙으로 돌아간다는 것은 곧 죽음을 의미합니다. 인간의 죽음은 삼중적으로 나타났습니다. 먼저는 범죄한 순간 완전히 하나님과 단절된 영적 죽음입니다. 아담의 후손들은 영적으로 죽어 있기에 하나님을 찾을 수 없습니다.[26] 그러나 죽은 영혼일지라도 예수님을 믿으면 살아납니다. 둘째는 육신의 죽음입니다. 인간은 육체적으로도 제한된 시간만을 살 수 있을 뿐입니다. 하나님을 떠난 인간에게 육신의 죽음은 인간 세계의 변할 수 없는 법칙으로 자리 잡았습니다.[27] 마지막은 둘째 사망이라 하는데, 이는 영원한 불못입니다.[28] 곧 지옥에 가는 것을 말합니다. 일반적으로 사람들은 죽으면 존재가 없어지는 것으로 생각하지만, 존재가 없어지는 것이 아니라 지옥에 가는 것입니다. 이 모든 죽음에서 해방되는 길은 예수님을 믿어 영생을 얻는 것입니다.

(3) 자연이 저주를 받았습니다

인간의 범죄는 아름다운 자연계에 하나님의 저주를 내리게 했습니다. 그리고 인간은 저주받은 자연계를 더욱 파괴하기 시작했습니다. 자연계의 파괴는 오늘날 환경 파괴, 생태계 파괴라는 더 큰 문제를 가져왔고, 이제는 회복 불가능한 상태가 되어 가고 있습니다.

---

26) "그는 허물과 죄로 죽었던 너희를 살리셨도다"(에베소서 2:1).
27) "한번 죽는 것은 사람에게 정해진 것이요 그 후에는 심판이 있으리니"(히브리서 9:27).
28) "사망과 음부도 불못에 던져지니 이것은 둘째 사망 곧 불못이라"(요한계시록 20:14).

⑷ 고생문이 열렸습니다

남자는 평생 땀을 흘려 수고해야만 가족을 부양할 수 있게 되었습니다. 인간처럼 의식주를 위해 수고하는 존재도 없습니다. 하늘을 나는 새와 땅의 식물은 의식주를 위해 그처럼 수고하지 않습니다. 이 모든 것이 인간의 죄 때문입니다. 여자는 평생 남편에게 순종하며 살아야 하는 운명에 처하게 되었고, 잉태하여 해산하는 수고를 하게 되었습니다. 이 땅 위의 피조물 중 여자처럼 생명을 걸고 자녀를 출산하는 경우는 없습니다. 모두 죄악의 흔적입니다.

⑸ 하나님 나라에서 추방당했습니다

인간은 죄를 지은 결과, 하나님과 교제를 나누고 서로 사랑하며 살던 하나님 나라와 방불한 에덴동산에서 비바람 몰아치는 광야로 추방당했습니다.

4. 아담의 범죄가 후손에게 미친 영향

"그러므로 한 사람으로 말미암아 죄가 세상에 들어오고 죄로 말미암아 사망이 들어왔나니 이와 같이 모든 사람이 죄를 지었으므로 사망이 모든 사람에게 이르렀느니라 죄가 율법 있기 전에도 세상에 있었으나 율법이 없었을 때에는 죄를 죄로 여기지 아니하였느니라 그러나 아담으로부터 모세까지 아담의 범죄와 같은 죄를 짓지 아니한 자들까지도 사망이 왕 노릇 하였나니 아담은 오실 자의 모형이라"(로마서 5:12-14).

아담의 범죄는 아담 당대에 끝나지 않고 후손, 곧 온 인류에게 전가되었습니다. 성경에서는 한 사람으로 말미암아 죄가 들어왔다고 했는데, 여기서 한 사람이란

'대표자', '대리자'를 의미합니다. 마치 조상이 김 씨이면 그 후손들이 모두 김 씨인 것과 같은 이치입니다. 날마다 죄를 지으면서 어떻게 죄의 유전을 부정할 수 있겠습니까? 우리는 모두 범죄한 증거인 죽음을 몸에 지니고 살아갑니다.

5. 인간의 타락 정도

"기록된 바 의인은 없나니 하나도 없으며 깨닫는 자도 없고 하나님을 찾는 자도 없고 다 치우쳐 함께 무익하게 되고 선을 행하는 자는 없나니 하나도 없도다"(로마서 3:10-12).

아담의 후손인 인간은 모두 타락하였습니다. 죽음 이후 불못이라는 둘째 죽음에 처해질 것입니다. 죄인의 커다란 특징은 하나님에 대해 무지하다는 것입니다. 하나님이 없다고 주장하는가 하면, 하나님을 저주하기도 합니다. 하나님이 계신다고 할지라도 하나님께 드려야 마땅한 경배를 드리지 아니합니다. 본질상 모두 죄인입니다.

6. 죄인에게 희망은 없는가?

"간수가 등불을 달라고 하며 뛰어 들어가 무서워 떨며 바울과 실라 앞에 엎드리고 그들을 데리고 나가 이르되 선생들이여 내가 어떻게 하여야 구원을 받으리이까 하거늘"(사도행전 16:29-30).

이처럼 인생은 절망 중에 있습니다. 그런데 문제는 이런 절망적인 상황을 사람들이 모른다는 것입니다. 사람들은 막연히 세상 어디엔가 희망이 있으리라고 여깁니다. 그러나 아무리 찾아도 세상에는 희망이 없습니다. 지금 희망이라고 여기던 것들은 언젠가 아침 안개처럼 사라질 것입니다. 그러나 여기에 희망이 있습니다. 자신이 죄인임과 죄로 인해 비참한 상황 중에 있음을 솔직하게 인정하고 "내가 어떻게 하여야 구원을 얻을 수 있습니까?" 하면서 하나님을 찾는 사람들에게 희망은 있습니다. 하나님은 이런 사람들에게 찾아오셔서 구원의 길을 안내하십니다.

"이르되 주 예수를 믿으라 그리하면 너와 네 집이 구원을 받으리라 하고"(사도행전 16:31).

구원의 길은 여기저기 있는 것이 아닙니다. 길은 하나뿐입니다. 하나님은 인간이 구원에 이르는 길을 하나만 주셨습니다.

"다른 이로써는 구원을 받을 수 없나니 천하 사람 중에 구원을 받을 만한 다른 이름을 우리에게 주신 일이 없음이라 하였더라"(사도행전 4:12).

7. 지금 믿으십시오

"이르시되 내가 은혜 베풀 때에 너에게 듣고 구원의 날에 너를 도왔다 하셨으니 보라 지금은 은혜 받을 만한 때요 보라 지금은 구원의 날이로다"(고린도후서 6:2).

무엇보다 소중한 구원을 내일로 미루지 마십시오. 내일은 기회가 없습니다. 지금 이 시간에 믿고 구원을 얻으십시오. 주변의 불신자를 향해서는 오늘 믿으라고 인도하십시오. 집이 불타고 있는데 "지금 불타고 있으니 시간이 되거든 불 끄러 와 주시면 감사하겠습니다."라고 소방서에 전화하는 사람은 없을 것입니다.

8. 믿으면

(1) 죄 용서를 받습니다.

(2) 의롭다고 인정을 받습니다.

(3) 구원을 받습니다.

♡ 함께 나누어요

1. 사람은 왜 죽습니까?

2. 당신은 죄인입니까? 그렇다면 어떻게 해야 할까요?

3. 죄인이 예수님을 믿으면 어떻게 될까요?

제8과
주여! 제가 회개합니다

"이르시되 때가 찼고 하나님의 나라가 가까이 왔으니 회개하고 복음을 믿으라 하시더라"(마가복음 1:15).

1. 회개의 정의

"내가 그리스도와 함께 십자가에 못 박혔나니 그런즉 이제는 내가 사는 것이 아니요 오직 내 안에 그리스도께서 사시는 것이라 이제 내가 육체 가운데 사는 것은 나를 사랑하사 나를 위하여 자기 자신을 버리신 하나님의 아들을 믿는 믿음 안에서 사는 것이라"(갈라디아서 2:20).

사람들은 종종 어떤 기회를 통해 지금까지 행하던 일이나 습관을 급작스럽게 바꾸고 완전히 딴 사람이 되는 경우가 있습니다. 회개란, 하나님을 믿지 않고 내 마음대로 세상을 살던 사람이 예수님을 주인으로 모시고, 그분의 종이 되어 이제부터 주인이 시키는 대로 하겠다고 고백하며 삶의 방향을 바꾸는 것을 의미합니다. 회개에는 죄의 깨달음인 지성적 요소와 죄로 인한 근심인 감정적 요소 그리고 죄를 버리겠다는 결심인 의지적 요소 즉 지·정·의 3요소를 모두 포함합니다. 회개를 가리켜 인생의 방향 전환이라고 합니다. 한 사람의 생애에 있어서 가장 중요한 순간이 바로 회개할 때입니다.

2. 하나님의 부르심은 회개를 동반합니다

"내가 의인을 부르러 온 것이 아니요 죄인을 불러 회개시키러 왔노라"(누가복음 5:32).

교회에 속한 성도들은 하나님의 은혜로 예수 그리스도의 의를 힘입어 죄 많은 세상에서 구원받았습니다. 그런데 성도가 예수 그리스도 안에서 죄로부터 건짐받으면, 자신이 죄인이라는 것을 깨닫고 회개하는 행위가 따라옵니다.

회개함으로 구원을 받은 사람은 하나님 나라인 교회에 속하게 됩니다. 하나님 나라에 들어가는 사람에게는 반드시 통과해야 할 문이 있는데, 그것은 바로 회개의 문(門)입니다. 예수님이 이 땅에 오셔서 본격적으로 하나님 나라를 세워 가실 때 맨 먼저 요구하신 메시지가 바로 회개에 관한 것입니다.

"회개하라 천국이 가까이 왔느니라"(마 4:17)

하나님은 회개한 죄인들을 받으셔서 거룩한 나라의 백성으로 삼으셨습니다. 회개한 하나님의 백성에게 그리스도의 통치를 수행하게 함으로써 공법과 정의를 실현해 나가게 하신 것입니다. 이는 첫 사람 아담에게 주신 사명의 회복입니다. 하나님은 아담에게 하나님을 대신하여 세상을 통치하도록 하셨지만,[29] 아담이 죄를 지음으로 그 통치권을 박탈했다가 회개한 하나님의 백성을 원래의 지위로 회복시키셨습니다.

---

29) "하나님이 그들에게 복을 주시며 하나님이 그들에게 이르시되 생육하고 번성하여 땅에 충만하라, 땅을 정복하라, 바다의 물고기와 하늘의 새와 땅에 움직이는 모든 생물을 다스리라 하시니라"(창세기 1:28).

3. 주님은 죄인을 불러 회개시키러 오셨습니다

"내가 의인을 부르러 온 것이 아니요 죄인을 불러 회개시키러 왔노라"(누가복음 5:32).

이 땅에는 의로운 사람이 하나도 없다고 주장하는[30] 하나님의 말씀에도 불구하고 스스로 의롭다고 여기는 가증한 사람들이 있습니다. 스스로 의롭다고 여기는 사람은 구원을 받을 수 없습니다. 건강한 사람에게는 의사가 필요 없습니다(마 9:12). 자신이 죄인이라는 사실을 아는 데서 하나님의 은혜는 시작됩니다. 사람은 스스로가 하나님과 사람들 앞에 죄인임을 깨닫고, 내 죄 때문에 예수님이 십자가에서 죽으셨음을 인정할 때 회개에 이르게 됩니다.

4. 모두가 회개해야 합니다

"알지 못하던 시대에는 하나님이 간과하셨거니와 이제는 어디든지 사람에게 다 명하사 회개하라 하셨으니"(사도행전 17:30).

사랑의 하나님은 모든 사람이 회개하고 구원에 이르기를 원하십니다. 하나님은 우리를 구원하기 위해 그의 아들 예수 그리스도를 주심으로 우리를 향한 하나님의 사랑을 확증하셨습니다. 예수님이 이 땅에 오시기 전, 우리가 알지 못하던 시대에는 간과하셨으나 이제는 상황이 바뀌었습니다. 예루살렘으로부터 시작된 회개의 복음은 땅 끝까지 전파될 것입니다. 이제 복음을 듣는 자들은 아무도 핑계치 못할 것입니다.

주님은 인내하심으로 사람들이 회개하기를 기다리십니다. 주님의 인내를 오해

---

30) "여호와께서 하늘에서 인생을 굽어살피사 지각이 있어 하나님을 찾는 자가 있는가 보려 하신즉 다 치우쳐 함께 더러운 자가 되고 선을 행하는 자가 없으니 하나도 없도다"(시편 14:2-3).

한 어떤 사람들은 주님의 재림이 과연 있겠느냐고 조롱합니다. 그러나 주님이 늦게 오심은 "주의 약속은 어떤 이들이 더디다고 생각하는 것 같이 더딘 것이 아니라 오직 주께서는 너희를 대하여 오래 참으사 아무도 멸망하지 아니하고 다 회개하기에 이르기를 원하시느니라."(벧후 3:9)라는 말씀에서 드러나듯 모든 사람이 회개할 때까지 기다리시는 것입니다. 당신이 아직 회개하지 않았다면, 주님 앞에 무릎 꿇고 회개하십시오. 주님이 용서하시고 은혜를 베푸십니다.

5. 지속적인 회개가 필요합니다

"그러므로 어디서 떨어졌는지를 생각하고 회개하여 처음 행위를 가지라 만일 그리하지 아니하고 회개하지 아니하면 내가 네게 가서 네 촛대를 그 자리에서 옮기리라"(요한계시록 2:5).

하나님을 믿지 않고 내 길을 가던 상태에서 하나님께로 확실하게 방향을 전환하여 회개한 사람은 단 한 번의 회개로 구원을 받습니다. 이미 목욕한 사람(회개함으로 구원받은 사람)은 구원을 위해 두세 번 회개할 필요는 없습니다.[31] 그런데 성도들은 구원을 받은 후에도 죄를 짓게 됩니다. 이럴 경우 자신이 지은 죄에 대해 용서를 구하는 회개를 해야 합니다. 이런 경우의 회개는 처음으로 예수님을 믿겠다고 작정했던 회개와는 차이가 있습니다. 이때의 회개는 회심이라고 합니다. 회개하는 성도의 모습은 살아 있는 신앙인의 모습입니다. 성도가 회개하지 않으면 하나님의 징계가 따를 것입니다.[32] 교회가 회개하지 아니하면, 하나님이 촛대를 옮기실 것입니다. 초대교회 당시 크게 이름을 날렸던 아시아의 일곱 교회가 회개하지 않음으로 오늘날

---

31) "예수께서 이르시되 이미 목욕한 자는 발밖에 씻을 필요가 없느니라 온 몸이 깨끗하니라 너희가 깨끗하나 다는 아니니라 하시니"(요한복음 13:10).
32) "무릇 내가 사랑하는 자를 책망하여 징계하노니 그러므로 네가 열심을 내라 회개하라"(요한계시록 3:19).

에는 흔적조차 없어지고 이교도들의 본거지가 된 것을 보면,[33] 회개하라고 할 때 회개하지 아니하는 자들에 대한 형벌이 얼마나 무서운지를 깨닫게 됩니다.

6. 회개에 합당한 열매를 맺어야 합니다

"그러므로 회개에 합당한 열매를 맺고"(마태복음 3:8).

참된 회개는 열매를 요구합니다. 세례 요한은 회개하러 나온 이스라엘 백성을 향해 회개에 합당한 열매를 맺을 것을 요구했습니다.[34] "무리가 물어 이르되 그러면 우리가 무엇을 하리이까 대답하여 이르되 옷 두 벌 있는 자는 옷 없는 자에게 나눠 줄 것이요 먹을 것이 있는 자도 그렇게 할 것이니라 하고 세리들도 세례를 받고자 하여 와서 이르되 선생이여 우리는 무엇을 하리이까 하매 이르되 부과된 것 외에는 거두지 말라 하고 군인들도 물어 이르되 우리는 무엇을 하리이까 하매 이르되 사람에게서 강탈하지 말며 거짓으로 고발하지 말고 받는 급료를 족한 줄로 알라 하니라"(눅 3:10-14). 하나님 앞에 참으로 회개한 사람은 삶의 구체적인 현장에서 회개의 열매를 맺어 갑니다. 이 열매는 자신이 회개했다는 것을 증거하는 것이요, 구원받은 하나님의 자녀임을 증거하는 것입니다.

---

33) **아시아의 일곱 교회**
초대 일곱 교회가 있었던 터키는 현재 철저한 이슬람 국가입니다. 기독교 선교는 공식적으로 금지되어 있습니다.

34) **회개에 합당한 열매**
회개에 합당한 열매란 회개하기 전에 행했던 일들 중 하나님의 가르침에 반대되는 것, 사람들로부터 지탄을 받은 행위를 그만두는 소극적 의미의 열매가 있고, 하나님이 원하시는 삶을 살아가는 적극적 의미의 열매가 있습니다.
① 그만둘 것 : 우상 숭배, 음행, 불의한 일, 추악한 것, 탐욕, 악한 생각, 시기, 살인, 분쟁, 사기, 수군수군하는 것, 남을 비방하는 것, 능욕, 교만, 악을 도모하는 것, 부모를 거역하는 것, 배약하는 것, 무정한 것, 무자비, 공갈, 협박, 질투, 술 취함, 마약, 고리대금업 등 모든 종류의 악한 행실입니다(롬 1:23-32).
② 힘써 행할 것 : 사랑, 인내, 하나님을 기뻐함, 평화를 만듦, 구제에 힘씀, 복음을 전함, 예배 드리기를 기뻐함, 기도함 등 하나님이 원하시는 모든 삶을 사는 것입니다.

7. 회개하지 않으신 분은 지금 회개합시다

"볼지어다 내가 문 밖에 서서 두드리노니 누구든지 내 음성을 듣고 문을 열면 내가 그에게로 들어가 그와 더불어 먹고 그는 나와 더불어 먹으리라"(요한계시록 3:20).

아직 회개의 경험이 없으신 분은 주님 앞으로 나아갑시다. 주님은 이 시간에도 당신이 회개하고 돌아오기를 안타까운 마음으로 기다리십니다. 우리의 마음 문을 두드리십니다. "문 좀 열어다오. 내가 너의 마음속에 들어갈 수 있도록…."

8. 회개하면

(1) 죄책에서 해방됩니다.

(2) 평강이 임합니다.

(3) 성령이 임합니다.

🌳 함께 나누어요

> 1. 왜 회개해야 하는지 자신의 생각을 말해 봅시다.
>
> 2. 두 가지 회개에 대해 설명해 봅시다.
>
> 3. 당신은 어떤 회개의 열매를 맺어야 한다고 생각합니까?

제8과
나는 거듭난 새사람이 되었습니다

"시몬 베드로가 대답하여 이르되 주는 그리스도시요 살아 계신 하나님의 아들이 시니이다"(마태복음 16:16).

사람들마다 시급한 일이 있습니다. 어떤 사람은 직장 문제가 급하고, 어떤 사람은 결혼 문제가 급하며, 어떤 사람은 자녀 문제가 급합니다. 그러나 모든 사람에게 진실로 급한 문제는 따로 있습니다. 그것은 바로 거듭나는 일입니다. '거듭난다'는 말은 '위로부터 난다', '하나님께로서 난다', '다시 태어난다', '구원을 얻는다', '영생을 얻는다' 등 여러 유사한 용어로 사용되고 있습니다.

1. 거듭남의 중요성

"예수께서 대답하여 이르시되 진실로 진실로 네게 이르노니 사람이 거듭나지 아니 하면 하나님의 나라를 볼 수 없느니라"(요한복음 3:3).

깊은 밤 예수님을 찾아와 상담을 요청한 사람이 있었습니다. 유대 나라의 존경 받는 정치인이고 학자였던 니고데모라는 사람이었습니다. 예수님을 향해 여러 가지 질문을 하는 니고데모에게 그분은 "네가 거듭나는 것이 가장 급하니 우선 거듭 나라."라고 하셨습니다. 사람은 부모로부터 태어난 육신으로만은 천국에 들어갈 수가 없습니다. 육으로 난 것은 육이기에 하나님 나라에 들어갈 수 없고 멸망당할 뿐입니다. 하나님 나라에 들어가려면 다시 태어나야 합니다. 거듭나야 합니다.

2. 어떻게 거듭날 수 있을까요?

"이르시되 때가 찼고 하나님의 나라가 가까이 왔으니 회개하고 복음을 믿으라 하시더라"(마가복음 1:15).

예수님은 회개의 복음을 전하러 오셨습니다. 모든 사람은 자신이 죄인인 것을 깨닫고 회개해야 합니다. 그러나 사람이 하나님 나라에 들어가려면 회개하는 것만으로는 되지 않습니다. 회개하고 믿어야 합니다. 그렇다면 무엇을 믿어야 할까요?

"시몬 베드로가 대답하여 이르되 주는 그리스도시요 살아 계신 하나님의 아들이시니이다"(마태복음 16:16).

우리가 믿는 신앙을 베드로가 열두 제자를 대표해서 주님 앞에 공개적으로 고백한 신앙고백과 사도신경을 중심으로 살펴보도록 하겠습니다.

첫째, 예수님이 주(主)이심을 믿습니다. 십자가에서 죽으신 예수님이 나의 주요, 교회의 주이시며, 온 천하의 주인이심을 믿습니다. 둘째, 예수님이 그리스도이심을 믿습니다. 그리스도란 세상을 구원하시는 구세주라는 말입니다. 셋째, 예수님이 우리의 죄를 대신 담당하시기 위해 십자가에서 죽으셨음을 믿습니다. 넷째, 십자가에서 죽으셨던 예수님이 우리를 위해 삼 일만에 부활하셨음을 믿습니다. 다섯째, 하나님은 천지의 창조주이심을 믿습니다. 여섯째, 성령이 우리 안에 거하심을 믿습니다. 일곱째, 성삼위 하나님을 믿습니다.

위의 진리를 믿는 사람이 거듭난 사람이요, 구원받은 사람입니다.[35] 그런데 이렇게 내가 믿는 신앙을 사람들 앞에서 당당히 시인해야지만 비로소 거듭난 사람이라는 증거를 얻게 됩니다. 아직 신앙고백을 하지 못한 분들은 지금 하나님과 사람들 앞에서 자신의 신앙을 고백하십시오. 입을 열어 신앙을 고백함으로써 비로소 마귀의 자녀에서 하나님의 자녀가 될 수 있습니다.

"영접하는 자 곧 그 이름을 믿는 자들에게는 하나님의 자녀가 되는 권세를 주셨으니"(요한복음 1:12).

예수님을 주와 그리스도로 영접하고 고백하는 사람들에게는 큰 변화가 나타납니다. 먼저 하나님이 그의 자녀가 되는 권세를 주십니다. 하나님 자녀가 지닌 가장 중요한 권세는 사탄의 권세를 물리치는 것입니다. 이것은 사망을 이기는 권세입니다.

3. 거듭난 증거

"영접하는 자 곧 그 이름을 믿는 자들에게는 하나님의 자녀가 되는 권세를 주셨으니"(고린도후서 5:17).

그리스도인은 새로운 피조물입니다. 새로운 피조물이란, 도덕적으로나 신체적으로 약간 변한 것이 아니고 완전히 다른 사람이 된 것을 말합니다. 성경에서는 새로운 피조물을 경우에 따라서 여러 단어로 표현하고 있습니다.('거듭났다', '영생을 얻었

---

35) 신자들이 하나님 앞과 사람들 앞에서 믿음을 고백하는 것을 '신앙고백'이라고 합니다. 신앙고백의 가장 간단한 형태는 마태복음 16장 16절에 나타난 베드로의 신앙고백입니다. 사도신경은 사도들에 의해 전해진 것으로, 성경 전체를 체계적으로 요약하여 우리의 신앙을 고백한 내용이며, 믿는 자가 반드시 알아야 할 기본적인 기독교 진리입니다. 따라서 신자들은 사도신경에 기록된 진리를 확실히 믿고, 믿음으로 고백해야 하는 것입니다.

다', '구원을 받았다', '하나님의 자녀가 되었다', '위로부터 났다' 등) 이런 표현들은 약간의 미묘한 차이가 있을지라도 본질적으로는 동일합니다. 그런데 그리스도인이라면 반드시 그리스도인이라는 증거, 즉 새로 태어난 증거가 있어야 합니다. 그러면 그리스도인의 거듭난 증거는 무엇일까요? 요한일서 5장을 중심으로 살펴보도록 하겠습니다.

(1) 사랑

"예수께서 그리스도이심을 믿는 자마다 하나님께로부터 난 자니 또한 낳으신 이를 사랑하는 자마다 그에게서 난 자를 사랑하느니라"(요한일서 5:1).

거듭난 사람의 가장 큰 특징은 사랑입니다(1절). 먼저 하나님을 사랑하게 됩니다. 하나님을 저주했거나 하나님에 대해 관심이 없었거나 하나님의 존재 자체를 부정했던 사람이 힘써 하나님을 사랑합니다.[36] 더불어 거듭난 사람은 자기를 죄에서 구해 주신 예수님을 자신의 생명보다 더욱 사랑합니다. 세상 누구보다, 그 무엇보다 예수님을 더욱 사랑합니다. 예수님으로만 소망을 삼습니다.

그리고 신앙의 형제들을 사랑합니다. 영혼의 아버지를 사랑하는 사람은 반드시 그의 자녀인 성도들을 사랑합니다. 이 사람은 형제를 사랑함에 있어서 결코 말과 혀로만이 아니라 행함과 진실함으로 어려움을 함께 나눕니다.[37] 하나님을 알지 못하는 이웃을 불쌍히 여기고, 사랑으로써 모든 이웃에게 복음을 전하고자 합니다. 가족 중 믿지 않는 사람에서부터 친지 친구들에 이르기까지 복음을 전하기 위해 기도합니다. 기회가 생기면 놓치지 않고 복음을 전하여 영혼을 교회로 인도합니다.

---

36) "나의 힘이신 여호와여 내가 주를 사랑하나이다"(시편 18:1).
37) "자녀들아 우리가 말과 혀로만 사랑하지 말고 행함과 진실함으로 하자"(요한일서 3:18).

⑵ 말씀에 순종함

"우리가 하나님을 사랑하고 그의 계명들을 지킬 때에 이로써 우리가 하나님의 자녀를 사랑하는 줄을 아느니라 하나님을 사랑하는 것은 이것이니 우리가 그의 계명들을 지키는 것이라 그의 계명들은 무거운 것이 아니로다"(요한일서 5:2-3).

거듭난 사람은 하나님의 말씀에 즐거이 순종합니다(2,3절). 실로 거듭난 사람을 판가름하는 시금석은 하나님의 말씀에 순종하는지 그렇지 않은지에 달려 있습니다. 이런 사람은 주의 말씀을 지키기 위해 자신의 손해를 기꺼이 감수합니다. 자신의 주장을 버리고 주님의 주장에 항상 주목합니다. 자기 십자가를 지고 주님의 말씀을 따르는 올곧은 믿음을 통해 스스로 거듭난 사람이라는 사실을 증거합니다.

⑶ 믿음으로 세상을 이김

"무릇 하나님께로부터 난 자마다 세상을 이기느니라 세상을 이기는 승리는 이것이니 우리의 믿음이니라"(요한일서 5:4).

거듭난 사람만이 세상을 이기며 살아갑니다(4절). 모든 사람은 육체의 욕심에 따라 살고, 사망의 대로(大路)를 향해 거침없이 나아갑니다. 그러나 거듭난 사람은 세상이 원하는 삶의 방식을 따르지 않습니다. 유행보다는 믿음으로 살고 영원한 천국을 바라보며 삽니다.

⑷ 기도와 응답을 확신

"쉬지 말고 기도하라"(데살로니가전서 5:17).

거듭난 사람은 기도하는 사람입니다. 기도를 자신이 할 수 있는 가장 큰 일로 여기는 사람, 바쁠수록 더욱 기도하는 사람, 기도하는 시간이 세상에서 가장 소중한 것임을 확실히 아는 사람이 거듭난 사람입니다. 거듭난 사람은 기도를 쉬는 죄를 범하지 않습니다.

(5) 죄를 짓지 않으려고 노력함

"하나님께로부터 난 자는 다 범죄하지 아니하는 줄을 우리가 아노라 하나님께로부터 나신 자가 그를 지키시매 악한 자가 그를 만지지도 못하느니라"(요한일서 5:18).

거듭난 사람은 죄와 싸우는 사람입니다(18절). 거듭난 사람만이 스스로 죄인임을 믿습니다. 스스로를 죄인의 괴수로 여깁니다. 그렇기 때문에 아무리 큰 죄를 지은 사람일지라도 정죄하지 않습니다. 자신의 죄의 본성을 알기에 늘 죄를 조심합니다. 말 한마디 행동 하나도 함부로 하지 않으려고 애씁니다. 거룩하신 하나님을 본받는 것을 최고의 사명으로 알고 살아갑니다. 혹여 죄를 지으면 애통해하며 회개합니다. 자신의 죄뿐만 아니라 세상의 죄까지 슬퍼하며 하나님께 사죄의 은총을 구합니다.

(6) 예수 제일주의로 살아감

"또 아는 것은 하나님의 아들이 이르러 우리에게 지각을 주사 우리로 참된 자를 알게 하신 것과 또한 우리가 참된 자 곧 그의 아들 예수 그리스도 안에 있는 것이니 그는 참 하나님이시요 영생이시라"(요한일서 5:20).

거듭난 사람은 예수 제일주의로 사는 사람입니다(20절). 예수님을 아는 것을 최고의 영광으로 여깁니다. 예수님을 더욱 잘 알기 위해 평생을 힘쓰는 사람입니다. 예수님 외의 모든 지식은 분토처럼 여깁니다. 예수님만 자랑하며 삽니다. 예수님의 명령만 따르려 합니다. 예수님 때문에 살고, 예수님 때문에 죽습니다. 먹어도 예수님을 위해, 마셔도 예수님을 위해, 잠을 자도 예수님을 위해, 자녀를 길러도 예수님을 위해, 무슨 일을 하든지 오직 예수님을 위해 합니다.[38]

4. 거듭난 결과

거듭난 사람에게는 반드시 거듭난 결과가 나타납니다. 거듭난 사람에게는 다음과 같은 신분의 변화가 생깁니다.

(1) 새로운 생명이 생겼습니다

"내가 진실로 진실로 너희에게 이르노니 내 말을 듣고 또 나 보내신 이를 믿는 자는 영생을 얻었고 심판에 이르지 아니하나니 사망에서 생명으로 옮겼느니라"(요한복음 5:24).

거듭난 사람에게 주어지는 생명은 부모로부터 받은, 흙으로 돌아갈 육적 생명이 아닙니다. 하나님으로부터 받은 영생입니다. 하나님이 주신 생명을 새생명 혹은 영생이라고 합니다.

(2) 새로운 마음이 생겼습니다

"내가 그들에게 한 마음을 주고 그 속에 새 영을 주며 그 몸에서 돌 같은 마음을 제거하고 살처럼 부드러운 마음을 주어"(에스겔 11:19).

---

38) "그런즉 너희가 먹든지 마시든지 무엇을 하든지 다 하나님의 영광을 위하여 하라"(고린도전서 10:31).

하나님을 거역하던 완고하게 굳은 마음이 하나님 말씀에 순종하는 부드러운 마음으로 바뀌었습니다. 우리의 마음을 부드럽게 하신 분은 성령님이십니다.

(3) 새로운 부모가 생겼습니다

"무릇 하나님의 영으로 인도함을 받는 사람은 곧 하나님의 아들이라 너희는 다시 무서워하는 종의 영을 받지 아니하고 양자의 영을 받았으므로 우리가 아빠 아버지 라고 부르짖느니라"(로마서 8:14-15).

하나님을 영혼의 아버지로 모시게 됩니다. 사실, 인생을 지으신 분이 하나님이 기 때문에 우리가 하나님을 믿는 것은 다름 아닌 본향을 찾아간 것입니다. 이제 비 로소 참 효도의 길이 열린 것입니다.

(4) 새로운 형제가 생겼습니다

"모든 형제도 너희에게 문안하니 너희는 거룩하게 입맞춤으로 서로 문안하라"(고 린도전서 16:20).

과거에는 육신의 형제들이 있었지만, 이제는 믿음의 형제들이 많아졌습니다. 이 들은 하나님 나라에서 영원히 살 사람들입니다.

(5) 새로운 피조물이 되었습니다

"그런즉 누구든지 그리스도 안에 있으면 새로운 피조물이라 이전 것은 지나갔으니 보라 새 것이 되었도다"(고린도후서 5:17).

그리스도인은 이제 새로운 피조물입니다. 죄악된 옛사람은 이제 지나갔습니다.

모든 것이 새로워졌습니다. 몸과 마음이 새롭고, 부모가 새롭고, 형제가 새롭습니다. 새 나라의 백성이 된 것입니다.

(6) 새로운 영적 이해가 생겨납니다

"육에 속한 사람은 하나님의 성령의 일들을 받지 아니하나니 이는 그것들이 그에게는 어리석게 보임이요, 또 그는 그것들을 알 수도 없나니 그러한 일은 영적으로 분별되기 때문이라"(고린도전서 2:14).

세상 지식에 해박한 사람들도 하나님의 말씀인 성경의 진리는 전혀 이해하지 못합니다. 하나님에 관한 영적 진리는 구원을 받음으로 비로소 눈을 뜨게 됩니다. 자신이 죄인이라는 사실도 알게 됩니다. 천국과 지옥이 있음도 알게 됩니다. 새로운 세상에 눈을 떠갑니다.

(7) 새로운 도덕적인 경향이 생겨납니다

"너희가 그가 의로우신 줄을 알면 의를 행하는 자마다 그에게서 난 줄을 알리라"(요한일서 2:29).

거듭난 사람에게는 이제 죄악된 삶의 모습을 버리고 의롭게 살고자 하는 마음이 충만해집니다. 이것은 성령님이 거듭난 사람에게 주시는 새마음입니다. 죄를 미워하고 거룩을 사랑하게 됩니다. 죄를 미워하는 것이 그리스도인된 사람들의 큰 특징입니다.

(8) 천국 호적에 이름이 기록됩니다

"이기는 자는 이와 같이 흰 옷을 입을 것이요 내가 그 이름을 생명책에서 결코 지우지 아니하고 그 이름을 내 아버지 앞과 그의 천사들 앞에서 시인하리라"(요한계시록 3:5).

거듭난 사람은 하나님 나라의 생명책에 그 이름이 기록됩니다. 성도의 시민권은 하늘에 있습니다.

(9) 새 노래를 부르게 됩니다

"그들이 새 노래를 불러 이르되 두루마리를 가지시고 그 인봉을 떼기에 합당하시도다 일찍이 죽임을 당하사 각 족속과 방언과 백성과 나라 가운데에서 사람들을 피로 사서 하나님께 드리시고"(요한계시록 5:9).

찬양은 거듭난 하나님 나라의 백성이 하나님께 드리는 새로운 노래입니다. 세상 사람들은 결코 성도들이 부르는 찬송을 하나님께 드릴 수 없습니다.

🌳 함께 나누어요

1. 당신이 거듭난 사람이라면 그 증거를 말해 봅시다.
2. 당신에게 있는 거듭난 결과를 구체적으로 말해 봅시다.
3. 거듭난 사람은 어떻게 살아야 할까요?

제9과
나는 구원의 확신이 있습니다

"내가 진실로 진실로 너희에게 이르노니 내 말을 듣고 또 나 보내신 이를 믿는 자는 영생을 얻었고 심판에 이르지 아니하나니 사망에서 생명으로 옮겼느니라"(요한복음 5:24).

예수님을 믿는 새신자들에게는 구원의 확신과 관련된 진리가 매우 중요합니다. 그런데 수많은 사람이 구원 문제를 등한히 여기고 있습니다. 어떤 이들은 신앙의 연조로 구원이 이루어지는 줄 생각합니다. 또 어떤 이들은 열심을 내야 구원을 받는 줄로 생각하기도 합니다. 그러다가 열심이 떨어지거나 잠시 교회에 나가지 못하면 구원을 잃어버린 것처럼 여기기도 합니다. 그렇기 때문에 10년, 20년 신앙생활을 했던 사람들도 구원을 확신하지 못하는 경우가 많습니다.

구원은 우리 신앙의 궁극적인 것일 뿐만 아니라 성경의 기록 목적이기도 합니다. 요한일서 5장 13절은 다음과 같이 말하고 있습니다. "내가 하나님의 아들의 이름을 믿는 너희에게 이것을 쓴 것은 너희로 하여금 너희에게 영생이 있음을 알게 하려 함이라." 이 말은 우리가 예수 그리스도로 말미암아 영원한 생명을 얻을 수 있음을 깨닫고 확신을 가져야 한다는 것을 뜻합니다.

1. 구원의 확신을 점검해야 합니다

"이는 우리 복음이 너희에게 말로만 이른 것이 아니라 또한 능력과 성령과 큰 확신 으로 된 것임이라"(데살로니가전서 1:5상).

구원의 확신에 관한 문제는 남녀노소를 막론하고 그리스도인이면 누구나 점검 해 보아야 하는 중요한 문제입니다. 구원받지도 못한 상태에서 예배당만 왔다갔다 하는 것은 너무 불행한 일입니다. 좋은 믿음에서는 확신이라는 열매가 맺히기 마련 입니다. 주님은 믿으면서 흔들리는 사람보다 한번 믿으면 반석 위에 굳게 서서 흔들 리지 않는 사람을 더 칭찬하실 것입니다. 또한 그런 사람은 훨씬 적극적으로 신앙 생활을 할 수 있을 것입니다.

2. 확신이 없으면 버림받은 자입니다

"너희는 믿음 안에 있는가 너희 자신을 시험하고 너희 자신을 확증하라 예수 그리 스도께서 너희 안에 계신 줄을 너희가 스스로 알지 못하느냐 그렇지 않으면 너희 는 버림 받은 자니라"(고린도후서 13:5).

그리스도인이라는 말에는 '그리스도를 모시고 있는 사람', '그리스도와 함께 사 는 사람', '작은 그리스도' 등의 의미가 포함되어 있습니다. 그리스도인이라고 하면 서 구원의 확신이 없는 것은 오히려 이상한 일입니다. 성경에서는 확신이 없는 사람 을 버림받은 자라고 말합니다. 예컨대 사람들도 자신의 부모에 대해 '저 사람이 진 짜 내 부모냐, 아니냐' 하는 문제로 확신하지 못하는 경우는 없습니다.

3. 확신의 근거는 하나님의 말씀입니다

"내가 그들에게 영생을 주노니 영원히 멸망하지 아니할 것이요 또 그들을 내 손에서 빼앗을 자가 없느니라 그들을 주신 내 아버지는 만물보다 크시매 아무도 아버지 손에서 빼앗을 수 없느니라"(요한복음 10:28-29).

성도가 구원을 확신한다고 했을 때 확신의 근거가 무엇이냐 하는 사실은 아주 중요합니다. 많은 그리스도인은 구원의 확신을 자신의 감정이나 경험에 둡니다. '기도하다가 구원받은 느낌을 받았다'거나, '방언을 말하는 것이 구원받은 증거다'라는 등의 이야기를 합니다. 전혀 근거 없는 말은 아니지만, 정답은 아닙니다. 주관적인 경험이나 감정은 언제나 변할 수 있습니다. 구원이 사람의 감정이나, 경험에 의해 좌우되는 것이라면, 상당히 곤란합니다. 사람의 감정은 아침저녁으로 바뀌기 때문입니다. 따라서 사람의 구원을 보증해 주는 객관성 있는 확신이 절대적으로 필요합니다.

그리스도인의 구원의 확신은 철저히 하나님의 말씀에 의존합니다. 하나님은 사람이 아니십니다. 사람은 거짓말도 할 수 있고, 한 번 한 말을 잊어버릴 수도 있으며, 심지어 능력이 부족해서 그 약속을 지키지 못할 수도 있습니다. 그러나 하나님은 전능하신 분이십니다. 따라서 능치 못할 일이 하나님께는 없습니다. 하나님은 사람이 아니시기 때문에 한 번 하신 말씀을 취소하지 않으십니다. 하나님은 약속하신 것은 반드시 이루십니다. 하나님이 오랜 세월을 두고 성경을 통해 수많은 약속을 하셨고, 약속하신 것을 이루지 않으신 것이 없습니다. 하나님은 믿는 자에게 반드시 영생을 주신다고 하셨습니다. 당신은 변하기 쉬운 감정을 믿으시겠습니까? 아니면 변하지 않는 하나님의 말씀을 믿으시겠습니까?

4. 믿는 자는 영생을 얻었습니다

"내가 진실로 진실로 너희에게 이르노니 내 말을 듣고 또 나 보내신 이를 믿는 자는 영생을 얻었고 심판에 이르지 아니하나니 사망에서 생명으로 옮겼느니라"(요한복음 5:24).

요한복음 5장 24절 말씀에 의하면, 하나님의 아들 예수 그리스도를 믿는 사람은 이미 영생을 얻었다고 말합니다. 많은 그리스도인이 영생을 앞으로 얻게 될 미래형으로 생각하는 경향이 있습니다. 그러나 성경은 분명히 말하고 있습니다. 모든 사람은 반드시 죽고, 죽은 후에는 반드시 심판을 받을 것이로되,[39] 믿는 자는 영생을 얻었을 뿐만 아니라 심판에 이르지도 아니한다고 말입니다. 믿는 자는 사망에서 생명으로 옮겨 간 것입니다. 내 감정, 다른 사람의 말, 사탄의 송사에 귀를 기울이지 마십시오. 우리 자신보다 우리를 사랑하시는 하나님, 전능하신 하나님, 약속한 것을 반드시 이루시는 하나님의 말씀을 믿으셔야 합니다.

5. 구원의 확신을 방해하는 것

"악한 사람들과 속이는 자들은 더욱 악하여져서 속이기도 하고 속기도 하나니 그러나 너는 배우고 확신한 일에 거하라 너는 네가 누구에게서 배운 것을 알며 또 어려서부터 성경을 알았나니 성경은 능히 너로 하여금 그리스도 예수 안에 있는 믿음으로 말미암아 구원에 이르는 지혜가 있게 하느니라"(디모데후서 3:13-15).

현실적으로 성도들이 구원의 확신을 갖지 못하도록 방해하는 사탄의 역사가 있습니다. 예수 그리스도를 믿었음에도 불구하고 확신이 없는 이유는 악한 자, 속이는 자인 사탄의 교묘한 방해 때문입니다. 불신앙은 모조리 사탄의 방해임을 알아

---

39) "한번 죽는 것은 사람에게 정해진 것이요 그 후에는 심판이 있으리니"(히브리서 9:27).

야 합니다. 사탄의 최대 목적은 사람들이 하나님을 믿지 못하게 하는 것이고, 그 다음으로는 믿는 자들이 확신을 가지지 못하게 하는 것입니다. 왜냐하면 확신을 가진 성도들은 사탄을 이기는 권세를 가지고 하나님을 열심히 섬기지만, 확신이 없는 사람들은 신앙생활을 제대로 하지 못하기 때문입니다.

그러므로 성도는 늘 확신에 거하기 위해 힘써야 합니다. 구원을 확신하는 길은 하나님 말씀 안에 거하는 것입니다. 따라서 말씀에서 항상 떠나지 말아야 합니다. 사람이 하루 종일 먹지 아니하면 육체적인 문제가 발생합니다. 그러나 이보다 더욱 확실한 것은 성도가 말씀 안에 거하지 아니하면 반드시 영적 문제가 발생한다는 점입니다. 따라서 성도는 말씀을 배우는 일을 무엇보다 우선적으로 해야 합니다. 하나님의 성경 말씀만이 사람을 생명으로 인도합니다.

그리고 말씀을 배우는 일은 어릴수록 좋습니다. 또 하나님의 말씀은 믿음이 좋은 스승 밑에서 배워야 합니다. 디모데는 어려서부터 신앙이 좋은 외할머니에게서 말씀을 배웠습니다. 그 결과 디모데는 구원에 이르렀을 뿐만 아니라 여러 사람을 향해 능히 구원의 말씀을 가르치는 지도력을 가질 수 있었습니다. 말씀을 배우는 것을 기뻐하는 사람은 항상 확신에 거할 뿐 아니라 하나님 구원의 역사를 체험하며 다른 사람에게 하나님의 구원을 가르칩니다.

6. 참된 확신과 거짓 확신의 차이

거짓 확신을 가지고 신앙생활을 하는 경우도 있습니다. 구원의 확신은 영혼이 구원받느냐, 그렇지 못하느냐의 중대한 문제이기 때문에 거짓 확신에 빠져서는 안 됩니다. 참된 확신은 꾸밈없는 겸손을 낳는 데 반하여, 거짓된 확신은 영적 교만을 낳습니다. 참된 확신은 거룩한 생활을 하도록 인도하지만, 거짓된 확신은 악한 길로 빠지게 합니다. 참된 확신이 있으면 솔직한 자기반성이 따르고 하나님이 자기를 살펴 바로잡아 주시기를 소원하지만, 거짓된 확신이 있으면 겉모양으로 만족하고 자신을 살피는 것을 회피하게 됩니다. 참된 확신의 경우는 하나님과 더욱 친밀한 교제를 갖기를 항상 사모하지만, 거짓된 확신의 경우는 그렇지 못합니다.

어떤 사람이 가지고 있는 확신의 확실성을 판가름 해주는 것은 그가 가지고 있는 확신의 강도가 아니라, 그가 가지고 있는 확신의 성격입니다. 어떤 사람은 자기가 구원받은 것을 광신적으로 확신하는 경우가 있으나, 흔히 이는 "잘못되어 있다."라는 것을 스스로 드러내는 데 지나지 않는 경우가 있습니다.

구원의 근거는 객관적인 하나님 말씀입니다. 그러나 확신은 개인의 주관적 확신입니다. 그러므로 확신은 2차적이요, 개인적인 것입니다. 아직까지 확신이 없는 자는 먼저 아직 믿음의 고백을 하지 않은 경우입니다. 그 다음은 말씀을 배울 기회가 없었기 때문이고(오래 다녔으나 성경을 모릅니다), 마지막으로는 신앙생활의 체험이 부족하여 말씀을 자신의 것으로 삼지 못했기 때문입니다. 그러므로 우리는 객관적인 사실을 자신의 것으로 삼아야 합니다. 물론 확신은 믿음의 열매이지 구원 자체는 아닙니다. 그러나 헌신적인 삶을 위해서는 확신이 필요합니다.

7. 구원받은 자의 축복

(1) 하나님의 자녀가 되는 권세

구원받은 사람은 하나님의 자녀가 되는 권세를 받습니다. 권세는 글자 그대로 권력과 세력입니다. 이 권세는 세상 사람들이 가지고 있는 권세와 질적으로 다릅니다. 영적인 권세이고, 사랑하는 권세이며, 봉사하는 권세입니다. 이 권세만이 사탄의 권세를 이기는 큰 능력입니다.

(2) 기도 응답을 받는 권세

기도 응답을 받는 권세는 하나님의 자녀가 되는 권세에 뒤따라오는 것입니다. 아들의 자격으로 뭐든지 기도하면, 하나님은 아버지의 자격으로 반드시 응답하십니다. 자녀들이 많이 기도할수록 아버지는 크게 기뻐하십니다. 자녀들은 믿음으로 기도하기를 즐거워해야 합니다.

(3) 하나님의 보호를 받는 권세

구원받은 성도는 하나님의 특별한 보호를 받습니다. 하나님은 자녀들의 머리카락 수효까지 알고 계실 정도로 철저히 관찰하고 보호하십니다. 사망과 음부의 권세로부터 지키십니다. 모든 위험과 환란으로부터 지키십니다. 하나님의 보호하심은 우리에게 절대적 평안을 선물합니다.

🌳 함께 나누어요

1. '구원을 받는다'는 것이 어떤 의미인지 이야기해 봅시다.
2. 구원의 확신이 중요한 이유는 무엇일까요?
3. 구원을 확신할 수 있는 가장 좋은 근거는 무엇입니까?

제 10 과
예배 받으심을 믿습니다(1)

예배론

"아버지께 참되게 예배하는 자들은 영과 진리로 예배할 때가 오나니 곧 이 때라 아버지께서는 자기에게 이렇게 예배하는 자들을 찾으시느니라 하나님은 영이시니 예배하는 자가 영과 진리로 예배할지니라"(요한복음 4:23-24).

지상에서 가장 아름답고 귀중한 일이 무엇인지 아십니까? 하나님께 예배 드리는 것입니다. 사람만이 예배 드릴 수 있습니다. 인간이 짐승과 구별되는 특징은 하나님께 예배 드릴 수 있는 능력이 있다는 것입니다.

1. 예배란 무엇일까요?

"오라 우리가 굽혀 경배하며 우리를 지으신 여호와 앞에 무릎을 꿇자 그는 우리의 하나님이시요 우리는 그가 기르시는 백성이며 그의 손이 돌보시는 양이기 때문이라 너희가 오늘 그의 음성을 듣거든"(시편 95:6-7).

"예배"(禮拜)라는 한자어는 '예절을 갖추어 절한다'는 의미입니다. 예배란 본래 '최상의 존재에게 드리는 최대한의 공경'을 의미하는 말로 쓰이고 있습니다. 최상의 존재는 물론 하나님 한 분뿐입니다. 즉 '최상의 존재인 하나님 앞에 나아가 하나님의 말씀을 듣고, 그 말씀에 믿음으로 반응하며, 하나님을 향하여 최대한의 존경, 경배, 찬양, 영광을 드리는 것'이 예배입니다.

2. 예배와 교회

"아버지께 참되게 예배하는 자들은 영과 진리로 예배할 때가 오나니 곧 이 때라 아버지께서는 자기에게 이렇게 예배하는 자들을 찾으시느니라 하나님은 영이시니 예배하는 자가 영과 진리로 예배할지니라"(요한복음 4:23-24).

교회는 하나님께 예배 드리는 것을 가장 중요한 사명으로 여겨야 합니다. 하나님 앞에 제단을 쌓고 하나님의 말씀을 바르게 선포해야 합니다. 하나님은 신령과 진정으로 예배 드리는 자들을 찾으십니다. 예배 드리는 사람을 찾으시는 하나님의 심정을 알고 마음을 다하여 예배 드리는 사람에게 하나님은 큰 은혜를 베푸실 것입니다. 십계명 중 제1계명부터 제4계명까지가 하나님께 예배 드리는 것과 관련한 명령입니다. 또한 교회가 이 땅에 존재하는 목적도 '하나님을 영화롭게 하고 하나님을 영원히 즐거워하는 것'입니다. 인간이 하나님께 최대한의 영광을 돌릴 수 있는 방법은 예배입니다.

3. 예배의 중요성

(1) 제1계명의 강조

"나는 너를 애굽 땅, 종 되었던 집에서 인도하여 낸 네 하나님 여호와니라 너는 나 외에는 다른 신들을 네게 두지 말라 너를 위하여 새긴 우상을 만들지 말고 또 위로 하늘에 있는 것이나 아래로 땅에 있는 것이나 땅 아래 물 속에 있는 것의 어떤 형상도 만들지 말며 그것들에게 절하지 말며 그것들을 섬기지 말라 나 네 하나님 여호와는 질투하는 하나님인즉 나를 미워하는 자의 죄를 갚되 아버지로부터 아들에게로 삼사 대까지 이르게 하거니와 나를 사랑하고 내 계명을 지키는 자에게는 천 대까지 은혜를 베푸느니라"(출애굽기 20:2-6).

예배가 중요한 이유는 하나님이 성경을 통해 예배의 중요성을 수없이 강조하셨기 때문입니다. 하나님이 주신 말씀에서 가장 중요한 것 중의 하나는 십계명입니다. 그리고 십계명 중 1계명이 예배 명령입니다. 십계명에서는 하나님만 예배할 것을 명하고, 다른 신들이나 우상을 예배하는 것을 철저히 금하고 있습니다. 우상에게 예배하는 자들은 자손 대대로 망할 것이나, 하나님을 예배하는 자들에게는 천 대까지 은혜를 베푸신다고 약속하심으로 예배의 중요성을 기회가 있을 때마다 강조하고 계십니다.

(2) 성막, 성전을 소중히 여기심

"거기서 내가 너와 만나고 속죄소 위 곧 증거궤 위에 있는 두 그룹 사이에서 내가 이스라엘 자손을 위하여 네게 명령할 모든 일을 네게 이르리라"(출애굽기 25:22).

하나님은 애굽에서 이스라엘 백성을 부르시고는 곧 예배를 가르치셨습니다. 성막과 성전은 예배를 드릴 장소로 하나님의 특별한 관심 대상이었습니다. 성막과 성전은 구약시대에 하나님이 그의 백성에게 예배를 받으시는 중요한 장소였습니다. 하나님은 예배의 중요성을 보이시기 위해 성막을 만드는 기준 치수, 재료 등을 친히 명하시는 데 총 7장을 할애하셨습니다. 천지창조가 매우 중요함에도 불구하고 3장을 할애한 것에 비하면, 하나님이 예배를 얼마나 소중하게 여기셨는지를 알 수 있습니다. 성막의 위치도 이스라엘의 진 중앙에 있도록 했고, 제사장들도 특별히 뽑아 훈련을 시키고, 예배를 드리는 방법도 아주 상세하게 설명하십니다. 성막 대신 세워진 솔로몬 성전도 온 정성을 다해 지어졌습니다. 이 모두가 예배에 대한 중요성 때문입니다.

(3) 천상의 예배

"웃시야 왕이 죽던 해에 내가 본즉 주께서 높이 들린 보좌에 앉으셨는데 그의 옷자락은 성전에 가득하였고 스랍들이 모시고 섰는데 각기 여섯 날개가 있어 그 둘로는 자기의 얼굴을 가리었고 그 둘로는 자기의 발을 가리었고 그 둘로는 날며 서로 불러 이르되 거룩하다 거룩하다 거룩하다 만군의 여호와여 그의 영광이 온 땅에 충만하도다 하더라"(이사야 6:1-3).

이사야 선지자는 하나님의 특별한 목적 때문에 하늘 보좌에 계신 하나님을 뵙게 됩니다. 이사야는 거기서 하나님께 예배 드리는 천사(스랍)의 모습을 보게 됩니다. 스랍은 여섯 날개를 가지고 있는데, 모든 날개와 온 정성을 총동원하여 하나님께 예배를 드렸습니다. 하나님의 영광을 바로 볼 수 없어서 두 날개로는 얼굴을 가렸고, 하나님의 거룩한 임재로 말미암아 또 다른 두 날개로는 발을 가렸으며, 나머지 두 날개로는 하나님의 거룩하심을 찬양하고 경배하며 하나님께 예배 드렸습니다.

(4) 신약의 권고

"그러므로 형제들아 내가 하나님의 모든 자비하심으로 너희를 권하노니 너희 몸을 하나님이 기뻐하시는 거룩한 산 제물로 드리라 이는 너희가 드릴 영적 예배니라 너희는 이 세대를 본받지 말고 오직 마음을 새롭게 함으로 변화를 받아 하나님의 선하시고 기뻐하시고 온전하신 뜻이 무엇인지 분별하도록 하라"(로마서 12:1-2).

로마서는 성경 전체를 요약해 놓은 것과 같은 중요한 교훈으로 가득 차 있습니다. 바울은 11장까지 하나님의 자비, 예수님의 사랑, 성령님의 구속, 인간의 죄, 구원의 길 등 성경의 주옥같은 진리를 말합니다. 이 모든 중요한 교리를 말한 바울은 이제 그러므로 그 하나님께 예배를 드리라고 합니다. 즉, 11장까지 말한 목적이 바로 하나님께 바른 예배를 드리게 하기 위함이었다는 것입니다.

(5) 예배를 드림으로 결정되는 영생

예배는 신자의 삶에 있어서 가장 중요한 부분입니다. 왜냐하면 그 사람이 드리는 예배로 그의 운명이 결정되기 때문입니다. 하나님을 예배하는 사람은 영생에 이르고, 우상에게 예배하는 사람은 멸망에 이를 것입니다. 하나님이 사람을 구원하신 주요한 목적은 예배를 받으시기 위함입니다. 구원받은 사람은 무엇보다 예배를 우선적으로 드리게 됩니다. 그 사람이 참으로 구원받은 사람인가의 여부는 예배를 드리는 자세에 달려 있습니다. 참으로 구원받은 사람은 예배를 무엇보다 소중히 여깁니다. 예배를 드리는 것을 무엇보다 기뻐하며 즐거워합니다. 예배를 통해 모든 삶의 힘을 얻습니다. 예배를 통해 하나님께 날마다 가까이 나아갑니다.

우상에게 예배하는 사람들에게는 화가 있을 것입니다. 무당이나 박수의 자녀들이 장수하는 예는 없습니다. 이들이 어려서 죽거나 나이 들어 정신병자가 되는 것은 이미 잘 알려진 사실입니다. 무당, 박수뿐만 아니라 우상을 섬기는 집은 정도의 차이는 있겠지만 반드시 저주를 받습니다. 하나님보다 더 사랑하는 것은 무엇이든지 우상입니다. 돈을 사랑하는 사람은 돈을 하나님처럼 섬기는 사람입니다. 이런 사람은 하나님 나라를 유업으로 받지 못합니다. 이 사람에게는 돈이 우상이기 때문입니다.[40] 하나님보다 자식을 사랑하는 사람은 자식 때문에, 하나님보다 지식을 사랑하는 사람은 지식 때문에, 하나님보다 예술을 사랑하는 사람은 예술 때문에 망할 것입니다. 하나님보다 세상에 있는 것을 더 사랑하는 사람은 세상을 우상으로 섬기고 사는 사람입니다.

40) "한 사람이 두 주인을 섬기지 못할 것이니 혹 이를 미워하고 저를 사랑하거나 혹 이를 중히 여기고 저를 경히 여김이라 너희가 하나님과 재물을 겸하여 섬기지 못하느니라"(마태복음 6:24).

4. 예배의 역사

(1) 모세 이전의 예배

"노아가 여호와께 제단을 쌓고 모든 정결한 짐승과 모든 정결한 새 중에서 제물을 취하여 번제로 제단에 드렸더니"(창세기 8:20).

인류가 하나님을 향해 드린 예배는 아담과 하와의 범죄로 타락했고, 그때부터 우상숭배가 시작되었습니다. 이처럼 예배가 타락했음에도 불구하고 하나님은 예배를 드리는 사람들을 보존하시고 그들을 통해 인류구원의 역사를 진행하셨습니다. 먼저 아벨이 하나님이 받으시기에 합당한 예배를 드렸습니다.[41]

아벨이 드린 예배는 에녹, 노아를 통해 아브라함에게 전해져 내려옵니다. 그런데 이들이 드린 예배의 특징은 양을 잡은 희생제사였습니다. 어린 양은 훗날 우리의 구속주 예수 그리스도를 상징합니다. 이를 볼 때 예배의 초기부터 벌써 예수 그리스도가 우리 인간의 죄를 대신해서 죽으실 것을 예언하고 있음을 볼 수 있습니다.

(2) 모세 이후의 예배

"육체의 생명은 피에 있음이라 내가 이 피를 너희에게 주어 제단에 뿌려 너희의 생명을 위하여 속죄하게 하였나니 생명이 피에 있으므로 피가 죄를 속하느니라"(레위기 17:11).

모세 이후의 예배에서는 크게 특징적인 모습 3가지를 찾아볼 수 있습니다. 먼저 모세 이후의 예배는 희생제사적 특징이 더욱 중요해졌다는 점입니다. 모세 이전

---

41) "아벨은 자기도 양의 첫 새끼와 그 기름으로 드렸더니 여호와께서 아벨과 그의 제물은 받으셨으나"(창세기 4:4).

의 예배도 희생제사적 특징이 있었으나, 모세 이후 예배에서는 짐승을 통해 드려지는 희생제사가 더욱 정교하게 발달하고 강조되었습니다. 피 제사는 구약교회가 드린 예배의 독특한 특징입니다. 짐승의 피는 예수님이 피 흘려 죽으심을 상징한다는 점에서 모세 이전과 동일한 의미를 지니게 됩니다. 그리고 모세 이전에 없던 제사제도, 즉 예배제도가 아주 정교하게 하나님의 법으로 정해집니다. 제사법의 중심에는 성전(성막)이 자리 잡게 됩니다. 모세 이전에는 예배의 장소와 예배의 규칙이 정해져 있지 않았으나 모세 이후에는 예배 장소와 법이 정해집니다.

따라서 구약교회의 성도들은 오직 성전에서, 그것도 하나님이 세우신 제사장 앞에서만 제사를 드릴 수 있었습니다. 성전을 떠나거나, 제사장 없이 드리는 예배는 불법이었습니다. 사울왕은 사무엘이 드려야 할 제사를 대신 드렸다가 왕좌에서 밀려나고 가문이 멸망하는 화를 당했습니다[42] 이처럼 성전에서, 제사장 앞에서 법에 따라 예배를 드린 것은 성전이 예수 그리스도를 상징했고, 제사장도 대제사장 되시는 예수 그리스도를 상징했기 때문에 예배는 오직 예수 그리스도께 근거해서 드린다는 것을 예언한 것입니다. 마지막으로 예배를 드리는 안식일이 철저히 강조됩니다. 이것도 모세 이전에는 없던 것인데, 예수님이 안식일의 주인으로 오실 것에 대한 예표입니다.

(3) 포로기 이후의 예배

"에스라가 여호와의 율법을 연구하여 준행하며 율례와 규례를 이스라엘에게 가르치기로 결심하였더라"(에스라 7:10).

구약시대 성전 중심의 희생제사는 유다가 바벨론에게 정복되어 유대인들이 대

---

42) "지금은 왕의 나라가 길지 못할 것이라 여호와께서 왕에게 명령하신 바를 왕이 지키지 아니하였으므로 여호와께서 그의 마음에 맞는 사람을 구하여 여호와께서 그를 그의 백성의 지도자로 삼으셨느니라 하고"(사무엘상 13:14).

부분 포로로 잡혀감으로 종말을 고하게 됩니다. 바벨론으로 끌려간 경건한 유대인들이 성전예배와 희생제사를 드릴 수 없게 되자 하나님의 말씀을 중심으로 한 예배를 드리게 됩니다. 그리고 예배 장소도 포로로 끌려갔던 곳곳에 세워지게 되었는데, 그곳을 '회당'(시나고게)이라고 했습니다.

포로로 끌려간 지 70년이 지나 돌아온 후, 스룹바벨 성전이 세워지고 희생제사가 다시 드려졌으나 '회당'예배는 이스라엘의 주요 예배 형태로 정착해 갔습니다. 제사장들도 희생제사보다는 성경을 해석하여 가르치는 일에 전념하였는데, 대제사장 아론의 16대손 에스라 제사장은 포로에서 귀환한 이스라엘 백성들에게 율법을 가르치는 일에 전념했습니다.[43] 포로기 이후의 회당예배는 주님이 오셨을 때 드려진 예배였을 뿐 아니라 기독교 예배의 모체가 되었습니다.

(4) 신약교회의 예배

"아버지께 참되게 예배하는 자들은 영과 진리로 예배할 때가 오나니 곧 이 때라 아버지께서는 자기에게 이렇게 예배하는 자들을 찾으시느니라 하나님은 영이시니 예배하는 자가 영과 진리로 예배할지니라"(요한복음 4:23-24).

예수님의 말씀에 의하면, 사람들이 신령과 진정으로 예배할 때가 오는데 바로 지금이(예수님이 오셨을 때) 그때라고 하셨습니다. 창세 이래로 많은 예배를 드렸지만, 참되고 완전한 예배(신령과 진정으로 드리는 예배)는 예수 그리스도의 오심으로 가능하게 되었습니다.

구약교회가 드렸던 희생제물이 예수 그리스도를 상징한다는 사실은 예수 그리스도가 오심으로 비로소 드러났습니다. 성전에서만 예배를 드려야 했던 이유도 완전한 성전이신 예수 그리스도가 오심으로 비로소 성전이 완성되면서 밝혀졌습니

---

43) "에스라가 여호와의 율법을 연구하여 준행하며 율례와 규례를 이스라엘에게 가르치기로 결심하였더라"(에스라 7:10).

다. 제사장들이 제사를 드리는 일에서도 예수님이 친히 자신을 제물로 드려 영원하고도 완전한 속죄의 희생제물이 되심으로 대제사장이 되어 주셨습니다. 예배를 드리는 진리가 비로소 예수 그리스도의 오심으로 알려지게 되면서 진리로 드리는 예배가 가능하게 되었습니다.

그리고 예배를 드리는 모든 사람이 성령을 받아 성령으로 예배를 드리게 된 것도 예수 그리스도가 오심으로 완성된 것입니다. 구약의 성도들은 예배를 드리면서도 예배의 의미, 즉 왜 짐승을 잡아야만 하는가, 왜 성전에서만 예배를 드려야 하는가를 막연하게는 짐작했겠지만, 이에 대해 완전히 알려진 것은 예수 그리스도가 오신 이후였습니다. 우리는 신령과 진정으로 예배를 드릴 수 있게 된 시대에 살고 있는 행복한 사람들입니다.

🌳 함께 나누어요

1. 예배와 영생과의 관계를 말해 봅시다.
2. 예배가 왜 중요한지를 써 봅시다.
3. 어떻게 하면 예배를 잘 드릴 수 있을까요?

제11과
예배 받으심을 믿습니다(2)

예배의 중요성

1. 성도에게 가장 중요한 것 예배

"날마다 마음을 같이하여 성전에 모이기를 힘쓰고 집에서 떡을 떼며 기쁨과 순전한 마음으로 음식을 먹고"(사도행전 2:46).

예배는 인간에게 있어서 가장 우선적인 일입니다. 하나님이 이스라엘에게 주신 삶의 원리와 지침이 되는 많은 계명의 근본은 십계명입니다. 십계명의 첫 부분은 하나님께 예배를 드리는 것에 관해 가르치면서 시작합니다.[44] 마태복음 22장 37절에서는 "네 마음을 다하고 목숨을 다하고 뜻을 다하여 주 너의 하나님을 사랑하라."라는 가르침으로 십계명 전체의 정신을 요약하였고, 하나님에 대한 사랑과 예배의 불가분리성을 지적하였습니다.

---

44) "나는 너를 애굽 땅, 종 되었던 집에서 인도하여 낸 네 하나님 여호와니라 너는 나 외에는 다른 신들을 네게 두지 말라 너를 위하여 새긴 우상을 만들지 말고 또 위로 하늘에 있는 것이나 아래로 땅에 있는 것이나 땅 아래 물 속에 있는 것의 어떤 형상도 만들지 말며 그것들에게 절하지 말며 그것들을 섬기지 말라 나 네 하나님 여호와는 질투하는 하나님인즉 나를 미워하는 자의 죄를 갚되 아버지로부터 아들에게로 삼사 대까지 이르게 하거니와 나를 사랑하고 내 계명을 지키는 자에게는 천 대까지 은혜를 베푸느니라"(출애굽기 20:2-6).

2. 예배자를 찾으시는 하나님

"아버지께 참되게 예배하는 자들은 영과 진리로 예배할 때가 오나니 곧 이 때라 아버지께서는 자기에게 이렇게 예배하는 자들을 찾으시느니라 하나님은 영이시니 예배하는 자가 영과 진리로 예배할지니라"(요한복음 4:23-24).

모든 인생이 하나님의 소생이기에 그분께 마땅히 예배 드려야 하지만, 현실은 그렇지 않습니다. 자신의 정욕을 위해 우상에게 드리는 거짓된 예배가 너무 많습니다. 이런 가운데서 하나님은 신령과 진정으로 예배 드리는 자를 찾으십니다. 하나님께 지극한 정성으로 예배 드리는 성도는 반드시 큰 복을 받습니다.

3. 예배의 본능을 가진 인간

"이는 하나님을 알 만한 것이 그들 속에 보임이라 하나님께서 이를 그들에게 보이셨느니라"(로마서 1:19).

하나님은 온 세상의 모든 사람에게 종교의 씨앗을 심어 놓으셨기에 인간은 무엇인가를 섬길 수밖에 없습니다.[45] 엄밀히 말해 무신론자란 존재할 수 없다는 것입니다. 그러나 타락한 인간에게서 종교의 씨를 자기 마음속에 소중히 간직하는 자는 백의 하나 찾아보기 힘들고, 또 그것을 잘 키워 시절을 따라 열매를 맺는 데까지(시 1:3) 성숙하게 하는 자는 하나도 없습니다.[46] 하나님께 경배하도록 심은 종교의 씨는 길을 잘못 들어 우상숭배, 귀신숭배를 향해 나아갔습니다.

---

45) 『기독교강요』 1권 4장
46) "기록된 바 의인은 없나니 하나도 없으며"(로마서 3:10).

예배의 실재

1. 예배를 드리는 자세

"온 땅이여 여호와께 즐거운 찬송을 부를지어다 기쁨으로 여호와를 섬기며 노래하면서 그의 앞에 나아갈지어다 여호와가 우리 하나님이신 줄 너희는 알지어다 그는 우리를 지으신 이요 우리는 그의 것이니 그의 백성이요 그의 기르시는 양이로다 감사함으로 그의 문에 들어가며 찬송함으로 그의 궁정에 들어가서 그에게 감사하며 그의 이름을 송축할지어다"(시편 100:1-4).

예배를 드리러 교회에 간다는 것은 만왕의 왕이신 하나님이 계신 궁정에 나아가는 것을 의미합니다. 여호와의 궁정에 나아가는 자에게는 지극한 정성이 필요합니다. 따라서 모든 예배는 반드시 정성을 다해 준비를 해야 합니다. 가장 중요한 준비는 성도들의 일상생활이 하나님이 보시기에 부끄럽지 않아야 한다는 것입니다.[47] 주일예배가 예배답기 위해서는 6일 동안의 삶을 하나님 앞에서 진실하게 살아야 합니다.

성도들은 예배 드리는 날이 되면 단정한 옷차림으로 예배시간 20-30분 전에 교회에 와서 기도로 준비해야 합니다. 예배시간을 잊을 만큼 다른 일에 분주하거나, 예배시간에 늦어서 허겁지겁 온다거나, 지나치게 자극적인 옷차림으로 예배에 참여하는 것은 예배를 방해하는 일입니다. 주보를 보고 예배 순서를 미리 살펴보는 것도 중요합니다.[48]

---

47) "그런즉 너희가 먹든지 마시든지 무엇을 하든지 다 하나님의 영광을 위하여 하라"(고린도전서 10:31).
48) 주보
    새신자들에게는 반드시 주보를 사용하는 법을 알려 주어야 합니다. 주보에는 예배순서, 교회 소식, 교회 안내 등이 교회마다 독특하게 들어가기 때문에 주보를 보는 요령을 잘 알아야 합니다. 그리고 신자들은 예배시간 전에 미리 주보의 예배순서를 살펴보아, 예배시간에는 주보를 가지고 부채를 삼거나, 낙서장으로 이용하는 것은 삼가야 합니다.

2. 기도

"악인의 제사는 여호와께서 미워하셔도 정직한 자의 기도는 그가 기뻐하시느니라"(잠언 15:8).

(1) 묵상 기도

예배를 시작하면서 드리는 묵상 기도는 예배를 잘 드릴 수 있도록 마음을 정돈하여 준비하는 것입니다. 성도들은 이 시간부터 일체의 잡념을 버리고 예배 행위에 전념해야 합니다. 예배시간에는 하나님을 향해서만 마음을 열도록 하고, 예배 인도자의 말에 잘 따라야 합니다.

(2) 대표 기도

대표 기도는 교회의 모든 성도를 대표해서 하나님께 드리는 기도이기 때문에 기도하는 사람과 동참하는 사람들 모두 조심해야 합니다. 예배를 드리는 사람은 기도의 순서에 따라 하는 것이 좋으며 중언부언하지 말아야 합니다.[49] 대표 기도는 모든 사람이 알아들을 수 있도록 분명하게 하고, 3분을 넘지 않도록 하는 것이 좋습니다.

---

49) 기도 순서
기도의 순서가 정해진 것은 아니지만 일반적으로 다음의 순서를 따르는 것이 바람직합니다. 공적인 기도나 개인적인 기도의 순서는 동일합니다. 그렇다고 다음의 순서를 반드시 지켜야 한다는 것은 아닙니다.
　① 하나님 아버지를 부름으로 시작합니다.
　② 그동안 베푸신 은혜에 감사합니다.
　③ 죄를 회개하고 용서를 구합니다.
　④ 필요를 간구합니다.
　⑤ 교회, 가족, 이웃을 위해 기도합니다(개인 기도의 경우).
　⑥ 예수 그리스도의 이름으로 기도를 마칩니다.

(3) 합심 기도

여러 사람이 한 장소에서 함께 드리는 기도를 합심 기도라고 합니다. 교회에서 성도들이 합심하여 기도를 드리는 경우에는 주어진 기도 제목에 따라 기도합니다. 이때는 옆 사람을 의식하지 말고 힘써 기도합니다. 새신자들의 경우 합심 기도를 통해 기도하는 법을 배울 수 있을 것입니다.

3. 찬송

"내 영혼아 여호와를 송축하라 내 속에 있는 것들아 다 그의 거룩한 이름을 송축 하라 내 영혼아 여호와를 송축하며 그의 모든 은택을 잊지 말지어다"(시편 103 1-2).

찬송은 교회가 하나님을 존경하고 사랑하며 헌신하겠다는 곡조 있는 신앙의 표현입니다. 그 의미를 생각하며 나를 하나님께 드리는 마음으로 부르도록 합니다. 교회에 처음 나오신 분들의 경우 찬송을 잘 몰라 어려움이 있겠지만, 찬송가는 곡조가 단순하기 때문에 반주에 맞추어 따라 부르면 쉽게 부를 수 있습니다. 찬송가를 찾는 방법은 장별로 찾는 방법과 제목별로 찾는 방법이 있는데, 제목은 찬송가 가사의 1절 첫 구절이기에 찾기 쉽도록 되어 있습니다.

4. 헌금

"매주 첫날에 너희 각 사람이 수입에 따라 모아 두어서 내가 갈 때에 연보를 하지 않게 하라"(고린도전서 16:2).

예배를 드리면서 하나님께 드리는 예물을 헌금이라고 합니다. 헌금에는 여러 종류가 있습니다.[50] 헌금은 드리는 사람의 마음 자세가 중요합니다. 우리는 하나님의 청지기이기 때문에[51] 하나님이 내게 맡긴 것을 다시 돌려드린다는 마음으로 헌금을 해야 합니다. 따라서 헌금은 반드시 준비하였다가 해야 합니다. 금액이 많고 적음을 떠나 봉투에 담아 정성으로 드리도록 합니다. 예배 시간에 헌금을 찾는다고 분주하거나 지갑에서 돈을 꺼내는 행위는 삼가야 합니다. 지폐도 가능한 깨끗한 것으로 준비했다가 드리도록 합시다.

5. 설교

"주의 말씀은 내 발에 등이요 내 길에 빛이니이다"(시편 119:105).

기도, 찬송, 헌금이 하나님을 향하여 우리의 정성을 드리는 것이라면, 설교는 하나님으로부터 은혜를 받는 것입니다. 세상 사람은 밥을 먹고 살지만, 믿음으로 사는 사람들은 하나님의 말씀을 먹고 삽니다.[52] 따라서 성도는 설교 말씀에 주의를 집중해야 합니다. 성도는 설교 말씀에 은혜를 받아야만 사탄이 유혹하고 위협하는 세상을 이기며 살아갈 수 있습니다. 세상을 이기는 성도의 무기는 하나님의 말씀입니다.[53] 말씀에 은혜받는 성도가 복을 받습니다. 말씀을 들어도 은혜가 되지 않으면 신앙이 병든 것입니다. 따라서 속히 회개하고 말씀을 사모하는 심령을 회

---

50) 헌금의 종류
　　헌금에는 수입의 십분 일을 드리는 십일조, 구제 헌금, 선교 헌금, 감사 헌금, 기타 헌금 등이 있습니다.
51) "각각 은사를 받은 대로 하나님의 여러 가지 은혜를 맡은 선한 청지기 같이 서로 봉사하라"(베드로전서 4:10).
52) "예수께서 대답하여 이르시되 기록되었으되 사람이 떡으로만 살 것이 아니요 하나님의 입으로부터 나오는 모든 말씀으로 살 것이라 하였느니라 하시니"(마태복음 4:4).
53) "구원의 투구와 성령의 검 곧 하나님의 말씀을 가지라"(에베소서 6:17).

복해야 합니다.

예배의 결과

1. 하나님이 영광을 받으십니다

"감사로 제사를 드리는 자가 나를 영화롭게 하나니 그의 행위를 옳게 하는 자에게 내가 하나님의 구원을 보이리라"(시편 50:23).

죄 많은 인생들이 드리는 예배를 하나님이 받으신다는 것처럼 황송한 것은 없을 것입니다. 우리가 하나님을 찬양하고 그분께 예배 드릴 때 하나님은 영광받으십니다. "모세가 아론에게 이르되 이는 여호와의 말씀이라 이르시기를 나는 나를 가까이 하는 자 중에서 내 거룩함을 나타내겠고 온 백성 앞에서 내 영광을 나타내리라 하셨느니라 아론이 잠잠하니."(레위기 10: 3). 하나님은 자신의 백성을 통해 영광받기를 원하십니다. 하나님의 이러한 마음을 잘 헤아려 예배 드리는 것을 즐거워하는 성도들은 복이 있을 것입니다.

2. 성도들이 거룩하게 됩니다

"여호와의 산에 오를 자가 누구며 그의 거룩한 곳에 설 자가 누구인가 곧 손이 깨끗하며 마음이 청결하며 뜻을 허탄한 데에 두지 아니하며 거짓 맹세하지 아니하는 자로다"(시편 24:3-4).

하나님께 예배 드리는 시간은 거룩해야 합니다. 예배 시간은 하나님이 오셔서 예배를 받으시는 시간입니다. 따라서 우리가 하나님의 임재 속으로 들어가면, 우리의 죄를 깨닫고 죄를 버리고자 하는 마음이 생깁니다. 우리가 하나님께 가까이 나아갈수록 거룩하게 되고자 하는 열망이 일어납니다. 하나님이 거룩하시기에 그의 자녀들이 거룩해지는 것은 마땅한 것입니다.

3. 구원받는 사람을 더하게 하십니다

"날마다 마음을 같이하여 성전에 모이기를 힘쓰고 집에서 떡을 떼며 기쁨과 순전한 마음으로 음식을 먹고 하나님을 찬미하며 또 온 백성에게 칭송을 받으니 주께서 구원 받는 사람을 날마다 더하게 하시니라"(사도행전 2:46-47).

초대교회가 예배를 드렸을 때 그들은 하나님의 칭찬을 받았을 뿐만 아니라 사람들의 칭송을 받았습니다. 그리고 구원받은 사람이 날마다 더해 갔습니다. 그들은 온 도시를 그들의 가르침인 예수 그리스도로 가득 채웠습니다.[54] 또한 온 세상을 예수 그리스도의 도(道)로 완전히 뒤덮었습니다. 그들의 선한 행위는 사람들의 눈을 끌었습니다. 그들이 예배를 드리면서 받은 성령의 권능은 너무 매력적이어서 사람들은 교회에 나오지 않고는 견디지 못했습니다. 예배를 감격적으로 뜨겁게 드리는 사람이 하나님을 기쁘게 할 뿐만 아니라, 불신자들을 감동시켜 하나님께로 인도합니다. 참된 예배만이 사람을 변화시킵니다.

---

54) "이르되 우리가 이 이름으로 사람을 가르치지 말라고 엄금하였으되 너희가 너희 가르침을 예루살렘에 가득하게 하니 이 사람의 피를 우리에게로 돌리고자 함이로다"(사도행전 5:28).

🏵 함께 나누어요

1. 예배를 잘 드리기 위해 어떻게 준비해야 할까요?

2. 예배를 드리며 받았던 은혜를 함께 나누어 봅시다.

3. 예배를 잘 드리기 위해 해야 할 일을 적어 봅시다.

제12과
기도 응답을 믿습니다(1)

"내 이름으로 무엇이든지 내게 구하면 내가 행하리라"(요한복음 14:14).

하나님이 내 말을 들으시고 나를 사랑하고 계신다는 눈에 보이는 확실한 증거
가 있다면, 그것은 기도입니다. 만일 누가 우리를 보고 "당신은 기도 응답을 얼마나
받았습니까?"라고 질문한다면, 자신 있게 말할 수 있는 경우는 몇 개나 되겠습니
까? 그러나 놀랍게도 하나님을 믿는다고 하면서도 정작 기도하는 사람은 많지 않
습니다. 또한 기도를 해도 응답받지 못하는 경우가 많습니다.

1. 기도의 정의

"나의 기도가 주의 앞에 분향함과 같이 되며 나의 손 드는 것이 저녁 제사 같이 되
게 하소서"(시편 141:2).

성경에서는 기도를 세 가지로 분류합니다. 첫째, 기도는 하나님께 드리는 제사,
즉 예배의 소중한 예물입니다. 우리가 기도를 하면 천사들이 우리의 기도를 받아
하나님께로 가져다 줍니다.[55] 둘째, 기도는 하나님과 그의 자녀들이 나누는 교제를
의미합니다. 일반적으로 성도들은 기도를 통해 하나님과 모든 종류의 깊은 교제

---

55) "그 두루마리를 취하시매 네 생물과 이십사 장로들이 그 어린 양 앞에 엎드려 각각 거문고와 향이 가
득한 금 대접을 가졌으니 이 향은 성도의 기도들이라"(요한계시록 5:8).

를 나눌 수 있습니다.[56] 셋째, 기도는 하나님이 자신의 뜻을 성취하기 위해 정하신 여러 수단 가운데 하나입니다. 하나님은 성도들의 기도를 통해 하나님의 뜻을 세상에 펴 나가십니다.

2. 기도의 중요성

"우리의 씨름은 혈과 육을 상대하는 것이 아니요 통치자들과 권세들과 이 어둠의 세상 주관자들과 하늘에 있는 악의 영들을 상대함이라 모든 기도와 간구를 하되 항상 성령 안에서 기도하고 이를 위하여 깨어 구하기를 항상 힘쓰며 여러 성도를 위하여 구하라"(에베소서 6:12,18).

마귀는 성도들을 은밀히 유혹하여 범죄하게 함으로 믿음에서 떠나게 하거나, 우는 사자처럼 만들기도 합니다. 기도는 마귀를 대적하도록 하나님이 주신 무기입니다. 또한 기도는 성도들이 필요한 것은 무엇이든지 하나님으로부터 얻을 수 있도록 하나님이 허락하신 도구입니다(약 4:2). 기도는 주님의 사역에서도 가장 중요한 것이었습니다(막 1:35). 기도는 지금도 하나님 우편에서 여전히 우리를 위해 간구하시는 주님의 사역(롬 8:34)이기에 성도의 삶에 있어서도 중요합니다. 기도는 때를 따라 돕는 은혜를 입어 그로 말미암아 긍휼히 여김을 받을 수 있는 길입니다(히 4:16). 또한 감사한 마음으로 기도하면 모든 염려에서 해방되고 모든 지각에 뛰어난 하나님의 평강을 얻을 수 있습니다(빌 4:6-7). 그리고 성령충만을 얻습니다(눅 11:13). 이처럼 기도하면 영적으로 성장하여 믿음이 자라고 성령의 은사를 받습니다(마 7:7-8).

---

56) "너희는 내가 명하는 대로 행하면 곧 나의 친구라"(요한복음 15:14).

3. 기도를 들으시는 하나님

"내가 환난 중에서 여호와께 아뢰며 나의 하나님께 아뢰었더니 그가 그의 성전에서 내 소리를 들으심이여 나의 부르짖음이 그의 귀에 들렸도다"(사무엘하 22:7).

우리가 기도하면 하나님은 우리의 기도에 귀를 기울이십니다. '귀를 기울인다'는 표현은 의식적으로 들으려고 노력한다는 뜻이요, 각별한 주의를 기울인다는 뜻입니다. 전능하신 하나님이 우리가 기도할 때마다 귀를 기울여 듣고 계신다는 사실이 얼마나 감격스러운지요.

4. 기도의 중보자 예수

"누가 정죄하리요 죽으실 뿐 아니라 다시 살아나신 이는 그리스도 예수시니 그는 하나님 우편에 계신 자요 우리를 위하여 간구하시는 자시니라"(로마서 8:34).

거룩하신 하나님이 죄와 허물로 얼룩진 우리의 기도를 들으시고 응답하시는 이유를 아시나요? 그것은 우리를 위해 십자가를 지신 예수 그리스도의 간구 때문입니다. 우리의 죄를 위해 대신 죽으셨다가 다시 사신 주님은 지금도 우리가 기도할 때 우리의 기도를 들어달라고 하나님께 아뢰는 것입니다. 주님은 육체로 계시면서 우리의 연약함을 친히 체험하셨기 때문에 우리의 기도를 들으시고 도우실 수 있습니다.[57]

---

57) "그는 육체에 계실 때에 자기를 죽음에서 능히 구원하실 이에게 심한 통곡과 눈물로 간구와 소원을 올렸고 그의 경건하심으로 말미암아 들으심을 얻었느니라"(히브리서 5:7).

기도의 실제

1. 언제 기도할까요?

"그의 귀를 내게 기울이셨으므로 내가 평생에 기도하리로다"(시편 116:2).

(1) 항상 기도할 것

"나는 너희를 위하여 기도하기를 쉬는 죄를 여호와 앞에 결단코 범하지 아니하고 선하고 의로운 길을 너희에게 가르칠 것인즉"(사무엘상 12:23).

성경은 기도의 중요성에 비추어 항상 기도할 것을 말합니다.[58] 항상 기도한다는 의미는 의식적으로 늘 기도에 힘쓴다는 것이고, 기도하는 자세로 세상을 산다는 것입니다.

(2) 시간을 정해 놓고 기도할 것

"다니엘이 이 조서에 왕의 도장이 찍힌 것을 알고도 자기 집에 돌아가서는 윗방에 올라가 예루살렘으로 향한 창문을 열고 전에 하던 대로 하루 세 번씩 무릎을 꿇고 기도하며 그의 하나님께 감사하였더라"(다니엘 6:10).

항상 기도한다는 것은 정해진 기도시간이 있다는 것을 말합니다. 다니엘은 하루 세 번씩 정기적으로 기도했는데, 심지어 기도하면 죽이겠다는 왕의 명령에도 불구하고 죽기를 각오하고 기도했습니다.

---

58) "항상 기도하고 낙심하지 말아야 할 것을 비유로 말씀하여"(누가복음 18:1).

"여호와여 아침에 주께서 나의 소리를 들으시리니 아침에 내가 주께 기도하고 바라리이다"(시편 5:3).

시간을 정해서 하는 기도 중 새벽에 교회당에서 기도하는 것은 매우 중요합니다. 우리 주님은 새벽에 한적한 곳에서 습관적으로 기도하셨습니다.[59] 물론 주님이 새벽기도만 하셨다는 것은 아니지만, 습관적으로 새벽에 기도하셨다는 것은 우리가 반드시 본받아야 할 기도의 모범입니다. 새벽을 깨우는 기도가 성도와 교회를 새롭게 합니다.

(3) 마음의 소원이 있을 때

"한나가 마음이 괴로워서 여호와께 기도하고 통곡하며"(사무엘상 1:10).

한나라고 하는 여인은 아들이 없어서 항상 괴로운 처지에 있었습니다. 뭇사람, 특히 둘째 부인 브닌나의 놀림거리가 되기까지 했습니다. 그래서 한나는 자신의 괴로운 마음을 하나님께 기도합니다. 한나가 기도했을 때 하나님은 한나의 기도에 응답하심으로 사무엘이라는 하나님의 사람을 낳게 해 주셨습니다.

(4) 환란 날에 기도

"나의 환난 날에 내가 주께 부르짖으리니 주께서 내게 응답하시리이다"(시편 86:7).

성도들에게는 반드시 환란이 있습니다. 환란이 임하면 사람들은 대부분 사람을 의지하거나 재물을 의지합니다. 아무것도 의지할 것이 없다고 여겨지면 완전히 절망에 빠져 자포자기도 합니다. 성도들의 경우는 환란이 임할수록 하나님을 찾아

---

59) "새벽 아직도 밝기 전에 예수께서 일어나 나가 한적한 곳으로 가사 거기서 기도하시더니"(마가복음 1:35).

야 합니다. 왜냐하면 환란은 하나님이성도를 단련시켜 세상을 의지하지 말고 더욱 하나님만 의지하라고 주신 선물이기 때문입니다.

2. 어디서 기도할까요?

"그들에게 이르시되 기록된 바 내 집은 기도하는 집이라 일컬음을 받으리라 하였
거늘 너희는 강도의 소굴을 만드는도다 하시니라"(마태복음 21:13).

성경에서는 기도의 장소가 다양하게 나타나고 있습니다. 주님은 산이나 들의 한적한 곳에서 기도하기를 좋아하셨는가 하면[60] 골방기도, 즉 하나님께 은밀히 드리는 기도를 매우 강조하기도 하셨습니다.[61] 이를 통해 기도의 장소는 성도들 스스로 정해야 하는 것이며, 성도들에게는 기도하기에 적절한 자신만의 장소가 필요하다는 것을 알 수 있습니다. 교회, 자신의 방, 카페, 도서관, 강의실, 직장, 버스 등 어느 곳이든 상관없습니다. 자신의 마음이 닿는 그곳에서 기도할 때 하나님은 함께하시며 우리의 기도를 들으십니다.

3. 무엇을 기도할까요?

(1) 하나님의 나라와 그 의를 위해

"그런즉 너희는 먼저 그의 나라와 그의 의를 구하라 그리하면 이 모든 것을 너희에
게 더하시리라"(마태복음 6:33).

---

60) "무리를 보내신 후에 기도하러 따로 산에 올라가시니라 저물매 거기 혼자 계시더니"(마태복음 14:23).
61) "너는 기도할 때에 네 골방에 들어가 문을 닫고 은밀한 중에 계신 네 아버지께 기도하라 은밀한 중에
보시는 네 아버지께서 갚으시리라"(마태복음 6:6).

기도에도 우선순위가 있습니다. 먼저 우리는 하나님 나라가 하늘에서 이루어진 것 같이 이 땅에서도 이루어지기를 위해 기도해야 합니다. 이 땅 위의 하나님 나라는 교회입니다. 그러므로 성도는 교회의 부흥과 평강을 위해 기도해야 합니다. 특별히 교회의 목회자와 어려움을 당하는 성도들을 위해서 기도해야 합니다.

(2) 무엇이든 기도해야 합니다

"너희가 기도할 때에 무엇이든지 믿고 구하는 것은 다 받으리라 하시니라"(마태복음 21:22).

성도는 하나님 앞에 무엇이든지 기도할 수 있습니다. 개인을 위해, 가정을 위해, 친구를 위해, 나라를 위해, 교회를 위해, 무엇이든지 하나님께 기도할 수 있습니다. 이처럼 하나님은 구체적으로 기도하기를 원하십니다. 자녀들이 부모에게 필요한 것을 서슴없이 부탁하는 심정으로, 아니 그보다 더욱 세심하게 하나님께 기도해야 합니다. 하나님은 우리의 아버지이기 때문입니다.

(3) 전도를 위한 기도

"또한 우리를 위하여 기도하되 하나님이 전도할 문을 우리에게 열어 주사 그리스도의 비밀을 말하게 하시기를 구하라 내가 이 일 때문에 매임을 당하였노라"(골로새서 4:3).

성도들은 반드시 복음전도를 위해 기도해야 합니다. 하나님이 교회에 전도의 문을 열어 주시기를 기도해야 합니다. 전도할 대상을 정해 놓고 예수 믿을 때까지 10년이든 20년이든, 아니 평생토록 기도해야 합니다. 교회는 전도를 위한 구체적인 기도를 얼마나 드렸느냐에 따라서 성장합니다. 이렇게 하는 것이 하나님 나라와 그

의를 구하는 것입니다. 특별히 복음전도의 최전방에서 목숨을 걸고 복음을 위해
수고하는 선교사, 목사, 지도자들을 위해 많이 기도해야 합니다.

4. 누구에게 기도할까요?

"그러므로 너희는 이렇게 기도하라 하늘에 계신 우리 아버지여 이름이 거룩히 여
김을 받으시오며"(마태복음 6:9).

모든 기도는 하나님께 드리는 것입니다. 성경에서는 주로 성부 하나님께 기도
를 드리는 것으로 나타납니다. 그러나 삼위일체 하나님은 모두 기도를 받으시기 때
문에 어느 분에게 기도한다고 해도 문제될 것은 없습니다. 누구에게 기도해야 할지,
무엇을 기도해야 할지, 고민하지 마십시오. 지금 당장 기도하시기 바랍니다.

🌳 함께 나누어요

1. 언제 기도해야 할까요?

2. 무엇을 기도해야 할까요?

3. 기도할 내용을 적고 함께 기도하는 시간을 가져 봅시다.

제13과
기도 응답을 믿습니다(2)

"너희가 기도할 때에 무엇이든지 믿고 구하는 것은 다 받으리라 하시니라"(마태복음 21:22).

기도의 응답

1. 기도 응답에 대한 주님의 약속

"구하라 그리하면 너희에게 주실 것이요 찾으라 그리하면 찾아낼 것이요 문을 두드리라 그리하면 너희에게 열릴 것이니 구하는 이마다 받을 것이요 찾는 이는 찾아낼 것이요 두드리는 이에게는 열릴 것이니라 너희 중에 누가 아들이 떡을 달라 하는데 돌을 주며 생선을 달라 하는데 뱀을 줄 사람이 있겠느냐 너희가 악한 자라도 좋은 것으로 자식에게 줄 줄 알거든 하물며 하늘에 계신 너희 아버지께서 구하는 자에게 좋은 것으로 주시지 않겠느냐"(마태복음 7:7-11).

마태복음 7장 7-8절의 말씀은 기도를 명하신 주님이 기도 응답에 관한 감동적인 약속을 하시는 장면입니다. '구하라 그리하면 주겠다'는 말씀은 기도하면 응답하겠다는 말씀이요, '찾으라 그리하면 찾을 것이다'라는 말씀도 기도하면 응답하겠다는 말씀을 강조하는 말씀이요, '문을 두드리라 그리하면 열릴 것이다'라는 말씀 또한 기도하면 응답받을 것이라는 말씀입니다. 주님은 우리가 기도하지 않을까 염려스러워서, 또 기도의 응답을 믿지 못할까 염려스러워서 기도하면 응답을 받을 것임을 세 번씩이나 강조합니다. 이런데도 기도를 하지 않으시겠습니까?

그것도 모자라서 9-11절에서는 하나님을 세상 아버지와 비교하면서 기도 응답을 약속하십니다. 세상 사람들은 어쩔 수 없이 약속을 어기기도 하고, 거짓말도 하며, 능력이 부족해서 들어줄 수 없는 경우가 있지만, 그럼에도 불구하고 세상의 아버지는 대체로 자녀들의 부탁은 들어준다는 것입니다. 그런데 하나님은 세상 아버지와 비교할 수 없이 인자하고 능력이 많으셔서 우리의 기도를 들어주지 못할 일이 없다는 것입니다. 우리가 기도하면 반드시 들어줄 테니 안심하고 기도하라는 것입니다. 주님이 자신의 명예를 걸고 기도에 응답해 주겠다는 것입니다. 기도하면 응답해 주겠다는 간절한 주님의 약속이 감사하지 않습니까? 이런데도 기도를 하지 않으시겠습니까? 만일 이 정도의 다짐을 받고도 하나님을 의심한다거나 기도를 안 한다면 우리는 근본적으로 문제가 있습니다. 기도 응답을 믿읍시다. 그리고 기도합시다.

2. 기도 응답의 조건

"너희가 손을 펼 때에 내가 내 눈을 너희에게서 가리고 너희가 많이 기도할지라도 내가 듣지 아니하리니 이는 너희의 손에 피가 가득함이라"(이사야 1:15).

기도하면 반드시 응답하겠다는 주님의 약속에도 불구하고 기도 응답을 받지 못하는 경우가 있습니다. 무엇이 우리의 기도를 방해하고 기도 응답을 방해하는지 잘 알아보고 대처하도록 합시다.

(1) 믿음으로 기도할 것

믿음으로 기도해야 합니다. 믿음으로 기도한다는 것은 응답이 더디다고 낙심하는 것이 아니라 응답받을 때까지 꾸준히 기도해야 한다는 것입니다.[62] 하나님은 성도의 기도에 반드시 응답하시겠다고 약속하셨습니다.[63] 하나님의 약속을 굳게 믿고 기도하십시오. 응답이 늦어질수록 큰 응답을 받습니다. 당장 눈에 보이는 결과를 바라기보다는 믿음으로 기도하는 가운데 변화하는 자신을 느낍시다.

(2) 죄에서 떠날 것

"여호와께서 말씀하시되 오라 우리가 서로 변론하자 너희의 죄가 주홍 같을지라도 눈과 같이 희어질 것이요 진홍 같이 붉을지라도 양털 같이 희게 되리라"(이사야 1:18).

하나님을 믿는다고 하면서 상습적으로 죄악에서 떠나지 않는 것은 하나님의 자녀된 신분을 망각하는 것입니다. 이런 사람은 입으로는 기도하나 마음은 하나님으로부터 떠나서 경외함이 없습니다. 하나님의 계명을 지키지도 않습니다. 이런 사람들이 드리는 기도는 응답될 리 없습니다. 그러나 하나님은 우리가 다시 회개하고 돌아오면 응답하겠다고 약속하십니다.

(3) 다른 사람을 용서할 것

"너희가 사람의 잘못을 용서하면 너희 하늘 아버지께서도 너희 잘못을 용서하시려니와 너희가 사람의 잘못을 용서하지 아니하면 너희 아버지께서도 너희 잘못을 용

---

62) "하물며 하나님께서 그 밤낮 부르짖는 택하신 자들의 원한을 풀어 주지 아니하시겠느냐 그들에게 오래 참으시겠느냐"(누가복음 18:7).
63) "너희가 기도할 때에 무엇이든지 믿고 구하는 것은 다 받으리라 하시니라"(마태복음 21:22).

서하지 아니하시리라"(마태복음 6:14-15).

다른 사람의 잘못을 용서하지 않으면 기도하기가 어렵고 설사 기도를 한다 해도 응답되지 않습니다. 원수 갚는 것은 사람에게 있지 않고 하나님께 있습니다. 우리는 원수라도 사랑해야 할 뿐입니다. 하나님은 원수되었던 우리를 원수로 갚지 아니하시고, 그 아들을 주시기까지 사랑하셨습니다. 만약 기도하다가 형제와 다툰 일이 생각나거든 먼저 화해하고 용서한 후에 기도하십시오.

(4) 원만한 부부 관계

"남편들아 이와 같이 지식을 따라 너희 아내와 동거하고 그를 더 연약한 그릇이요 또 생명의 은혜를 함께 이어받을 자로 알아 귀히 여기라 이는 너희 기도가 막히지 아니하게 하려 함이라"(베드로전서 3:7).

부부 관계가 원만하지 못한 경우에는 기도가 막히고 응답이 없습니다. 부부는 한 몸인 까닭에 어느 한 쪽과 의사소통이 안 되는 가운데 하나님께 기도하는 것은 의미가 없습니다. 또한 부부가 다투었을 경우 기도가 되지 않는 것은 결혼한 성도들 모두의 경험입니다. 기도하기 전에 부부가 먼저 한 마음이 되십시오.

(5) 약속을 의지하여 기도할 것

"모세가 여호와께 아뢰되 보시옵소서 주께서 내게 이 백성을 인도하여 올라가라 하시면서 나와 함께 보낼 자를 내게 지시하지 아니하시나이다 주께서 전에 말씀하시기를 나는 이름으로도 너를 알고 너도 내 앞에 은총을 입었다 하셨사온즉 내가 참으로 주의 목전에 은총을 입었사오면 원하건대 주의 길을 내게 보이사 내게 주를 알리시고 나로 주의 목전에 은총을 입게 하시며 이 족속을 주의 백성으로 여기소서 여호와께서 이르시되 내가 친히 가리라 내가 너를 쉬게 하리라"(출애굽기 33:12-14).

기도 응답을 쉽게 받는 방법을 알아봅시다. 이에 대해 모세가 우리에게 모범으로 가르쳐 준 것이 있습니다. 모세는 기도를 한 즉시 응답을 받았습니다. 모세가 기도 응답을 신속히 받은 것은 하나님의 약속을 의지하여 기도했기 때문입니다. 이를 예수님은 하나님 나라와 그 의를 구하는 것으로 말씀하십니다. 하나님을 위해 기도하면 하나님은 이를 기뻐하셔서 구하지 아니한 의식주까지 채워 주시겠다고 약속하셨습니다.[64] 하나님이 응답하실 것에 대한 약속을 의지하면서 기도하십시오.

(6) 응답받을 때까지 기도할 것

"예수께서 그들에게 항상 기도하고 낙심하지 말아야 할 것을 비유로 말씀하여"(누가복음 18:1).

기도하다가 응답이 없으면 우리는 쉽게 지치고 포기하게 됩니다. 이를 염려하신 주님은 기도하다가 응답이 늦어진다고 해서 낙심하지 말라고 하셨습니다. 기도는 응답받을 때까지 하는 것입니다. 기도의 응답이 즉시 되는 경우도 있지만, 평생 동안 응답받지 못하다가 죽은 후에야 응답받는 경우도 많습니다. 1년 후에 받는 응답보다는 10년 후에 받는 응답의 축복이 60배, 100배는 더 큽니다. 응답받을 때까지 기도하십시오. 이것이 성도의 믿음입니다.

4. 기도 응답의 종류를 알아봅시다

(1) 기도한 대로 응답하시는 경우가 있습니다

---

64) "그런즉 너희는 먼저 그의 나라와 그의 의를 구하라 그리하면 이 모든 것을 너희에게 더하시리라"(마태복음 6:33).

"예수께서 머물러 서서 명하여 데려오라 하셨더니 그가 가까이 오매 물어 이르시되 네게 무엇을 하여 주기를 원하느냐 이르되 주여 보기를 원하나이다 예수께서 그에게 이르시되 보라 네 믿음이 너를 구원하였느니라 하시매 곧 보게 되어 하나님께 영광을 돌리며 예수를 따르니 백성이 다 이를 보고 하나님을 찬양하니라"(누가복음 18:40-43).

기도하자마자 바로 응답받는 경우는 하나님이 시급히 응답하셔야 할 때입니다. 또한 응답한즉 하나님의 영광이 크게 나타나는 경우입니다. 성경에는 기도 응답을 즉각적으로 받은 경우가 많습니다. 누가복음 18장 40-43절의 경우가 그렇습니다. 급할수록 사람을 의지하지 말고 하나님께 기도하십시오. 하나님이 보시기에 시급한 것이라면 급히 부르짖어 기도하십시오.

(2) 기도한 내용과 전혀 다른 것을 주시는 경우도 있습니다.

"아무 것도 염려하지 말고 다만 모든 일에 기도와 간구로, 너희 구할 것을 감사함으로 하나님께 아뢰라 그리하면 모든 지각에 뛰어난 하나님의 평강이 그리스도 예수 안에서 너희 마음과 생각을 지키시리라"(빌립보서 4:6-7).

사람이 어리석어 잘못 구해도 지혜로운 하나님은 참으로 우리에게 필요한 것이 무엇인지 아십니다. 하나님께 건강을 달라고 기도한 바울의 경우를 생각해 봅시다. 바울이 질병을 치료해 달라고 세 번에 걸쳐 간절하게 기도했음에도 불구하고, 하나님은 그의 병을 고쳐 주지 않고 병약한 모습 그대로 두시면서 하나님만 의지하도록 하셨습니다(고후 12:9). 이것도 기도에 대한 하나님의 은혜의 응답입니다.

(3) 응답을 안 하시는 경우도 있습니다

응답이 없는 것도 기도 응답입니다. 하나님은 전능하신 분이기에 응답을 하심으로 성도에게 해가 되는 것은 응답하지 않으십니다. 앞에서 이미 공부한 기도 응답을 방해하는 것들이 여기에 해당하기도 합니다. 또한 정결한 마음으로 기도해도 응답이 안 되는 경우는 그것이 기도하는 사람에게 유익하기 때문입니다. 우리가 보기에 필요한 것으로 여겨지는 것이 실재적으로는 해가 될 수 있습니다. 응답을 안 하는 것과 응답이 늦어지는 것은 다르다는 것을 주의해야 합니다.

기도의 종류

1. 묵상기도

묵상기도란, 기도를 소리 내지 않고 마음으로 드리는 것을 말합니다. 초신자들의 입장에서는 어려울 수 있습니다. 잡념이 많이 생기고 지루하게 느껴질 수 있습니다. 그러나 묵상기도는 많이 하는 것이 좋습니다. 항상 소리 내어 기도할 수는 없기 때문입니다. 묵상기도는 주로 혼자서 기도할 때 많이 사용하는 기도법입니다.

2. 통성기도/합심기도

"내가 소리 내어 여호와께 부르짖으며 소리 내어 여호와께 간구하는도다"(시편 142:1).

통성기도는 소리를 내서 기도하는 것을 말합니다. 주로 여러 사람이 합심하여 기도할 때 많이 쓰는 방법입니다. 함께 어울려 기도하기 때문에 새신자들도 배우기가 좋습니다.

3. 금식기도

"당신은 가서 수산에 있는 유다인을 다 모으고 나를 위하여 금식하되 밤낮 삼 일을 먹지도 말고 마시지도 마소서 나도 나의 시녀와 더불어 이렇게 금식한 후에 규례를 어기고 왕에게 나아가리니 죽으면 죽으리이다 하니라"(에스더 4:16).

음식을 먹지 않고 기도에 전념하는 것을 말합니다. 특별히 간구할 일이 있다거나 국가, 교회, 가정 안에 시급한 문제가 있을 경우 전심으로 하나님께 기도하는 것입니다. 금식기도는 성도들을 영적으로 깨어 있도록 합니다. 또한 하나님의 역사하심이 많이 나타납니다.

4. 중보기도

"또한 우리를 위하여 기도하되 하나님이 전도할 문을 우리에게 열어 주사 그리스도의 비밀을 말하게 하시기를 구하라 내가 이 일 때문에 매임을 당하였노라"(골로새서 4:3).

바울은 자신을 위해 기도하되, 전도의 문을 열어 달라고 기도합니다. 다른 사람을 위한 기도를 중보기도라고 합니다. 불신자를 전도하기 위한 기도, 목회자를 위한 기도, 교회 부흥을 위한 중보기도는 매우 중요합니다. '나는 기도를 못하니까', '나는 처음 교회 왔으니까' 하는 등으로 중보기도를 못할 이유는 없습니다. 한 사람을 위해서 진심으로 하나님께 기도하는 것이 중요합니다.

🌳 함께 나누어요

1. 기도한 것 중 응답받았던 것을 함께 나누어 봅시다.

2. 기도 시간과 장소를 정해 봅시다.

3. 지금 인도자의 인도를 따라 중보기도를 해 봅시다.

제14과
거룩한 교회를 믿습니다(1)

교회론

"또 내가 네게 이르노니 너는 베드로라 내가 이 반석 위에 내 교회를 세우리니 음부의 권세가 이기지 못하리라 내가 천국 열쇠를 네게 주리니 네가 땅에서 무엇이든지 매면 하늘에서도 매일 것이요 네가 땅에서 무엇이든지 풀면 하늘에서도 풀리리라 하시고"(마태복음 16:18-19).

세상에는 여러 종류의 모임과 단체가 있습니다. 그리고 모든 모임에는 목적과 내용이 있습니다. 교회도 모임의 한 종류인 것은 분명합니다. 그러나 일반적인 모임과는 성격이 다른 것이 사실입니다. 그렇다면 교회는 어떤 곳이며, 우리 주변에 있는 모임과는 어떻게 다를까요? 교회와 일반적인 모임과의 차이를 알지 못하기 때문에 교회에 다니지 않는 분들은 물론 교회를 다니는 분들도 교회에 대한 오해가 많은 듯합니다. 성도들의 바른 신앙생활은 교회에 대한 바른 이해에서 출발하기 때문에 교회에 대해 아는 것은 매우 중요합니다.

1. 교회의 정의

(1) 어원적 정의

교회를 말할 때 보통 라틴 계통에서는 에클레시아(Ecclesia)라고 하는데, 이는 그리스어 에클레시아(εκκλησια)에서 온 말로 '세상에서 불러 내셨다'는 의미가 있습니다. 구약에서는 카할(קהל)이라는 말로 사용되었는데, 이는 '세상으로부터 분리되었다'는 의미를 지니고 있습니다. 우리가 쓰는 'Church'라는 단어는 독일어 키르케(Kirche)에서 온 말로 '주님께 속한 것, 주님의 소유'라는 의미가 있습니다.

(2) 성경적 정의

성경에서는 하나님이 불러낸 사람들의 모임을 교회라고 합니다. 하나님이 우리를 불러 교회를 이루실 때에는 예수 그리스도의 이름으로 부르십니다. 하나님으로부터 부름받은 사람들은 예수 그리스도의 피로 씻음받아 새사람이 됩니다. 이렇게 예수 그리스도의 피로 씻겨 죄 사함을 받은 사람은 주님의 몸인 교회에 연합됩니다. 이 연합은 보통 연합이 아니고, 예수 그리스도의 생명으로의 연합이며, 한 번 연합되면 절대로 끊어지지 않는 영원한 연합입니다. 이와 같은 그리스도와의 연합을 '교회'라고 합니다.

2. 교회의 본질

(1) 부름받은 하나님의 백성

"고린도에 있는 하나님의 교회 곧 그리스도 예수 안에서 거룩하여지고 성도라 부르심을 받은 자들과 또 각처에서 우리의 주 곧 그들과 우리의 주 되신 예수 그리스도의 이름을 부르는 모든 자들에게"(고린도전서 1:2).

교회로 번역되는 헬라어 '에클레시아'(εκκλησια)는 본래 '공적 업무 수행을 위해 불러냄을 받은 시민 단체'를 뜻했습니다. 신약성경에서 이 단어는 하나님의 백성으로서 함께 나오는 지역적인 신자들의 집단뿐만 아니라, 도처에 흩어져 있는 신자들의 모든 모임을 지칭합니다. 예수님은 택함을 입은 하나님의 백성을 불러 내어 교회를 세우십니다.

(2) 예수 그리스도의 몸

"이와 같이 우리 많은 사람이 그리스도 안에서 한 몸이 되어 서로 지체가 되었느니라"(로마서 12:5).

교회는 하나님이 예수 그리스도의 이름으로 부르셔서 예수님의 피로 구속하여 그리스도의 몸에 붙이신 자들의 모임입니다. 따라서 교회는 그리스도의 몸입니다.[65] 교회가 그리스도의 몸이면 교회의 머리는 그리스도요, 몸의 각 지체는 성도들입니다. 따라서 지체인 성도들은 머리인 예수 그리스도에게 전적으로 순종해야 건강한 교회를 이룰 수 있습니다. 그리고 지체인 성도들은 그리스도를 머리로 서로 한 몸을 이루고 있기 때문에 서로 돌아보아 생명으로 교제를 이루어 가야 합니다.

(3) 성령의 전

"그의 안에서 건물마다 서로 연결하여 주 안에서 성전이 되어 가고 너희도 성령 안에서 하나님이 거하실 처소가 되기 위하여 그리스도 예수 안에서 함께 지어져 가느니라"(에베소서 2:21-22).

교회는 성령의 전입니다. 교회는 구약시대부터 존재해 왔으나 성령님이 오심으

---

65) "몸은 하나인데 많은 지체가 있고 몸의 지체가 많으나 한 몸임과 같이 그리스도도 그러하니라"(고린도전서 12:12).

로 온 세상에 그 실체를 확연히 드러냈고, 온 세상에 세워지기 시작했습니다. 오순절에 오신 성령님은 교회를 자신이 거할 집으로 삼으시고, 교회 활동을 통해 자신의 존재를 세상에 드러내시며, 교회로 하여금 영생을 이루어 가도록 인도하십니다. 이처럼 교회에 거하시는 성령님은 그리스도인 안에 내주하심으로 개개인을 성령님과 연합시켜 영생을 주십니다.

한 교회가 성령의 전으로서의 교회라는 증거는 교회에 속한 성도 각 사람이 자기에게 부여된 성령의 은사에 분명하게 응답함으로써 나타납니다. 성령의 은사 없이는 어느 누구도 그리스도의 교회에 들어오지 못합니다. 따라서 성도들 각 사람은 자신의 은사가 무엇인지를 분명히 알고, 그 은사에 따라 교회를 섬길 때 그곳에 영생이 있습니다. 성령님이 은사를 주신 근본적인 목적은 은사를 통해 교회를 세우는 데 있습니다.

(4) 종으로서의 교회

"우리는 우리를 전파하는 것이 아니라 오직 그리스도 예수의 주 되신 것과 또 예수를 위하여 우리가 너희의 종 된 것을 전파함이라"(고린도후서 4:5).

구약교회인 이스라엘은 '하나님을 섬기는 종'이라는 기능을 지니고 있었습니다. 여호와 하나님이 이스라엘 백성을 애굽에서 나오게 하신 것은 여호와 하나님을 섬기도록 하기 위함이었습니다.[66] 신약교회도 구약처럼 하나님을 섬기기 위해 부름받았습니다. 이처럼 교회는 하나님을 섬기는 종의 사명을 수행하는 공동체입니다. 먼저 교회는 하나님께 드리는 예배, 기도, 찬양을 통해 하나님을 섬깁니다. 그리고 교회는 교회의 지체들인 성도들을 섬깁니다. 성도들을 섬긴다는 것은 성도들의 기쁨과 슬픔을 비롯하여 그들의 삶에 적극적으로 동참하고, 도움을 필요로 하는 가난

---

66) "여호와께서 모세에게 이르시되 너는 바로에게 가서 그에게 이르기를 여호와의 말씀에 내 백성을 보내라 그들이 나를 섬길 것이니라"(출애굽기 8:1).

한 성도들을 돌보는 것을 의미합니다. 하나님은 성도들이 서로 섬기는 것을 하나님을 섬기는 것과 동일하게 여기십니다. 성도들은 세상을 섬기는 자들입니다. 세상을 향해 복음을 전하는 것, 구제에 힘쓰는 것이 세상을 섬기는 방법입니다. 교회는 하나님과 형제와 세상을 섬기는 종으로 부름을 받았습니다.

(5) 성도의 어머니로서의 교회

"내가 문이니 누구든지 나로 말미암아 들어가면 구원을 받고 또는 들어가며 나오며 꼴을 얻으리라"(요한복음 10:9).

세상 사람들은 밥을 먹고 살지만, 성도는 하나님의 말씀을 먹고 삽니다. 교회는 말씀을 소유하는 방법을 가르치고 신앙을 유지하며 지탱하는 법을 가르치는 유일한 곳입니다. 교회만이 진정으로 성도를 건강하게 양육할 수 있습니다. 왜냐하면 예수님이 이 땅 위에 세우신 유일한 기관이 교회요, 천국 열쇠를 주신 곳이 교회이기 때문입니다. 성도는 오직 교회로 말미암아 들어가면 구원을 얻고 또한 들어가며 나오며 꼴을 얻습니다. 성도가 교회를 떠나 성도의 교제를 이루지 아니하면 신앙을 유지할 수 없습니다. 그렇기 때문에 교회를 떠나서는 구원이 없는 것입니다. 이런 면에서 교회를 성도의 어머니라고 합니다. 모든 성도는 교회의 품에 있음으로써 그 구원의 궁극적 완성을 보장받을 수 있습니다.

(6) 그리스도 사역의 완성

"여러분은 자기를 위하여 또는 온 양 떼를 위하여 삼가라 성령이 그들 가운데 여러분을 감독자로 삼고 하나님이 자기 피로 사신 교회를 보살피게 하셨느니라"(사도행전 20:28).

예수님은 이 땅에 교회(教會)를 세우심으로 자신의 공생애 사역을 마치셨습니다. 예수님은 베드로가 신앙고백을 했을 때 그에게 말씀하기를, "… 내 교회를 세우리니…"[67] 라고 하셨습니다(마 16:18-19). 하나님은 교회를 예수님의 피값을 지불하고 사셨습니다. 즉 예수님이 십자가에서 흘리신 보배 피로 교회가 세워진 것입니다.

3. 교회의 성격적 특성

(1) 전투하는 교회

교회는 이 땅에 존재하는 한 죄와 악에 대하여 투쟁하는 것을 근본 특성으로 합니다. 왜냐하면 교회는 거룩하기 때문입니다. 거룩이란 죄를 미워하고 죄를 끊어버리는 것을 말합니다. 교회는 예수 그리스도의 몸이기 때문에 거룩하고, 교회가 거룩하기 때문에 교회의 성도들은 거룩을 지키기 위해 죄와 악에 대해 싸울 수밖에 없습니다. 교회가 죄악된 세상과 싸우는 것은 총과 칼을 들고 싸우는 것이 아니라 하나님의 거룩한 말씀을 선포함으로 싸우는 것입니다.

(2) 승리한 교회

이 땅의 교회가 마귀들을 대항하여 싸우는 교회라면, 하늘에 있는 교회는 모든

---

67) "또 내가 네게 이르노니 너는 베드로라 내가 이 반석 위에 내 교회를 세우리니 음부의 권세가 이기지 못하리라 내가 천국 열쇠를 네게 주리니 네가 땅에서 무엇이든지 매면 하늘에서도 매일 것이요 네가 땅에서 무엇이든지 풀면 하늘에서도 풀리리라 하시고"(마태복음 16:18-19).

선한 싸움을 마치고 안식하는 승리한 교회입니다. 이 땅에 사는 동안 주 예수님의 이름으로 죄악과 투쟁하며 믿음을 지키고 살았던 성도들이 가는 곳이 바로 승리한 교회입니다. 승리한 교회를 가리켜 낙원 또는 천국이라고도 합니다. 하늘의 교회에서는 창과 칼이 승리의 종려나무로 바뀔 것이며, 전투의 함성인 기도와 찬송은 성도들의 생명의 면류관으로 바뀔 것입니다. 승리한 교회는 죄와의 투쟁이 끝나고 고통이 사라진 완전한 교회입니다. 성도 여러분! 승리한 교회가 우리 앞에 기다리고 있습니다. 이 땅에 사는 동안 선한 싸움을 힘써 싸우도록 합시다.

(3) 보이지 않는 교회

보이지 않는 교회란 본질적인 교회를 말하는데, 완전한 교회로서의 '성전'을 의미합니다. 보이지 않는 교회를 불가시적 교회 혹은 무형 교회라고도 합니다. 보이지 않는 교회란 구약의 교회와 신약의 교회, 국경을 초월하여 온 세상에 존재하는 교회를 포함하여 구원받은 모든 성도의 무리와 앞으로 구원받을 성도들까지를 포함한 전 우주적 교회입니다. 즉 보이지 않는 교회는 하나님 나라와 동일한 의미를 지닌다고 할 수 있습니다. 이 교회는 완전한 그리스도의 몸이요, 성도들의 완전한 모임입니다. 이 교회는 현재 완성을 향해 나아가고 있으며, 예수 그리스도의 재림으로 완전히 이루어질 것입니다.

(4) 보이는 교회

유형 교회란 이 땅에 있는 조직 교회를 말합니다. 그리스도와 신비적으로 연합하여 보이지 않는 우주적 교회에 속한 성도들은, 그 신앙을 보이는 형태인 이 땅 위의 조직 교회를 통해 표현합니다. 이렇게 성도들은 신앙고백과 신앙행위 그리고 예배와 교회의 정치를 통해서 외형적 형태로 조직됩니다. 조직된 교회는 교회로 존재하는 모습을 지역적으로 드러내는데, 이를 유형 교회 혹은 가시적 교회라고도 합니다. 보이는 교회는 그 안에 가라지, 쭉정이도 섞여 있기 때문에 불완전합니다. 얼핏 봐서는 누가 구원을 받고, 누가 구원을 받지 못했는지 사람의 판단으로 구별할 수 없습니다.

오늘날 이 땅에 조직을 갖추어 보이는 형태로 존재하는 모든 교회를 보이는 교회라고 합니다.

4. 교회의 역사

(1) 족장시대의 교회

이스라엘이라는 국가 형태의 교회가 생기기 이전의 교회를 족장 시대의 교회라고 합니다. 족장 시대의 교회가 지니고 있는 두드러진 특징은 가정교회였다는 점입니다. 이 시대의 교회적 특성은 경건한 가정에서 잘 표현되고 있습니다. 가정교회에서는 가장이 제사장 역할을 했습니다. 처음으로 하나님께 제사를 드린 사람은 아담입니다. 아담의 제사는 가인과 아벨을 비롯하여 그의 후손들에게 계속해서 전수되었습니다. 노아의 가정이 하나님의 교회였으며, 후에는 아브라함의 가족, 이삭의 가족으로 전달되었습니다. 특히 야곱의 가족은 상당히 규모가 큰 가정교회였으며, 열두 자녀를 통해 이스라엘 열두 지파인 구약교회의 기초를 다지는 역할을 담당했습니다.

(2) 국가 단위의 교회

모세의 출애굽으로 생겨난 이스라엘은 가정교회의 범위를 넘어 국가 단위의 교회가 되었습니다. 단위는 국가적이었으나 여전히 이스라엘은 교회였습니다. 따라서 이스라엘은 국가로 존재한 것이 아니라 교회로 존재했습니다. 그래서 우리는 이스라엘을 신정국가라고 합니다. 하나님께서 손수 다스리시는 국가라는 것이지요. 이스라엘 전체가 그냥 하나의 교회였던 것입니다.

(3) 신약시대의 교회

예수 그리스도의 부활 후 오순절 성령강림으로 형성된 교회는 이제 이스라엘이라는 한 국가 단위의 교회가 아니라 전 세계적 규모의 교회로 발전합니다. 신약교회는 국가적 이스라엘이라는 울타리를 완전히 초월해 버렸습니다. 그리고 그 범위를 전 세계로 확장했습니다. 따라서 신약시대에는 국가와 교회가 일치하지 않습니다. 정부 형태와 상관없이 교회가 어느 나라에나 존속하는 것입니다. 신약시대의 교회는 국가교회가 아니므로 선교하는 교회입니다. 하나님이 세상의 모든 인류를 구원하시기로 작정한 것이 선교의 근거입니다.

5. 교회와 하나님 나라

구약의 이스라엘은 하나님 나라였습니다. 결코 나라를 이룰 가능성이 없었던 아브라함의 후손들이 하나님의 은혜로 큰 민족을 이루었습니다. 또한 노예 상태에 있던 이스라엘 백성이 애굽에서 해방되었습니다. 하나님은 하나님 나라인 이스라엘를 위해 십계명을 비롯한 법을 만드셨습니다. 그리고 하나님이 스스로 간섭하면서 다스리셨습니다. 이스라엘의 왕은 세속의 왕과는 달리 하나님의 종이었을 뿐입니다. 그런데 구약의 이스라엘은 교회였다고 스데반은 밝히고 있습니다.[68] 이스라엘은 하나님 나라이자 교회였습니다. 신약교회는 구약의 이스라엘을 대신하는 새 이스라엘입니다. 그리고 새 하나님 나라입니다. 새 하나님 나라는 이스라엘이라는 한 나라에 제한된 것이 아니라 온 세상에 침투하여 세워지는 거대한 하나님 나라입니다. 물론 하나님 나라는 예수 그리스도의 재림으로 완성될 것입니다. 그러나 이 땅에 세워진 교회는 하나님 나라입니다. 교회처럼 하나님의 다스리심을 받기를 즐거워하는 곳은 없습니다.

🌳 함께 나누어요

1. 왜 교회를 성도의 어머니라고 할까요?
2. 교회와 하나님 나라의 관계를 말해 봅시다.

---

(68) "시내산에서 말하던 그 천사와 우리 조상들과 함께 광야 교회에 있었고 또 살아 있는 말씀을 받아 우리에게 주던 자가 이 사람이라"(사도행전 7:38).

제15과
거룩한 교회를 믿습니다(2)

교회가 하는 일

1. 예배

"그들이 사도의 가르침을 받아 서로 교제하고 떡을 떼며 오로지 기도하기를 힘쓰니라"(사도행전 2:42).

사도행전 2장에 나오는 초대교회인 예루살렘 교회는 교회의 역할에 대해 잘 가르쳐 주고 있습니다. 교회가 하는 가장 중요한 일은 하나님께 예배 드리는 일입니다. 우리가 사는 세상에는 바쁘고 급한 일이 많지만, 예배보다 더 바쁘고 급한 일은 없습니다. 초대교회 성도들은 날마다 모여서 예배를 드렸습니다.[69] 모여서 "떡을 떼며"라는 표현이 예배를 가리키는 말입니다.

2. 교육

"베뢰아에 있는 사람들은 데살로니가에 있는 사람들보다 더 너그러워서 간절한 마음으로 말씀을 받고 이것이 그러한가 하여 날마다 성경을 상고하므로"(사도행전 17:11).

---

69) "날마다 마음을 같이하여 성전에 모이기를 힘쓰고 집에서 떡을 떼며 기쁨과 순전한 마음으로 음식을 먹고"(사도행전 2:46).

초대교회에서는 사도의 가르침을 받았습니다. 교회의 성도들은 어머니인 교회로부터 잘 배워야 합니다. 성도들은 교회에서 평생 배워야 합니다. 신사적인 베뢰아 교회의 성도들은 배우는 일에 본을 보였습니다. 지금의 성도들도 교회에서 기회가 있을 때마다 배우기를 힘써야 합니다. 하나님은 말씀을 배우는 자를 기뻐하십니다. 하나님의 학교는 입학은 있으되 졸업은 없기에 계속해서 배워야 합니다. 잘 배워서 진리에 따라 살고, 기회가 되는 대로 부지런히 가르쳐야 합니다.

3. 봉사

"인자가 온 것은 섬김을 받으려 함이 아니라 도리어 섬기려 하고 자기 목숨을 많은 사람의 대속물로 주려 함이니라"(마가복음 10:45).

봉사는 교회와 성도들을 섬기는 일입니다. 교회의 한 지체로서 성도들의 형편을 돌봐야 할 뿐만 아니라, 교회에 있는 여러 기관에서 섬겨야 합니다. 성도들은 가정과 사회에서도 섬기는 자로 살아야 합니다. 주님도 이 땅에 오셔서 목숨을 바쳐 섬기셨습니다. 성도들도 주님처럼 섬겨야 합니다. 성도의 신앙은 봉사를 통해서 자라며 봉사함으로 복을 받습니다. 봉사라고 해서 어렵게 느낄 필요가 없습니다. 자신이 받은 것으로 이웃을 위해 베풀고 섬기면 됩니다.

4. 전도(선교)

"바울이 온 이태를 자기 셋집에 머물면서 자기에게 오는 사람을 다 영접하고 하나님의 나라를 전파하며 주 예수 그리스도에 관한 모든 것을 담대하게 거침없이 가르치더라"(사도행전 28:30-31).

복음전도의 경전인 사도행전은 바울이 로마에서 복음을 전하고 있는 모습으로 끝납니다. 하나님의 최대 관심은 영혼을 구원하는 일입니다. 예수님의 지상명령은 전도입니다. 영혼 구원은 전도를 통해서만 이루어집니다. 성도들은 전도라는 미련한 것으로 영혼을 구원하는 일에 최선의 노력을 기울여야 합니다. 사도행전 28장은 로마에서 끝이 났지만, 우리 교회를 통해 사도행전 29장은 계속되고 있습니다. 여러분들도 사도행전 29장에 참여하고 있는 사람들입니다.

5. 성도의 교제

"그들이 사도의 가르침을 받아 서로 교제하고 떡을 떼며 오로지 기도하기를 힘쓰니라"(사도행전 2:42).

교회는 하나님의 거룩한 백성이 모여 교제를 나누는 곳입니다. 교회의 교제는 사회적인 사교 활동이 아닙니다. 하나님을 중심으로 생명을 나누는 것입니다. 하나님의 한 가족으로서 서로 사랑하는 것입니다. 성도는 교제를 소중하게 여겨야 합니다.

교회에서 성도의 임무

1. 성도의 자격

"시몬 베드로가 대답하여 이르되 주는 그리스도시요 살아 계신 하나님의 아들이시니이다"(마태복음 16:16).

누구든지 교회에 나올 수는 있지만, 아무나 교회의 정식 회원이 되는 것은 아닙니다. 교회에 출석하면서부터 일정한 교육과 훈련을 받아 교회의 모든 회원 앞에서 정식으로 신앙을 고백하고 세례를 받아야 합니다.

2. 성도의 임무

교회는 이 땅에 있는 하나님 나라입니다. 교회의 정식 회원이 된다는 것은 곧 하나님 나라의 백성이 된다는 말입니다. 교회 회원이 되면서부터 우리의 시민권은 이 땅에 있지 않고 천국에 있습니다.[70]

(1) 교회의 전통과 교회가 정한 규범을 따라야 합니다

"그들이 사도의 가르침을 받아 서로 교제하고 떡을 떼며 오로지 기도하기를 힘쓰니라"(사도행전 2:42).

대한민국 사람은 대한민국의 법을 지키며 살듯이, 하나님 나라 백성은 마땅히 하나님 나라의 법을 지키며 살아야 합니다. 즉 교회가 가르치는 여러 신앙생활의 규범에 순종하는 것이 하나님 나라의 백성된 성도의 삶입니다. 성도들이 교회의 규범에 순종하며 살 때 풍성한 축복을 받습니다.

(2) 교회 집회에 잘 참석해야 합니다

"날마다 마음을 같이하여 성전에 모이기를 힘쓰고 집에서 떡을 떼며 기쁨과 순전

---

70) "그러나 우리의 시민권은 하늘에 있는지라 거기로부터 구원하는 자 곧 주 예수 그리스도를 기다리노니"(빌립보서 3:20).

한 마음으로 음식을 먹고"(사도행전 2:46).

교회에는 전체 성도들이 모이는 주일 예배가 있으며, 수요 예배, 새벽 기도회, 금요 기도회, 구역회, 각 기관별 회의 등이 있습니다. 전체 성도들이 모이는 주일 예배는 반드시 참석해야 하며, 자신과 관련 있는 집회도 성실하게 출석해야 합니다. 서로 모이기를 힘쓰는 것이 하나님이 기뻐하시는 바요, 성도의 본분입니다.[71] 하나님은 성도 두세 사람이 주의 이름으로 모인 그곳에도 관심을 가지고 지켜보시며 은혜를 베푸십니다.

(3) 교회가 하는 일에 적극 협조해야 합니다.

"각각 은사를 받은 대로 하나님의 여러 가지 은혜를 맡은 선한 청지기 같이 서로 봉사하라"(베드로전서 4:10).

성도들은 자원하는 마음으로 교회가 하는 일에 협력해야 합니다. 교회가 하는 일이 곧 하나님 나라의 일이기 때문입니다. 교회에서 요청하는 일은 물론이고 본인 스스로 교회를 섬기는 것이 중요합니다. 교회는 즐거이 헌신하는 성도들을 통하여 세워져 갑니다. 물론 교회가 하나님의 말씀에 순종하는 바른 교회여야 한다는 사실이 전제되어야 합니다.

3. 성도들이 받는 축복

"주 예수 그리스도의 은혜와 하나님의 사랑과 성령의 교통하심이 너희 무리와 함께 있을지어다"(고린도후서 13:13).

71) "모이기를 폐하는 어떤 사람들의 습관과 같이 하지 말고 오직 권하여 그 날이 가까움을 볼수록 더욱 그리하자"(히브리서 10:25).

성도들은 오직 교회를 통해서만 하나님이 베푸시는 풍성한 은혜의 복을 받게 됩니다. 성도들이 받는 복은 교회의 사명을 잘 감당하는 것과 관계가 있습니다. 교회를 통해 악으로부터 보호를 받습니다. 교회를 통해 세상을 이기는 힘과 지혜를 얻습니다. 교회를 통해 가정이 복을 받습니다. 아내가, 남편이, 자녀가 복을 받습니다. 성도들은 교회에 충성을 다해야 합니다. 교회를 통해 받을 복이 너무 크고 소중하기 때문입니다.

교회의 표시

보이는 교회를 참 교회와 거짓 교회로 구별하는 근본적인 특징에는 세 가지가 있습니다. 이것은 교회를 교회되게 하는 것들로 말씀의 선포, 성례의 집행, 권징의 시행을 말합니다. 이 세 가지는 결국 하나인데, 하나님의 말씀을 신실하게 지키는 것이라고 할 수 있습니다.

1. 말씀의 참된 전파

"예수께서 대답하여 이르시되 사람이 나를 사랑하면 내 말을 지키리니 내 아버지 께서 그를 사랑하실 것이요 우리가 그에게 가서 거처를 그와 함께 하리라"(요한복음 14:23).

말씀의 참된 전파는 교회의 가장 중요한 표시입니다. 교회는 말씀 전파에 의해 설립되고 존속합니다. 물론 교회에서 전파하는 말씀은 예수 그리스도가 이루신 일과 예수 그리스도의 인격이 중심 내용이 됩니다. 만약 말씀을 전파하되 예수 그리스도의 하나님되심, 예수 그리스도의 사람되심, 예수 그리스도의 동정녀 탄생, 예수 그리스도의 십자가 죽음과 부활, 예수 그리스도의 재림 등 기독교의 기본 진리 중 어느 한 가지라도 부인한다면, 그것은 참 교회가 아닙니다. 말씀 전파가 교회의 표시인 것과 마찬가지로 말씀 전파는 성도의 표시이기도 합니다. 성도들은 하나님의 말씀을 전하는 일을 통해 자신이 하나님의 자녀임을 증거합니다.

2. 성례의 올바른 시행

"또 이르시되 너희는 온 천하에 다니며 만민에게 복음을 전파하라 믿고 세례를 받는 사람은 구원을 얻을 것이요 믿지 않는 사람은 정죄를 받으리라"(마가복음 16:15-16).

세례와 성만찬이 올바로 행해지고 있다면, 그곳은 바른 교회입니다. 물론 성례가 하나님의 말씀보다 앞설 수는 없습니다. 성례는 반드시 하나님의 말씀에 의해 해석되면서 이루어져야 합니다. 천주교에서는 하나님의 말씀선포 없이도 성례의 자체적인 효과가 있다고 주장하지만, 말씀선포 없이 이루어지는 성례는 미신적인 것입니다. 성례는 눈으로 보이는 말씀선포이기 때문에 반드시 그 의미를 해석할 때 효과가 있습니다.

3. 권징의 신실한 수행

"진실로 너희에게 이르노니 무엇이든지 너희가 땅에서 매면 하늘에서도 매일 것이요 무엇이든지 땅에서 풀면 하늘에서도 풀리리라"(마태복음 18:18).

권징은 징계라고도 합니다. 권징은 교회의 순수성을 유지하고 성례들의 거룩성을 보호하기 위해 실시합니다. 뿐만 아니라 권징은 범죄한 당사자에게도 매우 소중한 은혜의 방편입니다. 범죄한 성도들은 권징을 통해 회개의 기회를 얻게 되기 때문입니다. 교회의 권징은 곧 하나님의 권징과 동일한 것이기 때문에 권징을 소홀히 여기면 안 됩니다.

🌳 함께 나누어요

1. 교회가 하는 일이 무엇인지를 적어 봅시다.
2. 나는 교회에서 무슨 일을 할 수 있을지를 말해 봅시다.
3. 교회가 하는 일에 어떻게 참여할 수 있을지 말해 봅시다.

2부

성도의 삶

|

제자훈련

제1과
주님의 제자

"그러므로 너희는 가서 모든 민족을 제자로 삼아 아버지와 아들과 성령의 이름으로 세례를 베풀고 내가 너희에게 분부한 모든 것을 가르쳐 지키게 하라 볼지어다 내가 세상 끝날까지 너희와 항상 함께 있으리라 하시니라"(마태복음 28:19-20).

1부에서는 새신자로서 그리고 성도로서 마땅히 알아야 할 가장 기본적인 신앙에 대해 배웠습니다. 구원받아 거듭난 모든 성도는 신앙이 성장해야 하고, 풍성한 열매를 맺어야 합니다. 우리 주 예수 그리스도를 닮아 가야 합니다. 그렇게 되면 예수 그리스도의 제자로 축복된 한평생을 살게 됩니다.

2부에서는 좋은 제자가 되어 장성한 그리스도인으로서 행할 바를 배우고 실천하는 과정을 다룰 것입니다. 이를 잘 배우고 실천하여 그 인격과 사역이 예수 그리스도를 따르는 좋은 제자가 되도록 합시다.

1. 제자의 어원적 의미

제자는 그 자체로 스승을 본받아 잘 배우고 훈련받은 사람을 의미합니다. 따라서 제자란 단순하게 배우는 사람만을 의미하지는 않습니다. 그래서 그리스도의 제자란 과거에 주님을 닮지 않은 모습에서 훈련의 반복을 통하여 주님을 닮아 가는 사람을 말합니다.

2. 제자의 성경적 의미

세베대의 아들로서 시몬의 동업자인 야고보와 요한도 놀랐음이라 예수께서 시몬에게 이르시되 무서워하지 말라 이제 후로는 네가 사람을 취하리라 하시니 그들이 배들을 육지에 대고 모든 것을 버려 두고 예수를 따르니라(누가복음 5:10-11).

(1) 제자란 따르는 자입니다(눅 5:10-11).

(2) 제자란 배우는 자입니다(고전 4:11).

(3) 제자란 선택받은 자입니다(막 3:13-15).

(4) 제자란 위탁받은 자입니다(마 28:18-20).

(5) 제자란 보냄받은 자입니다(눅 6:12-13).

3. 누가 제자인가?

"그러므로 너희는 가서 모든 민족을 제자로 삼아 아버지와 아들과 성령의 이름으로 세례를 베풀고 내가 너희에게 분부한 모든 것을 가르쳐 지키게 하라 볼지어다 내가 세상 끝날까지 너희와 항상 함께 있으리라 하시니라"(마태복음 28:19-20).

제자는 특정하게 선택된 사람이 아닙니다. 모든 그리스도인이 제자입니다. 제자가 되는 것, 제자로 사는 것은 그리스도인의 사명입니다. 물론 그리스도의 제자가 되기 위해서는 먼저 예수 그리스도가 생명의 주요 구세주이신 것을 믿으며 그 발 아래 복종하는 순종이 있어야 합니다. 그리고 예수 그리스도를 개인의 구세주로 믿고 영접하며 세례를 받아야 합니다. 세례는 그리스도인이 되었다는 증표입니다. 세례를 받음으로써 하나님 가족의 일원이 되어 교회공동체를 이루게 됩니다. 이러한 과정을 거쳐 주님의 가르침과 말씀의 교훈을 받아들이고 순종할 때 비로소 그리스도의 제자가 되는 것입니다. 예수님이 천국복음을 전하시고 가르치시고 치료사역을 하시며 제자를 삼으셨던 것처럼 주님의 제자로 부름받은 자는 예수님의 사역을 계승하는 자로 헌신해야 합니다.

4. 제자훈련의 목적

"그가 어떤 사람은 사도로, 어떤 사람은 선지자로, 어떤 사람은 복음 전하는 자로, 어떤 사람은 목사와 교사로 삼으셨으니 이는 성도를 온전하게 하여 봉사의 일을 하게 하며 그리스도의 몸을 세우려 하심이라"(에베소서 4:11-12).

제자훈련의 궁극적인 목적은 첫째, 예수님의 인격과 사역을 본받는 것이고 둘째, 예수님의 삶을 본받아 신자의 자아상을 확립하는 것입니다. 즉 예수님처럼 되고, 예수님처럼 살기를 원하는 신앙인으로 만드는 것이 제자훈련의 목적입니다. 예수님의 제자가 된다는 것은 예수님을 주인으로 모시고 그를 따를 뿐만 아니라, 그에게 순종하는 사람이 되는 것입니다. '그리스도인'이라는 의미 안에는 '작은 그리스도'라는 의미가 포함되어 있습니다. 1세기 성도들은 작은 예수(그리스도)라는 이름을 얻었습니다. 초대교회 성도들이 작은 예수라는 별명을 들었던 것처럼 우리도 예수님처럼 되어야 합니다. 그래서 훈련이 필요합니다. 제자훈련은 말씀과 성령의 감화를 가지고 하나님의 사람으로 하여금 온전한 사람이 되게 하고 온전한 삶을 살도록 합니다.

5. 예수님의 사역을 이어받는 제자

"그러므로 너희는 가서 모든 민족을 제자로 삼아 아버지와 아들과 성령의 이름으로 세례를 베풀고 내가 너희에게 분부한 모든 것을 가르쳐 지키게 하라 볼지어다 내가 세상 끝날까지 너희와 항상 함께 있으리라 하시니라"(마태복음 28:19-20).

그리스도의 제자는 예수님이 세상에서 하셨던 사역을 모두 이어받는 것입니다. 예수님은 제자를 부르실 때 성숙한 그리스도인이 되게 하는 목적과 동시에 예수님의 사역을 계승하기를 원하셨습니다. 그래서 주님은 부활하고 승천하시기 전에 다음과 같은 지상 명령을 하셨습니다. "그러므로 너희는 가서 모든 민족을 제자로 삼아 아버지와 아들과 성령의 이름으로 세례를 베풀고 내가 너희에게 분부한 모든 것을 가르쳐 지키게 하라 볼지어다 내가 세상 끝날까지 너희와 항상 함께 있으리라 하시니라"(마 28:19-20). 이 성경말씀을 보면 주요 동사가 네 개 있습니다. 그중 '가서', '세례를 주고', '가르쳐'는 분사형이고, '제자를 삼으라'는 명령형입니다. '가서', '세례를 주고', '가르쳐'라는 동사도 중요한 부분이지만, 이것들은 '제자를 삼으라'는 지상명령의 목적을 이루기까지의 과정들입니다. 이 말씀은 한마디로 예수님이 주신 권위와 위임을 받은 제자들에게 또 다른 그리스도의 제자를 삼는 과정을 제시해 줍니다.

6. 또 다른 예수를 생산하기 위하여

"우리가 그를 전파하여 각 사람을 권하고 모든 지혜로 각 사람을 가르침은 각 사람을 그리스도 안에서 완전한 자로 세우려 함이니"(골로새서 1:28).

제자훈련은 그리스도인이 복음전도자로, 세상을 섬기는 헌신자로, 사랑의 치유자로 헌신하는 과정입니다. 또한 예수님이 세상을 향해 품었던 계획을 자기의 것으로 받아들이도록 돕는 과정입니다. 그러므로 우리는 제자훈련을 통해 내 직업이 무엇이든, 내가 사는 환경이 어떠하든, 내가 머무는 그곳에서 하나님의 이름이 거룩히 여김을 받고 하나님의 뜻이 이루어질 수 있도록 최선을 다하는 소명자가 되어야 합니다. 제자훈련은 예수님과 같은, 나와 같은 제자를 만들어 내는 과정입니다. 그러므로 우리는 이 과정에 성실하게 참여해서 좋은 제자가 되고, 좋은 제자를 만들도록 해야 합니다.

🌳 함께 나누어요

1. 누가 제자입니까?

2. 제자가 하는 일은 무엇입니까?

3. 어떻게 하면 좋은 제자가 될 수 있겠습니까?

제2과
성령의 세례와 기름부음

"그러므로 어리석은 자가 되지 말고 오직 주의 뜻이 무엇인가 이해하라 술 취하지 말라 이는 방탕한 것이니 오직 성령으로 충만함을 받으라"(에베소서 5:17-18).

예수님을 믿으면서도 자신이 성령세례를 받았는지, 성령충만이 무엇인지, 성령의 기름부음이 무엇인지를 잘 모르는 신자들이 많습니다.

성령세례

1. 요한의 세례

"세례 요한이 광야에 이르러 죄 사함을 받게 하는 회개의 세례를 전파하니 온 유대 지방과 예루살렘 사람이 다 나아가 자기 죄를 자복하고 요단 강에서 그에게 세례를 받더라"(마가복음 1:4-5).

요한의 세례는 형식적으로는 물세례입니다. 물세례는 구도자가 교회 공동체 앞에서 예수님을 자신의 주와 그리스도로 믿는다고 자신의 신앙을 공개적으로 증거하는 성례전입니다. 물세례는 죄사함을 받게 하는 회개의 세례입니다. '회개한다'는 것은 하나님을 섬기지 않고 내가 주인이 되어 살아온 삶을 마치고 이제부터 예수님을 주(主)로 모시겠다는 결단입니다. 회개한 사람은 죄사함을 받습니다. 물세례는 모든 성도가 예수님을 믿고 신앙을 고백하면 받는 세례로, 평생 단 한 번만 세례를 받으면 됩니다. 이는 성령세례, 성령충만, 성령의 기름부음의 근거가 되는 세례입니다. 물세례는 그리스도인으로 신분이 변했다는 상징을 나타내는 것입니다.

2. 성령세례

"요한은 물로 세례를 베풀었으나 너희는 몇 날이 못되어 성령으로 세례를 받으리라 하셨느니라"(사도행전 1:5).

신분이 그리스도인이라고 해서 모든 그리스도인에게서 능력이 나타나는 것은 아닙니다. 성령세례를 받아야만 능력이 나타납니다. 구원은 나를 위해 받는 것이지만, 능력은 봉사하기 위해 받는 것입니다. 요한의 세례 이후에 성령으로의 세례가 약속되어 있습니다. 성령세례는 오순절 이후 주어졌습니다. 부활하신 주님이 주시는 세례입니다.

"우리가 유대인이나 헬라인이나 종이나 자유인이나 다 한 성령으로 세례를 받아 한 몸이 되었고 또 다 한 성령을 마시게 하셨느니라"(고린도전서 12:13).

성령세례를 받았다는 것은 그리스도의 몸과 연합했다는 것을 말합니다. 성령세례를 받았다는 것은 그리스도의 능력을 부여받았다는 것입니다.

"그러므로 내가 너희에게 알리노니 하나님의 영으로 말하는 자는 누구든지 예수를 저주할 자라 하지 아니하고 또 성령으로 아니하고는 누구든지 예수를 주시라 할 수 없느니라"(고린도전서 12:3).

성령을 받았다는 주요한 증거는 예수 그리스도를 주(主)라고 고백하는 데 있습니다. 초대교회 당시 로마 황제는 망령되게도 자신을 하나님만이 주장할 수 있는 주(主)로 주장했고, 자기를 주로 섬기지 않으면 국법에 따라 처형했습니다. 따라서 그 당시에 예수님을 주로 고백한 사람들은 죽음을 각오했습니다. 죽음을 각오하고도 예수님을 주로 고백한다는 것은 사람의 힘으로는 할 수 없는 일입니다. 성령 세례를 받아야만, 성령의 능력에 의해서만 할 수 있는 일입니다. 여러분들이 초대교회의 성도들처럼 내 모든 것을 다 포기할 각오와 함께 예수님을 주인으로 모시겠다고 고백했다면, 성령세례를 받은 증거입니다. 성령세례는 일생동안 변함없이 주어지는 구원의 확신입니다.

3. 성령세례는 능력세례입니다

"나는 너희로 회개하게 하기 위하여 물로 세례를 베풀거니와 내 뒤에 오시는 이는 나보다 능력이 많으시니 나는 그의 신을 들기도 감당하지 못하겠노라 그는 성령과 불로 너희에게 세례를 베푸실 것이요"(마태복음 3:11).

성령님은 능력을 행사하는 하나님입니다. 성령 하나님은 성도들이 필요할 때 능력을 부어 주십니다. 주로 성도들이 하나님의 일을 하고 그 사역을 통해 하나님의 능력이 나타나야 할 때 그 능력을 부어 주십니다. 그래서 성령세례는 불세례, 능력세례입니다.

"볼지어다 내가 내 아버지께서 약속하신 것을 너희에게 보내리니 너희는 위로부터 능력으로 입혀질 때까지 이 성에 머물라 하시니라"(누가복음 24:49).

예수님은 제자들이 성령의 능력을 받을 것을 약속하셨습니다. 제자들은 주님의 약속대로 성령의 능력을 받았습니다. 성령의 능력은 권능이기도 합니다.

> "오직 성령이 너희에게 임하시면 너희가 권능을 받고 예루살렘과 온 유대와 사마리아와 땅 끝까지 이르러 내 증인이 되리라 하시니라"(사도행전 1:8).

제자들은 복음전도 사역 중 귀신을 내어 쫓고, 병을 고치는 등 성령의 능력을 받았습니다. 성도들도 복음전도 사역을 위해 성령의 능력을 받아야 합니다.

성령충만

> "그러므로 어리석은 자가 되지 말고 오직 주의 뜻이 무엇인가 이해하라 술 취하지 말라 이는 방탕한 것이니 오직 성령으로 충만함을 받으라"(에베소서 5:17-18).

I. 성령충만

성령충만은 성령세례를 받은 사람에게 주어지는 것으로, 성령님께 순종하는 삶입니다. 이러한 삶을 통해 성도들은 성령의 은사를 나타내고 성령의 열매를 맺습니다. 그래서 성령충만은 은사충만, 생활충만이라고 할 수 있습니다. 성령님께 순종하고 인도받으며 지배받는 것이 성도의 삶 속에서 지속되는 것이 성령충만입니다. 성령충만은 성도의 일생 가운데 계속되어야 합니다. 성령을 받지 않는 불신자들은 지속적으로 공중권세 잡은 자의 지배를 받고 살아갑니다.[72] 그래서 사탄은 불신자들

---

72) "그 때에 너희는 그 가운데서 행하여 이 세상 풍조를 따르고 공중의 권세 잡은 자를 따랐으니 곧 지금 불순종의 아들들 가운데서 역사하는 영이라 전에는 우리도 다 그 가운데서 우리 육체의 욕심을 따라 지내며 육체와 마음의 원하는 것을 하여 다른 이들과 같이 본질상 진노의 자녀이었더니"(에베소서 2:2-3).

을 통해서, 또는 환경을 통해서 성도들을 대적합니다. 성도들은 세상에서 사는 동안 하나님이 주신 성도로서의 사명을 감당하기 위해 악한 영과 대적해서 승리해야 합니다. 그래서 성도는 지속적인 성령충만을 받아야 하는 것입니다.

2. 성령충만의 경우들

"그들이 다 성령의 충만함을 받고 성령이 말하게 하심을 따라 다른 언어들로 말하기를 시작하니라"(사도행전 2:4).

성령님은 인격을 가진 하나님입니다. 성령님이 시키는 대로 하는 것이 성령충만입니다. 사도행전 2장의 핵심은 믿는 성도들에게 성령이 임했고, 그 성령을 받은 성도들이 성령님이 시키는 대로 했다는 것입니다. 성령님이 방언을 하도록 하셨기에 거기 모인 제자들은 성령님께 순종하여 방언을 했습니다. 성령님이 명하시는 대로 하는 것이 성령충만입니다.

"빌기를 다하매 모인 곳이 진동하더니 무리가 다 성령이 충만하여 담대히 하나님의 말씀을 전하니라"(사도행전 4:31).

초대교회가 복음을 전하자 엄청난 핍박이 시작되었습니다. 성도들은 겁에 질려 주춤했습니다. 위기에 처한 성도들은 기도했습니다. 성도들의 기도에 따라 하나님은 위기 상황에서 복음을 전할 수 있도록 역사하셨습니다. 성령님이 복음을 전하도록 인도하시자 제자들은 비로소 담대히 복음을 전할 수 있었습니다. 성령님의 인도하심에 복종하는 삶, 그것이 성령충만입니다. 더불어 성령님께 복종하는 삶을 살 때 그분은 복음전도의 능력을 지속적으로 부어 주십니다.

"형제들아 너희 가운데서 성령과 지혜가 충만하여 칭찬 받는 사람 일곱을 택하라 우리가 이 일을 그들에게 맡기고"(사도행전 6:3).

초대교회가 처음으로 지도자를 세우는 일은 참으로 중요했습니다. 그런데 가만히 보니 교회 안에 참으로 자신을 포기하고 하나님께 철저히 순종하는 사람들이 있었습니다. 하나님께 순종한다는 것은 성령님의 인도에 순종하는 것을 말합니다. 성도들도 이미 그들이 누구인지 잘 알았습니다. 성도들은 오직 성령의 지시에 따라 교회를 섬길 사람 일곱을 택했던 것입니다.

"스데반이 성령 충만하여 하늘을 우러러 주목하여 하나님의 영광과 및 예수께서 하나님 우편에 서신 것을 보고"(사도행전 7:55).

유대인들 앞에서 예수님을 전한다는 것은 사람의 힘으로는 불가능한 일이었습니다. 돌로 맞아 죽어야 했으니까요. 그러나 유대인들이야말로 그들이 죽인 예수님이 그들의 메시아라는 진리를 알지 않으면 안 되었습니다. 더구나 복음은 유대로부터 시작하여 땅 끝까지 전파되어야 했습니다. 그래서 하나님은 스데반에게 복음을 전하도록 성령으로 지배하셨고, 스데반은 성령충만하여 순교하면서까지 예수님을 전했습니다.

"주를 섬겨 금식할 때에 성령이 이르시되 내가 불러 시키는 일을 위하여 바나바와 사울을 따로 세우라 하시니"(사도행전 13:2).

예수 그리스도의 교회를 이방에 세우기 위해 부름받은 바울의 사역은 성령충만과 밀접한 관계에 있습니다. 안디옥 교회의 선지자들에게 바울을 이방에 교회를 세우기 위한 선교사로 세우도록 지시하신 분이 성령님이었습니다. 바울은 성령님의 지시하심에 따라 선교사로 파송받았습니다.[73] 바울은 성령의 인도하심으로 하

73) "두 사람이 성령의 보내심을 받아 실루기아에 내려가 거기서 배 타고 구브로에 가서"(사도행전 13:4).

나님의 교회를 이방에 세우는 사역을 했습니다. 이 모든 것이 성령충만함으로 가능했습니다.

3. 성령충만은 성령님께 순종하는 것입니다

"너희도 알거니와 너희가 이방인으로 있을 때에 말 못하는 우상에게로 끄는 그대로 끌려 갔느니라 그러므로 내가 너희에게 알리노니 하나님의 영으로 말하는 자는 누구든지 예수를 저주할 자라 하지 아니하고 또 성령으로 아니하고는 누구든지 예수를 주시라 할 수 없느니라"(고린도전서 12:2-3).

위의 여러 경우를 통해 살펴보면, 성령충만은 성령님의 지배를 받는 삶이라고 할 수 있습니다. 성령님의 인도를 따르는 것이 곧 성령충만입니다. 고린도전서 12장 2-3절에 의하면, 성령님의 인도는 세상의 영들에 의해 우상들에게 끌려가는 것과 대비를 이루고 있습니다. 스스로 우상에게 나아간 것이 아니고, 죄와 악령들에 의해 우상에게 인도되었던 것입니다. 사람들이 예수님께 인도되는 것도 성령님에 의한 것입니다(고전 12:3). 성령님의 인도에 의해서만 예수님을 주라고 할 수 있습니다. 성령님의 인도를 받아야만 하나님을 아버지라 부르게 됩니다.[74]

4. 지속적인 성령충만을 명령하심

"그러므로 어리석은 자가 되지 말고 오직 주의 뜻이 무엇인가 이해하라 술 취하지 말라 이는 방탕한 것이니 오직 성령으로 충만함을 받으라"(에베소서 5:17-18).

---

74) "무릇 하나님의 영으로 인도함을 받는 사람은 곧 하나님의 아들이라 너희는 다시 무서워하는 종의 영을 받지 아니하고 양자의 영을 받았으므로 우리가 아빠 아버지라고 부르짖느니라"(로마서 8:14-15).

예수님은 지속적인 성령충만을 명하셨습니다. 왜냐하면 성도는 세상에서 하루 이틀 사는 것이 아니라, 평생 동안 사탄의 유혹과 핍박을 이기고 하나님의 뜻을 행하며 살아야 하기 때문입니다. 성령충만은 하나님의 명령이기 때문에 우리는 순종해야 합니다.

5. 성령충만을 위해

(1) 말씀충만

"빌기를 다하매 모인 곳이 진동하더니 무리가 다 성령이 충만하여 담대히 하나님의 말씀을 전하니라"(사도행전 4:31).

성령충만은 말씀충만입니다. 그렇기 때문에 성령충만하기 위해서는 말씀으로 충만해야 합니다. 예배, 성경공부, 성경읽기를 통해 말씀을 사모해야 합니다. 말씀을 사모하는 사람이 성령충만한 사람이요, 말씀에 따라 순종하며 사는 사람이 성령충만한 사람입니다.

(2) 기도충만

"빌기를 다하매 모인 곳이 진동하더니 무리가 다 성령이 충만하여 담대히 하나님의 말씀을 전하니라"(사도행전 4:31).

기도하면 성령충만해집니다. 왜냐하면 기도란 본질적으로 자신의 의지와 능력을 포기하고 자신을 하나님께 맡기는 것이기 때문입니다. 늘 기도하는 사람은 늘 성령충만한 사람입니다. 쉬지 말고 항상 기도해야 합니다.

(3) 믿음충만

"바나바는 착한 사람이요 성령과 믿음이 충만한 사람이라 이에 큰 무리가 주께 더하여지더라"(사도행전 11:24).

성령이 충만한 사람은 믿음이 충만한 사람입니다. 믿음은 하나님에 대한 전적인 신뢰입니다. 자신을 의지하지 않고 범사에 하나님을 의지하며 하나님과 동행하는 것입니다. 이런 사람은 세상을 사람의 눈으로 보지 않고 하나님의 눈으로 봅니다.

(4) 사랑충만

"이 모든 것 위에 사랑을 더하라 이는 온전하게 매는 띠니라"(골로새서 3:14).

성령이 충만한 사람은 사랑이 충만한 사람입니다. 하나님은 사랑입니다. 우리 주 예수님이 우리를 구원하신 것도 지극한 사랑 때문입니다. 어느 누구도, 무엇도 그 사랑을 막을 수 없듯이 성령충만도 막을 수 없습니다. 참으로 성령충만은 사랑의 능력입니다.

(5) 순종

"우리는 이 일에 증인이요 하나님이 자기에게 순종하는 사람들에게 주신 성령도 그러하니라 하더라"(사도행전 5:32).

하나님은 자기에게 순종하는 사람들에게 성령을 주시고 성령으로 충만케 하여 주십니다. 순종은 성령의 통로입니다. 성령충만은 순종과 비례해서 나타납니다.

(6) 안수

"이에 두 사도가 그들에게 안수하매 성령을 받는지라"(사도행전 8:17).

주의 종들이 안수를 함으로써 성령충만이 나타납니다. 사도행전 8장과 19장에서는 사도들이 그들에게 안수했더니 성령님이 충만하게 임하셨다고 증거합니다.

성령의 기름부음

"너희는 거룩하신 자에게서 기름 부음을 받고 모든 것을 아느니라"(요한일서 2:20).

1. 기름부음

'기름부음'에 대한 원어의 뜻을 살펴보겠습니다. 헬라어 '크리스마'(Χρισμα)는 '기름을 바른다', '기름을 붓는다', '성령의 공급'이라는 의미입니다. 이 단어에서 '그리스도'(Χριστος)라는 말이 나왔습니다. 예수님을 그리스도라고 하는데, 기름부음을 받은 분이라는 의미입니다. 성경에 나오는 기름은 향유입니다. 그래서 기름 붓는 것을 향유 뿌리는 것으로 이해하는 것이 좋습니다. 그렇다면 어떤 사람에게 기름을 부었을까요? 하나님은 하나님의 일을 하기 위해 사명을 주셨고, 직분을 주셨으며, 그 직분을 잘 감당하라고 기름, 곧 성령을 부어 주셨습니다.

2. 구약에 나타난 기름부음

구약시대에는 하나님께 특정한 사명을 받은 사람들이 기름부음을 받았습니다. 기름부음은 하나님의 신, 성령의 임재를 상징하는 것이었습니다.

(1) 제사장을 세울 때 기름을 부었습니다

"너는 그것들로 네 형 아론과 그와 함께 한 그의 아들들에게 입히고 그들에게 기름을 부어 위임하고 거룩하게 하여 그들이 제사장 직분을 내게 행하게 할지며"(출애굽기 28:41).

(2) 왕을 세울 때 기름을 부었습니다

"이에 사무엘이 기름병을 가져다가 사울의 머리에 붓고 입맞추며 이르되 여호와께서 네게 기름을 부으사 그의 기업의 지도자로 삼지 아니하셨느냐"(사무엘상 10:1).

(3) 선지자를 세울 때 기름을 부었습니다

"너는 또 님시의 아들 예후에게 기름을 부어 이스라엘의 왕이 되게 하고 또 아벨므홀라 사밧의 아들 엘리사에게 기름을 부어 너를 대신하여 선지자가 되게 하라"(열왕기상 19:16).

(4) 특별한 사명을 위해 기름을 부었습니다

"브살렐과 오홀리압과 및 마음이 지혜로운 사람 곧 여호와께서 지혜와 총명을 부으사 성소에 쓸 모든 일을 할 줄 알게 하신 자들은 모두 여호와께서 명령하신 대로 할 것이니라"(출애굽기 36:1).

(5) 모든 성도에게 기름부음이 약속되었습니다

"그 후에 내가 내 영을 만민에게 부어 주리니 너희 자녀들이 장래 일을 말할 것이며 너희 늙은이는 꿈을 꾸며 너희 젊은이는 이상을 볼 것이며"(요엘 2:28).

구약시대에 특정인에게 임한 성령의 기름부음이 신약시대, 말세, 메시아(그리스도)가 오실 때에는 모든 성도에게 임할 것임이 예언되었습니다.

3. 신약에 나타난 기름부음

구약시대에 예언된 모든 성도에게 임할 기름부음은 예수님이 오심으로 이루어졌습니다. 성령의 기름부음은 믿는 자에게 임할 성령과 직분을 맡은 자가 그것을 잘 감당할 수 있도록 그에게 필요한 능력을 주실 것에 대한 상징입니다.

(1) 예수님께 임한 기름부으심

"예수께서 세례를 받으시고 곧 물에서 올라오실새 하늘이 열리고 하나님의 성령이 비둘기 같이 내려 자기 위에 임하심을 보시더니"(마태복음 3:16).

모든 성도에게 임할 성령의 기름부음은 예수님으로부터 비롯합니다. 예수님의 사역은 성령의 기름부름으로 시작합니다. 예수님이 요단강에서 물 부으심(세례)을 받으실 때, 성령의 기름부으심(성령이 비둘기같이)이 임합니다.

(2) 예언이 이루어짐

"하나님이 말씀하시기를 말세에 내가 내 영을 모든 육체에 부어 주리니 너희의 자녀들은 예언할 것이요 너희의 젊은이들은 환상을 보고 너희의 늙은이들은 꿈을 꾸리라"(사도행전 2:17).

오순절 날, 주님이 약속한 것(성령)을 기다리던 모든 성도에게 성령이 임했습니다.

(3) 모든 성도에게 임한 기름부음

"너희는 주께 받은 바 기름 부음이 너희 안에 거하나니 아무도 너희를 가르칠 필요가 없고 오직 그의 기름 부음이 모든 것을 너희에게 가르치며 또 참되고 거짓이 없으니 너희를 가르치신 그대로 주 안에 거하라"(요한일서 2:27).

구약의 예언과, 주님이 약속하신 기름부음은 우리 모든 성도에게 임하여 있습니다. 기름부음은 직분을 감당하기 위한 성령세례라고도 합니다. 따라서 기름부음은 성령세례의 한 부분으로 볼 수도 있습니다.

4. 기름부음을 받으면

기름부음은 축복입니다. 우리 몸에 부어지면 각종 은사와 능력이 나타나게 됩니다. 우리 성품에 부어지면 성령의 아홉 가지 열매를 맺게 됩니다. 우리 삶에 부어지면 성령님이 우리 삶을 인도해 주십니다. 우리 사업에 부어지면 사업에 형통한 복이 임하게 됩니다. 우리 가정에 부어지면 가정이 행복한 복을 받게 됩니다. 이에 관해 구체적으로 살펴보겠습니다.

(1) 영적 해방이 일어납니다

"주의 성령이 내게 임하셨으니 이는 가난한 자에게 복음을 전하게 하시려고 내게 기름을 부으시고 나를 보내사 포로 된 자에게 자유를, 눈 먼 자에게 다시 보게 함을 전파하며 눌린 자를 자유롭게 하고"(누가복음 4:18).

성령의 기름부음을 받으면 복음이 전파되고, 포로된 자가 자유를 얻게 되며, 눈
먼 자가 다시 보게 되며, 눌린 자가 자유하게 됩니다. 죄에서 해방되고, 가난에서 자
유하게 되며, 질병에서 치료됩니다. 그래서 기름부음은 죄로 인해 찾아온 모든 저
주와 억압으로부터 해방시켜 줍니다.

(2) 선교와 전도에 큰 역사가 일어납니다

"오직 성령이 너희에게 임하시면 너희가 권능을 받고 예루살렘과 온 유대와 사마리
아와 땅 끝까지 이르러 내 증인이 되리라 하시니라"(사도행전 1:8).

성령의 기름부음을 받은 사람들은 하나님의 말씀을 담대하게 전합니다. 전도
와 선교에 헌신합니다. 모든 성도는 기름부음을 받았습니다. 모든 성도는 전도와
선교의 헌신자들입니다.

(3) 찬양이 살아납니다

"나팔 부는 자와 노래하는 자들이 일제히 소리를 내어 여호와를 찬송하며 감사하
는데 나팔 불고 제금 치고 모든 악기를 울리며 소리를 높여 여호와를 찬송하여 이
르되 선하시도다 그의 자비하심이 영원히 있도다 하매 그 때에 여호와의 전에 구름
이 가득한지라 제사장들이 그 구름으로 말미암아 능히 서서 섬기지 못하였으니 이
는 여호와의 영광이 하나님의 전에 가득함이었더라"(역대하 5:13-14).

기름부음을 받은 사람이 부르는 찬양과 그렇지 않은 사람이 부르는 찬양에는
큰 차이가 있습니다. 기름부음을 받은 찬양은 하나님의 임재를 더욱 강하게 느끼
게 하고, 하나님의 영광의 임재 속에 들어가게 합니다. 이런 찬양이 마귀의 세력을

물리치고 육신의 질병과 심령을 치유합니다.

⑷ 기도에 능력이 나타납니다

"모든 기도와 간구를 하되 항상 성령 안에서 기도하고 이를 위하여 깨어 구하기를 항상 힘쓰며 여러 성도를 위하여 구하라"(에베소서 6:18).

기름부음을 받은 기도는 능력이 있으며 오랜 시간 할 수 있습니다. 또한 마귀의 세력을 물리칩니다(막 9:29; 엡 6:18; 단 10). 마귀를 대항하는 중보기도는 기도의 은사를 받은 사람들이 목회자 및 어느 특정 지역 또는 단체를 위해 집중적으로 기도하는 것으로 이로써 마귀의 견고한 진을 파할 수 있습니다.

⑸ 지속적인 기름부음을 받아야 합니다

"그가 내게 대답하여 이르되 여호와께서 스룹바벨에게 하신 말씀이 이러하니라 만군의 여호와께서 말씀하시되 이는 힘으로 되지 아니하며 능력으로 되지 아니하고 오직 나의 영으로 되느니라"(스가랴 4:6).

하나님의 사역을 위해 지속적으로 기름부음을 받아야 합니다. 치유, 해방, 봉사, 전도와 선교는 오직 성령의 지속적인 기름부음으로 이루어집니다.

5. 기름부음을 받으려면

⑴ 기도해야 합니다

기도의 양은 기름부음의 양과 비례합니다. 예수님은 기적의 생애를 사신 분입니다. 예수님은 하나님과 독대하여 규칙적으로 기도하셨습니다. 기도는 하나님의 능력을 빌려 쓰기 위해서 내미는 손입니다. 따라서 우리는 매일 신선한 기름을 준비해야 합니다.

⑵ 신앙의 그릇을 준비해야 합니다

신앙의 그릇이 준비된 만큼, 더 많이 기도하고 순종하는 만큼, 봉사하고 구제하고 전도하는 만큼, 우리가 입을 넓게 여는 만큼 기름부음을 받게 됩니다(열왕기하 4:1-7).

⑶ 하나님의 기름부음을 받은 사람과 가까이 하여야 합니다

성령으로 충만한 신앙의 동지와 믿음의 동역자가 필요합니다. 엘리야의 후계자 엘리사가 엘리야의 몸에서 떨어진 겉옷을 주워 가졌을 때 그 능력이 엘리사에게 넘쳐났습니다(왕하 2:8-14).

6. 기름부음은 예수 그리스도의 사역을 계승합니다

예수 그리스도는 기름부음을 받은 자(그리스도)입니다. 성도들도 기름부음을 받은 자(그리스도인)입니다. 그러므로 성도는 예수 그리스도의 사역을 계승하는 위대한 자들입니다. 1세기가 성령의 기름부음을 받은 자들이 이끌어 가는 활동무대였던 것처럼, 21세기도 성령의 기름부음 받은 자들이 주도하는 세상입니다.

7. 기름부음과 순종

기름부음은 교회와 개인에게 축복을 주기 위함입니다. 그 축복을 통해 세상을 축복하기 위함입니다. 세상을 하나님 나라로 만들기 위함입니다. 기름부음의 축복은 철저한 순종을 통해 나타납니다. 사울은 불순종해서 기름부음이 사라졌고, 다윗은 순종해서 기름부음이 넘쳤습니다. 예수 그리스도의 제자들이 주님의 말씀에 순종하여 복음을 들고 나아갈 때, 제자들에게 기름부음이 넘쳐났고, 그 흘러넘친 기름부음이 세상을 구원했으며, 그 구원의 은총이 우리에게 계승되었습니다. 이제 우리가 순종함으로 그 일을 해야 합니다.

8. 기름부음을 받읍시다.

기름부음은 우리에게 능력으로 나타날 뿐만 아니라 승리의 삶을 약속합니다. 질병을 치유해 주며, 옛사람을 벗고 새사람이 되게 합니다. 우리는 하나님의 의를 힘입어 하나님의 방법대로 말씀에 순종해야 합니다. 또한 예수님처럼 습관적이고 규칙적으로 기도해야 합니다. 성령의 기름부음이 우리의 삶 속에서 넘쳐나서 하나님께 영광 돌리고, 예수님께 귀히 쓰임받는 모두가 되시기를 바랍니다.

🌱 함께 나누어요

1. 성령세례를 받으셨습니까? 그 증거는 무엇입니까?

2. 어떻게 성령충만할 수 있습니까?

3. 기름부음의 축복을 받으려면 어떻게 해야 합니까?

제3과
성령의 은사

"우리에게 주신 은혜대로 받은 은사가 각각 다르니 혹 예언이면 믿음의 분수대로, 혹 섬기는 일이면 섬기는 일로, 혹 가르치는 자면 가르치는 일로, 혹 위로하는 자면 위로하는 일로, 구제하는 자는 성실함으로, 다스리는 자는 부지런함으로, 긍휼을 베푸는 자는 즐거움으로 할 것이니라"(로마서 12:6-8).

'은사'(恩賜)는 '임금님이 하사한 선물'이라는 의미를 지니고 있습니다. 성령의 은사를 헬라어로는 '카리스마타'(Χαϱισματα)라고 하는데, 교회의 유익을 위해 하나님이 성도들에게 주시는 영적 선물을 말합니다. 성령의 은사의 근원은 당연히 성령 하나님이시며, 이 성령의 은사는 특별한 사람에게만 주어지는 것이 아니라 예수님을 믿는 모든 성도에게 고루 나누어 주시는 하나님의 선물입니다.

1. 하나님께 받은 은사

(1) 성도들에게 있는 성령의 은사

"나는 모든 사람이 나와 같기를 원하노라 그러나 각각 하나님께 받은 자기의 은사가 있으니 이 사람은 이러하고 저 사람은 저러하니라"(고린도전서 7:7).

모든 성도는 성령을 선물로 받았습니다. 그리고 성령의 은사도 함께 받았습니다. 성도들 각 사람은 성령의 은사를 소유했다는 분명한 사실을 알아야 합니다. 성령의 은사 없이는 어느 누구도 그리스도의 몸된 교회에 소속될 수 없습니다. 즉 구원받은 성도는 누구를 막론하고 성령의 은사를 받았다는 사실입니다.[75]

(2) 성령의 은사와 자연적 재능

성령의 은사는 성령님이 주신 것이기 때문에 자연적 재능과는 구별됩니다. 물론 모든 사람에게 있는 자연적 재능도 하나님이 주신 것이지만 성령의 은사는 성도에게만 주시는 특별한 선물입니다. 자연적 재능과 성령의 은사가 동일한 경우도 있고, 자연적 재능과 성령의 은사가 전혀 다른 경우도 있습니다. 노래에 자연적 재능이 있는 사람이 예수님을 믿고 찬송의 은사를 받은 경우는 자연적 재능과 성령의 은사가 일치하는 경우입니다.

2. 은사를 주신 목적

"은사는 여러 가지나 성령은 같고 직분은 여러 가지나 주는 같으며 또 사역은 여러 가지나 모든 것을 모든 사람 가운데서 이루시는 하나님은 같으니 각 사람에게 성령을 나타내심은 유익하게 하려 하심이라"(고린도전서 12:4-7).

성령님이 성도들에게 성령의 은사를 주신 목적은 근본적으로 교회를 세우는 데 있습니다. 은사는 자신을 위해 있는 것이 아니라 교회의 성도들을 섬기기 위해 있는 것입니다. 자기가 속한 교회가 그리스도의 장성한 분량에 이르도록 자라감에 있어서 자신이 섬길 수 있는 분야를 발견한다면, 그것이 바로 자신에게 주어진 성령

---

75) "어떤 사람에게는 능력 행함을, 어떤 사람에게는 예언함을, 어떤 사람에게는 영들 분별함을, 다른 사람에게는 각종 방언 말함을, 어떤 사람에게는 방언들 통역함을 주시나니 이 모든 일은 같은 한 성령이 행하사 그의 뜻대로 각 사람에게 나누어 주시는 것이니라"(고린도전서 12:10-11).

의 은사입니다. 성령님은 이런 식으로 성도들 각자에게 봉사의 영역을 알게 하셔서 성도로 하여금 교회를 위한 섬김의 도리를 다하게 하십니다.

3. 성령의 은사를 발견함의 중요성

"은사는 여러 가지나 성령은 같고 또 사역은 여러 가지나 모든 것을 모든 사람 가운데서 이루시는 하나님은 같으니"(고린도전서 12:4,6).

성령의 은사에는 여러 가지가 있습니다. 성도들은 자신에게 주어진 은사가 무엇인지 발견해야 합니다. 그 은사를 사용하고 발전시켜 나갈 때 교회의 사역을 감당할 수 있습니다. 성도들이 성령의 은사로 교회를 섬길 때 하나님은 새로운 은사를 더하여 주십니다. 성도들은 반드시 자신의 은사가 무엇인지 알아야 합니다. 구원받은 성도는 반드시 성령의 은사로 교회를 섬김으로써 자신의 구원을 증명해야 합니다.

4. 은사를 발견하는 과정

교회는 성도 각 사람에게 봉사할 기회를 주고, 성도들은 이에 순종함으로 자신의 은사를 발견할 수 있습니다. 교회는 성도들에게 교제의 기회를 제공하고(각 기관, 기도회 등 교회와 관련된 모든 교제의 영역을 말합니다), 성도들은 교제를 통해 자신의 은사를 발견하는 기회를 갖게 됩니다. 교회에서 교제를 소홀히 하거나, 봉사를 하지 않으면 평생 은사를 발견하지 못합니다. 성도들은 은사를 찾기 위해 기도하며 은사에 대해 배워야 합니다. 자기의 은사를 확인하는 가장 확실한 방법은 자신이 하는 일에 스스로 보람을 느끼고, 교회에 유익이 되며, 사람들이 그 일을 통해 위로와 평화를 받고 있는지의 여부입니다. 만일 지도자나, 다른 성도들이 자신의 은사를 확인해 주는 것과 위의 사항들이 일치한다면 그것이 자신의 은사라고 해도 무방할 것입니다. 은사는 사람마다 다릅니다. 또한 사람에 따라 은사가 한두 가지인 경우도 있고 여러 가지인 경우도 있다는 것을 알고 있어야 합니다.

5. 은사의 종류

"어떤 사람에게는 성령으로 말미암아 지혜의 말씀을, 어떤 사람에게는 같은 성령을 따라 지식의 말씀을, 다른 사람에게는 같은 성령으로 믿음을, 어떤 사람에게는 한 성령으로 병 고치는 은사를, 어떤 사람에게는 능력 행함을, 어떤 사람에게는 예언함을, 어떤 사람에게는 영들 분별함을, 다른 사람에게는 각종 방언 말함을, 어떤 사람에게는 방언들 통역함을 주시나니"(고린도전서 12:8-10).

은사에는 여러 종류가 있습니다. 따라서 성도들은 자신의 은사가 무엇인지 바로 아는 것이 중요합니다. 은사가 여러 가지인 경우도 있겠지만, 은사가 무엇인지 잘 구별되지 않는 경우도 있기 때문에 주의 깊이 살펴보아야 합니다. 성경에는 다음과 같은 은사가 기록되어 있습니다.

1. 예언 2. 섬김 3. 가르침 4. 권위(권면) 5. 구제 6. 다스림 7. 긍휼 8. 손대접 9. 지혜의 말씀 10. 지식의 말씀 11. 믿음 12. 병 고침 13. 능력 14. 영분별 15. 방언 16. 방언 통역 17. 사도 18. 서로 돕는 것 19. 행정 20. 독신 21. 전도자 22. 목사, 교사 23. 자원하여 궁핍하게 됨 24. 순교 25. 선교사 26. 중보기도 27. 축귀

위에서 언급한 은사 스물일곱 종류에 대해서는 학자들에 따라 약간씩 의견을

달리하기도 하지만, 대동소이하기 때문에 큰 차이는 없습니다. 이러한 은사 중 자신에게 주어진 은사가 무엇인지를 파악하는 것은 중요합니다. 은사의 종류에 대한 설명은 뒷부분을 참고하시기 바랍니다.

■ 은사에 대한 유형별 해설

1) 예언의 은사: 로마서 12:6. 미래와 현재에 필요한 하나님의 말씀을 전하는 것으로 예언의 최종 권위는 성경말씀 아래 두어야 한다(사도행전 21:9, 빌립의 딸들).

2) 섬기는 은사: 로마서 12:7. 보이지 않는 곳에서 실제적으로 돕는 것을 말한다(로마서 16:1, 뵈뵈).

3) 가르치는 은사: 로마서 12:7. 신앙적 내용을 명확하게 전달하여 축복을 끼치는 일이다(사도행전 18:26, 브리스길라와 아굴라).

4) 권위하는 은사(권면) : 로마서 12:8. 위로와 권유의 말로 성도들에게 도움이 되어 주는 것이다(사도행전 15:39, 바나바).

5) 구제하는 은사: 로마서 12:8. 자기 소유물이나 금전을 주님의 사역을 위해 바치는 것을 말한다(빌립보서 4:10-16, 빌립보 교인들).

6) 지도력: 로마서 12:8. 하나님의 뜻에 맞게 목표를 세우고 그 내용을 회중들에게 효과적으로 전달하여 목표를 달성케 하는 능력이다(요셉, 다니엘).

7) 긍휼: 로마서 12:8. 육체적·정신적 문제로 고통당하는 자를 기쁨으로 돕는다 (누가복음 10:25-37, 선한 사마리아인).

8) 손대접: 로마서 12:13. 가정을 오픈하고 그리스도인들을 도우며 따뜻한 사랑으로 환대하는 것이다(요한삼서 1, 가이오).

9) 지혜의 은사: 고린도전도 12:8. 하나님의 지혜를 특별히 알아서 지체들에게 주는 은사이다(야고보서 3:13-18, 지혜의 범위).

10) 지식의 은사: 고린도전서 12:8. 성도들에게 필요한 지식을 주어 의문을 풀어주는 은사이며 이 은사는 겸손하게 사용해야 한다(교사, 상담자, 설교자).

11) 믿음의 은사: 고린도전서 12:9. 환경과 육신의 정욕에 의하여 흔들리지 않고 믿음으로 굳게 사는 것이다(여호수아, 갈렙, 모세, 조지 뮬러).

12) 병 고치는 은사: 고린도전서 12:9. 의술의 힘을 빌리지 않고 하나님의 능력으로 병을 고치는 은사를 말한다(현대는 병원이 많으므로 이 은사가 줄어듦).

13) 능력 행함: 고린도전서 12:10. 초자연적 사역을 함으로 하나님의 역사하심과 영광을 나타내는 것이다(엘리사, 엘리야, 사도 바울).

14) 영분별: 고린도전서 12:10. 어떤 일이 하나님으로부터 온 것인가, 아니면 사탄이나 인간으로부터 온 것인가를 분별하는 은사이다(사도행전 16:16-19, 사도 바울).

15) 방언: 고린도전서 12:10. 배우지 않고 하나님이 정하신 언어를 통해 직접 말하는 은사이다(고린도 교인들).

16) 방언 통역: 고린도전서 12:10. 방언을 통해 하나님이 말씀하신 내용을 알아들을 수 있는 말로 통역하는 것을 말한다.

17) 사도: 고린도전서 12:28. 성령으로 말씀을 받아 기록하고 초대교회를 세우는 데 큰 역할을 한 은사이다.

18) 서로 돕는 것: 고린도전서 12:28. 자신들이 가지고 있는 재능으로 다른 사람이 하나님께 쓰임받도록 돕는 은사이다(바나바, 교회학교 총무, 선교회 총무).

19) 행정: 고린도전서 12:28. 행정적으로 교회를 잘 운영한다. 목표 달성을 위해 효과적으로 계획을 세우고 실행한다(각 기관장, 부목사).

20) 독신의 은사: 고린도전서 7:7-8. 독신의 생활을 아무런 지장 없이 할 수 있고, 하나님의 일을 위해 이성의 유혹을 이겨낼 수 있다.

21) 전도자: 에베소서 4:11. 영혼을 뜨겁게 사랑하는 마음을 가지고 복음을 전하는 자이다(디모데, 빌립 집사).

22) 목사, 교사: 에베소서 4:11. 하나님의 양무리를 치는 은사를 가진 자들에게 주어진 은사이다(에바브로 디도, 디모데, 목사, 장로).

23) **자원하여 궁핍하게 됨:** 사도행전 16:33-34. 하나님을 더욱 잘 섬기고자 물질을 포기하고 어려움을 당하는 사람들과 같이 삶을 살아가는 자이다.

24) **순교:** 고린도전서 13:13. 믿음을 지키기 위해 고난을 당하고 죽는 것을 말한다(스데반, 폴리캅).

25) **선교사:** 고린도전서 9:9-23. 외국인에게 복음을 전하는 것이다.

26) **중보기도:** 야고보서 5:14-16. 내 개인의 기도보다도 교회와 공동의 기도제목을 가지고 간구하는 은사이다.

27) **귀신을 쫓아내는 은사:** 사도행전 16:18. 성령의 능력에 힘입어 말씀으로 귀신을 쫓아내는 능력이다(바울).

🌳 함께 나누어요

1. '자연적 재능'과 '성령의 은사'의 차이는 무엇입니까?

2. 자신의 자연적 재능은 무엇이라고 생각하는지 이야기해 봅시다.

3. 은사는 왜 주시는 것일까요?

4. 당신의 은사는 무엇입니까? 세 가지 정도 써 보세요.

① _____

② _____

③ _____

5. 당신이 받은 은사를 어떻게 사용하고 싶은지 이야기해 봅시다.

■ 은사확인을 위한 실습

은사목록	자기평가	속장평가	담임목사	총점
예언				
섬기는 일				
가르치는 일				
권면				
구제(헌금)				
다스림				
긍휼				
지혜				
지식				
믿음				
병 고침				
기적				
영분별				
방언				
방언 통역				
사도				
서로 돕는 일				
행정				
복음전도사				
목사, 교사				
독신				
궁핍하게 됨				
순교				
손대접				
선교사				
중보기도				
축귀				

평가방법: 본인, 속장, 목회자가 각각 0-10을 기준으로 점수를 매깁니다. 총점 중 가장 많은 점수를 받은 것이 자신의 주요 은사입니다. 그러나 이것은 참고사항일 뿐 절대적 표준은 아니며, 이 점수는 교회봉사의 정도, 시간경과에 따라 변할 수 있습니다.

제4과
성령의 열매

"오직 성령의 열매는 사랑과 희락과 화평과 오래 참음과 자비와 양선과 충성과 온유와 절제니 이같은 것을 금지할 법이 없느니라"(갈라디아서 5:22-23).

우리 주님의 소원

"너희가 열매를 많이 맺으면 내 아버지께서 영광을 받으실 것이요 너희는 내 제자가 되리라"(요한복음 15:8).

우리를 향한 하나님의 관심은 열매입니다. 예수님은 하나님의 가장 큰 관심이 열매인 것을 누구보다 잘 아십니다. 아버지께 영광 돌리기 위해 십자가의 길도 마다않고 기꺼이 가셨던 예수님은 이제 우리가 과실을 많이 맺어 아버지께 영광 돌리는 삶을 살기를 원하십니다. 이런 사람이 예수님을 닮은 그의 제자가 될 것이라 하셨습니다.

1. 사랑

"예수께서 이르시되 네 마음을 다하고 목숨을 다하고 뜻을 다하여 주 너의 하나님을 사랑하라 하셨으니 이것이 크고 첫째 되는 계명이요 둘째도 그와 같으니 네

이웃을 네 자신 같이 사랑하라 하셨으니 이 두 계명이 온 율법과 선지자의 강령이
니라"(마태복음 22:37-40).

'사랑'은 성령의 은사이자 열매입니다. 사랑은 모든 계명의 완성이요 요약입니
다. 성령으로 말미암는 사랑은 사람들을 향하여 보여 주신 그리스도의 사랑입니
다. 인류 역사상 가장 위대한 사랑을 실천한 분은 예수님입니다. 사랑은 감정을 넘
어서서, 실천입니다. 사랑의 열매를 어떻게 하면 풍성하게 맺을 수 있을지 이야기
해 봅시다.

2. 희락(기쁨)

"내가 이것을 너희에게 이름은 내 기쁨이 너희 안에 있어 너희 기쁨을 충만하게 하
려 함이라"(요한복음 15:11).

성령의 열매로서 '희락'은 "항상 기뻐하는"(살전 5:16) 마음이요, 상태입니다. 이것
이 그리스도 안에서 성령에 속한 사람을 향하신 하나님의 뜻입니다(살전 5:18). 슬픔
과 괴로움 가운데 있는 사람은 아무리 기뻐하고 싶어도 그 자신의 의지로는 기뻐
할 수 없습니다. 자신의 의지와 노력으로 얻을 수 없는 희락을 성령은 주실 수 있습
니다. 멀리 보이는 소망으로 말미암아 그 마음에 기쁨이 생깁니다.

불평보다는 감사하고, 현재 가지고 있는 것으로 이웃을 섬기며, 하나님과 인격
적인 관계를 맺으십시오. "주의 앞에는 충만한 기쁨이 있고 주의 오른쪽에는 영원
한 즐거움이 있나이다"(시 16:11).

3. 화평(평화)

"평안을 너희에게 끼치노니 곧 나의 평안을 너희에게 주노라 내가 너희에게 주는 것은 세상이 주는 것과 같지 아니하니라"(요한복음 14:27).

성령의 열매로서 '화평'은 지속적이고 동요가 없는 잔잔한 평온의 상태, 염려나 고통으로부터 자유로운 상태입니다. 세상을 사는 사람에게 염려와 고통은 반드시 있습니다. 그러나 성령의 화평이 믿는 사람에게 주어지면 염려와 고통 가운데서도 화평을 누릴 수 있습니다. 염려와 고통은 잠깐이지만, 화평은 지속적입니다. 성도는 이웃과 화평하고(롬 12:18), 자신과 화평하며(골3:15), 하나님과 화평해야 합니다(롬 5:1).

4. 오래 참음(인내)

"그가 이같이 오래 참아 약속을 받았느니라"(히브리서 6:15).

'오래 참음'은 먼저 믿음을 지키는 것입니다. 그러나 믿음을 끝까지 견고하게 지키는 것은 참으로 어려운 일입니다. 중간에 포기하고 싶은 생각이 들 때도 있습니다. 그리고 다른 사람들과 마찬가지로 세상의 쾌락에 빠져보고 싶기도 합니다. 그러나 오래 참음은 이러한 유혹을 견디게 합니다. 열매는 오래 참음으로 결실합니다. 추수는 때가 되어야만 할 수 있기 때문입니다.

5. 자비(친절)

"너희 아버지의 자비로우심 같이 너희도 자비로운 자가 되라"(누가복음 6:36).

'자비'는 친절한 행동과 실천적인 선을 의미합니다. 골로새서 3장 12절에서 바울은 "그러므로 너희는 하나님이 택하사 거룩하고 사랑 받는 자처럼 긍휼과 자비와 겸손과 온유와 오래 참음을 옷 입으라."라고 권면합니다. 또한 에베소서 4장 32절에서는 "서로 친절하게 하며(be kind to one another) 불쌍히 여기며 서로 용서하기를 하나님이 그리스도 안에서 너희를 용서하심과 같이 하라."라고 말합니다. 친절을 베푸는 것은 위험할 수 있고 오해를 살 수도 있습니다. 예수 그리스도의 친절한 행위인 십자가에서의 죽으심도 오해를 받았습니다. 그러나 그 친절이 우리에게 생명을 주었습니다.

6. 양선

"선한 사람은 마음에 쌓은 선에서 선을 내고 악한 자는 그 쌓은 악에서 악을 내나니"(누가복음 6:45).

'양선'은 '의', '번영', '친절' 등의 뜻으로 자비보다도 더욱 능동적인 선을 의미합니다. 로마서 15장 14절은 "내 형제들아 너희가 스스로 선함(goodness)이 가득하고 모든 지식이 차서 능히 서로 권하는 자임을 나도 확신하노라."라고 말합니다. 선함은 잠깐 동안이 아니라 일생 동안 추구해야 하는 일입니다. 인격적인 사람은 모든 상황 속에서 "무엇이 마땅히 행할 옳은 일인가?"라고 묻게 만드는 '선'이라는 성령의 인도를 받으며 살아갑니다.

7. 충성(믿음)

"지극히 작은 것에 충성된 자는 큰 것에도 충성되고 지극히 작은 것에 불의한 자는 큰 것에도 불의하니라"(누가복음 16:10).

'충성'은 '믿음이 많다'라는 뜻으로 '믿음', '신실', '성실'이라고도 번역합니다. 하나님께는 경건함으로 대하는 것이요, 사람들에게는 신실함으로 대하는 것입니다. 또한 환난과 고통 가운데서도 온전히 믿음을 지키는 것입니다. 바울은 데살로니가후서 1장 4절에서 "그러므로 너희가 견디고 있는 모든 박해와 환난 중에서 너희 인내와 믿음으로 말미암아 하나님의 여러 교회에서 우리가 친히 자랑하노라."라고 말합니다. 또한 디모데후서 4장 7절에서는 "나는 선한 싸움을 싸우고 나의 달려갈 길을 마치고 믿음을 지켰으니"라고 고백합니다.

8. 온유

"나는 마음이 온유하고 겸손하니 나의 멍에를 메고 내게 배우라 그리하면 너희 마음이 쉼을 얻으리니"(마태복음 11:29).

'온유'는 훈련을 통해 나타나는 상대방에 대한 태도입니다. 예수님은 자신에게서 훈련받으라고 하셨습니다. 온유는 하나님과 사람과의 관계에서 외적으로 나타나는 태도와, 내적으로 있어야 할 겸손하고 부드러운 자세를 가리킵니다. 마태복음 5장 5절에서는 "온유한 자는 복이 있나니 그들이 땅을 기업으로 받을 것임이요."라고 말하는데, 여기서 온유한 자가 기업으로 얻을 땅은 곧 천국입니다.

9. 절제

"지식에 절제를, 절제에 인내를, 인내에 경건을"(베드로후서 1:6).

'절제'는 그리스도인에게 주어진 자유를 적절히 사용하게 해서 지나친 방종과 무질서의 삶을 멀리 하게 하는 성령의 열매입니다. 이 열매는 부족함 없이, 오히려 풍족함을 누리고 살아온 현세대에게 특히 아쉬운 덕목입니다. 제자된 우리는 시간을 절제해야 하고, 혀를 절제해야 하며, 화를 절제해야 합니다.

10. 풍성한 열매를 맺으려면

"내 안에 거하라 나도 너희 안에 거하리라 가지가 포도나무에 붙어 있지 아니하면 스스로 열매를 맺을 수 없음 같이 너희도 내 안에 있지 아니하면 그러하리라 나는 포도나무요 너희는 가지라 그가 내 안에, 내가 그 안에 거하면 사람이 열매를 많이 맺나니 나를 떠나서는 너희가 아무 것도 할 수 없음이라"(요한복음 15:4-5).

(1) 하나님의 말씀을 배우는 것입니다

"너희가 내 안에 거하고 내 말이 너희 안에 거하면 무엇이든지 원하는 대로 구하라 그리하면 이루리라"(요한복음 15:7).

(2) 하나님의 일을 하는 것입니다

"내가 하늘에서 내려온 것은 내 뜻을 행하려 함이 아니요 나를 보내신 이의 뜻을 행하려 함이니라"(요한복음 6:38).

(3) 하나님의 뜻에 순종하는 것입니다

"내가 아버지의 계명을 지켜 그의 사랑 안에 거하는 것 같이 너희도 내 계명을 지키면 내 사랑 안에 거하리라"(요한복음 15:10).

🌳 함께 나누어요

1. 나에게 풍성한 열매는 무엇입니까?

2. 나에게 부족한 열매는 무엇입니까?

3. 부족한 부분을 어떻게 보완할지 함께 이야기해 봅시다.

제5과
주님의 재림과 성도의 종말

"그 때에 인자의 징조가 하늘에서 보이겠고 그 때에 땅의 모든 족속들이 통곡하며 그들이 인자가 구름을 타고 능력과 큰 영광으로 오는 것을 보리라"(마태복음 24:30).

1. 성도들의 소망, 그리스도의 재림!

"이것들을 증언하신 이가 이르시되 내가 진실로 속히 오리라 하시거늘 아멘 주 예수여 오시옵소서"(요한계시록 22:20).

사람들은 세상이 험하다고 하면서도 이상하게 세상을 너무 사랑합니다. 우리가 사는 세상을 겉모습으로만 보면 참으로 좋은 것들이 많습니다. 세상적인 기준으로 보면 하나님 나라와 방불한 것들이 많습니다. 그러나 그리스도인들의 소망 중의 소망은 예수 그리스도의 재림입니다.

성도들은 고난이 심해질수록 주님의 재림을 사모합니다. 믿음이 깊어질수록 주님 보기를 갈망합니다. 세상이 악해질수록 주님의 재림을 그리워하게 됩니다. 신앙의 선배들은 저 하늘에 흘러가는 구름만 보아도 행여 구름 타고 오신다는 주님이 이제 오시나 하고 가슴을 졸였다고 합니다. 성도들이 주님을 얼마나 기다리는지가 어쩌면 믿음의 정도를 나타내는 것인지도 모릅니다.

세상은 점점 악해지고 성도를 유혹하는 것도 점점 많아집니다. 그래서인지 성도들은 대부분 천국보다 이 땅이 더 좋은 줄 알고 천국과 주님의 재림에는 관심이 없고 세상의 좋은 것에 대한 관심만 더해 갑니다. 오! 세상에는 어찌 그리 좋은 것이 많은지요. 세월이 갈수록 좋은 것이 더욱 많아질 것입니다. 그러나 이 세상은 불타 없어질 곳이요, 세상을 사랑한 사람은 롯의 아내처럼 심판을 면하지 못할 것입니다. 재림소망이야말로 성도의 믿음을 결정하는 척도입니다. 그리스도의 재림을 말해도 가슴이 냉랭하다면 당신의 신앙에는 큰 문제가 있는 것입니다. 성도는 그리스도의 재림이 있기 때문에 살아갈 소망이 있습니다.

2. 재림의 징조

"이 천국 복음이 모든 민족에게 증언되기 위하여 온 세상에 전파되리니 그제야 끝이 오리라"(마태복음 24:14).

예수님은 자신의 재림에 대하여 제자들에게 여러 차례 말씀하셨습니다(마 24:30;25:19,31;26:64; 요 14:3). 예수님이 승천할 때 천사도 주님의 재림을 예고하였고(행 1:11), 사도들도 이에 대해 여러 번 강조하였습니다(행 3:20-21; 빌 3:20; 살전 4:15-16; 살후 1:7,10; 딛 2:13; 히 9:28).

그러나 재림의 시기는 아무도 알지 못합니다(마 24:43; 벧후 3:10). 그 시기는 다만 몇 가지 중대한 징조로서 짐작할 뿐입니다. 예수님의 재림과 관련한 많은 이단적 가르침은 많은 사람을 멸망으로 인도합니다. 따라서 귀 있는 성도들은 주의 말씀을 잘 배워야 합니다.[76]

---

76) "귀 있는 자는 성령이 교회들에게 하시는 말씀을 들을지어다"(요한계시록 2:29).

(1) 여러 가지 재림의 징조

"예수께서 감람 산 위에 앉으셨을 때에 제자들이 조용히 와서 이르되 우리에게 이르소서 어느 때에 이런 일이 있겠사오며 또 주의 임하심과 세상 끝에는 무슨 징조가 있사오리이까 예수께서 대답하여 이르시되 너희가 사람의 미혹을 받지 않도록 주의하라 많은 사람이 내 이름으로 와서 이르되 나는 그리스도라 하여 많은 사람을 미혹하리라 난리와 난리 소문을 듣겠으나 너희는 삼가 두려워하지 말라 이런 일이 있어야 하되 아직 끝은 아니니라 민족이 민족을, 나라가 나라를 대적하여 일어나겠고 곳곳에 기근과 지진이 있으리니 이 모든 것은 재난의 시작이니라"(마태복음 24:3-8).

예수님은 주의 임하심과 세상 끝의 징조가 어떠하겠느냐는 제자들의 질문에 대답하시면서 재림 전 현상으로 거짓 선지자들의 미혹, 난리와 난리의 소문, 기근, 지진, 핍박, 불법의 성함 등을 예언하셨습니다. 사실상 이러한 징조들은 주님의 승천 이후 계속 있어 왔으나, 20세기에 들어와서 급속히 빈번해지고 있습니다. 예수님이 말씀하신 이러한 징조들이 빈발하는 것을 보면 우리가 살고 있는 시대를 말세지말(末世之末)이라 해도 과히 틀리지 않을 것입니다.

(2) 땅 끝까지 복음이 전해져야 주님이 오십니다

"이 천국 복음이 모든 민족에게 증언되기 위하여 온 세상에 전파되리니 그제야 끝이 오리라"(마태복음 24:14).

그럼에도 불구하고 주님의 재림에 관한 결정적인 단서는 온 세계적 복음전파입니다. 천국 복음이 온 세상에 전파되기 전에는 끝이 아니라고 주님은 말씀하셨습니다(마 24:14). 그렇기 때문에 복음이 모든 민족에게 전해지지 않는 한, 그리스도가 재림하시지 않을 것이라는 사실은 전도의 긴박성을 직접 강조하는 것입니다. 여기에 성도들의 복음전도의 긴급성과 복음전도를 위한 삶의 중요성이 있습니다. 복음을 위해 자기를 희생하며 살아가는 삶은 참으로 아름답습니다.

3. 재림의 형태

"이르되 갈릴리 사람들아 어찌하여 서서 하늘을 쳐다보느냐 너희 가운데서 하늘로 올려지신 이 예수는 하늘로 가심을 본 그대로 오시리라 하였느니라"(사도행전 1:11).

예수님은 하늘에 올려지신 모습 그대로 자신이 직접 내려오실 것입니다(행 1:11). 따라서 예수님의 재림은 오순절에 영으로 임한 것과는 달리 육신을 입은 몸으로 오실 것입니다(행 1:11; 3:20-21; 히 9:28; 계 1:7). 또한 주님의 재림은 모든 사람이 볼 수 있도록 이루어질 것입니다. 구름을 타고 오시기에 신자들만이 아니라 이 땅 위의 모든 불신자들도 볼 것입니다.[77] 그날은 인류 역사상 전무후무한 날이 될 것입니다.

4. 재림의 시기

"주의하라 깨어 있으라 그 때가 언제인지 알지 못함이라"(마가복음 13:33).

재림의 시기는 아무도 알 수 없습니다. 예수님은 우리가 재림의 시기를 알려고 애쓰는 것이나, 재림의 시기를 안다고 주장하는 어리석은 죄를 짓지 아니하도록 재림의 시기는 하나님만 아신다고 못을 박았습니다.[78] 그럼에도 불구하고 예수님의

---

77) "볼지어다 그가 구름을 타고 오시리라 각 사람의 눈이 그를 보겠고 그를 찌른 자들도 볼 것이요 땅에 있는 모든 족속이 그로 말미암아 애곡하리니 그러하리라 아멘"(요한계시록 1:7).
78) "그러나 그 날과 그 때는 아무도 모르나니 하늘의 천사들도, 아들도 모르고 오직 아버지만 아시느니라"(마태복음 24:36).

재림을 공개하는 자들은 미혹의 영을 받은 자들일 것입니다. 성도들에게 있어서 중요한 것은 언제 주님이 재림하시느냐의 여부가 아니라 주님의 재림을 기다리며 이 땅에서 어떻게 믿음으로 사느냐입니다.

5. 재림의 목적

"인자가 자기 영광으로 모든 천사와 함께 올 때에 자기 영광의 보좌에 앉으리니 모든 민족을 그 앞에 모으고 각각 구분하기를 목자가 양과 염소를 구분하는 것 같이 하여 양은 그 오른편에 염소는 왼편에 두리라"(마태복음 25:31-33).

예수 그리스도가 처음 세상에 오실 때는 참으로 초라한 모습이었습니다. 말구유에서 비천한 인간의 몸을 입으시고 소리 없이 겸손한 모습으로 오셨습니다. 그렇기 때문에 은혜받은 자만이, 귀 있는 자만이 주님 앞에 나올 수 있었습니다.

그러나 주님의 재림은 주님이 처음 오셨던 모습과는 그 양상이 완전히 다를 것입니다. 큰 영광중에 임하실 것이요, 온 세상을 다스리는 왕이신 만왕의 왕으로 오실 것이요, 하늘과 땅의 주인으로 오실 것입니다.[79] 만왕의 왕이요, 만주의 주로 오시는 주님은 성도들의 구원을 완성하실 것입니다. 그리고 사탄과 그에게 미혹된 모든 불신자를 심판하시는 최후 심판주로 오실 것입니다.[80]

주님의 재림으로 죽은 성도들이 부활할 것이며(살전 4:16), 생존한 성도들도 신령

---

79) "그 때에 인자의 징조가 하늘에서 보이겠고 그 때에 땅의 모든 족속들이 통곡하며 그들이 인자가 구름을 타고 능력과 큰 영광으로 오는 것을 보리라"(마태복음 24:30).
80) "주께서 호령과 천사장의 소리와 하나님의 나팔 소리로 친히 하늘로부터 강림하시리니 그리스도 안에서 죽은 자들이 먼저 일어나고 그 후에 우리 살아 남은 자들도 그들과 함께 구름 속으로 끌어 올려 공중에서 주를 영접하게 하시리니 그리하여 우리가 항상 주와 함께 있으리라"(데살로니가전서 4:16-17).
  "주께서 호령과 천사장의 소리와 하나님의 나팔 소리로 친히 하늘로부터 강림하시리니 그리스도 안에서 죽은 자들이 먼저 일어나고 그 후에 우리 살아 남은 자들도 그들과 함께 구름 속으로 끌어 올려 공중에서 주를 영접하게 하시리니 그리하여 우리가 항상 주와 함께 있으리라"(데살로니가전서 4:16-17).

한 몸으로 변화할 것입니다(고전 15:51-52). 또한 성도들은 어린양의 혼인 잔치에 참여할 것이며(마 25:1-13), 성도들에게는 영생의 상급이 주어질 것입니다(딤후 4:8). 그러나 악한 사탄의 세력들과 그들을 추종했던 불신자들은 영원한 파멸을 맞이할 것입니다(살후 2:8).

6. 개인의 종말

개인의 종말에 대한 가르침은 성도로 하여금 영생과 내세의 상급에 대한 소망과 경성하는 자세를 갖게 합니다. 온 우주적 종말이 중요한 것은 사실이지만, 성도들에게 있어서는 대부분 개인의 종말이 더욱 중요합니다. 모든 성도에게는 개인의 종말이 있기 때문입니다. 물론 여기서 개인의 종말이라고 하는 것은 한 사람이 이 땅에 태어나 그 육신은 흙으로 돌아가고, 영혼은 천국과 지옥에 가는 것을 말합니다.

(1) 육체의 죽음

"죄의 삯은 사망이요 하나님의 은사는 그리스도 예수 우리 주 안에 있는 영생이니라"(로마서 6:23).

육체적 죽음이란 육체에서 영혼이 분리됨으로 육체적 생명이 종결되는 상태입니다(전 12:7). 그러나 육체의 기능이 정지되는 것이지 존재 자체가 없어지는 것은 아닙니다. 육체의 죽음은 인간의 죄에 대한 하나님의 처벌입니다(창 2:17). 즉 죽음은 신적 진노의 표현이며(시 90:7,11), 심판이며(롬 1:32), 정죄이며(롬 5:16), 저주로서(갈 3:13) 필연적인 것입니다(히 9:27).

죄 사함을 받아 죄에서 벗어난 성도 역시 불신자와 마찬가지로 죽어야 합니다. 그러나 성도의 죽음은 끝없는 심판 상태에 처할 불신자와는 엄청난 차이가 있습니다. 즉 죽음은 성도로 하여금 겸손하게 하고, 육욕을 억제하게 하며, 속된 생각을 없애고, 영적 성장을 도모하여 성스러운 단계로 나아가게 합니다. 참으로 성도들은 육체로 있는 동안을 하나님께서 우리에게 주신 연단의 소중한 시기로 여겨 경계에 경계를 더하고 교훈에 교훈을 더하며 살아가야 합니다(사 28:10).

(2) 영생

"하나님이 세상을 이처럼 사랑하사 독생자를 주셨으니 이는 그를 믿는 자마다 멸망하지 않고 영생을 얻게 하려 하심이라"(요한복음 3:16).

시작도 없고 끝도 없으신 하나님은 영생하는 분입니다(딤전 6:16). 그러나 그 형상을 부여받은 인간에게는 시작은 있지만 끝은 없습니다. 즉 악인은 사후에 지옥에서 고통당하며 영생하고(계 20:10), 성도는 지극히 행복한 상태로 영원한 삶을 살게 됩니다(요 3:16;5:24; 갈 6:7-8).

구약에서 에녹(창 5:24; 히 11:5)은 죽음을 맛보지 않았고, 아브라함(창15:15;25:8)과 이삭(창 35:29)과 야곱(창 49:33)은 죽었으나 존재가 소멸되지 않고 열조에게 돌아갔습니다. 성도들이 영생을 믿었고(마 22:23), 주님이 직접 영생에 대한 언급을 하셨으며(요 11:25-26), 사도 바울(롬 8:18)과 히브리서 기자(히 11:19)도 이에 대한 증언을 하였습니다.

🌱 함께 나누어요

1. 주님의 재림의 시기는 언제쯤일까요?

2. 불신자에게 있어서 죽음은 무엇입니까?

3. 신자의 죽음이 축복인 이유를 말해 봅시다.

제6과
천사

"모든 천사들은 섬기는 영으로서 구원 받을 상속자들을 위하여 섬기라고 보내심이 아니냐"(히브리서 1:14).

창조된 피조물은 종류에 따라 크게 영적세계의 창조와 물질세계의 창조로 나누어집니다. 인격을 가진 영적 피조물로는 인간과 천사가 있습니다. 그런데 천사들중 일부가 하나님을 거역하였습니다. 그들은 오늘날까지 하나님께 반역 행위를 하고 있는데, 이는 악한 천사 곧 마귀입니다. 일반적으로 악한 천사를 마귀(魔鬼)라고하고, 선한 천사를 천사(天使)라 합니다.

1. 천사의 존재

천사는 세상이 창조되기 전에(욥 38:6-7) 하나님에 의해 창조되었습니다. 본래 천사는 신성한 상태로 창조된, 하나님을 섬기는 피조물이었습니다.[81] 천사라는 단어가 신구약성경에 275회 등장한 것으로 미루어 보아 인간을 구원하시려는 하나님의 계획에 천사들의 활동이 많이 있었다는 것을 알 수 있습니다. 오늘날도 천사들은 하나님의 계획에 따라 하나님의 심부름을 충실히 수행하고 있습니다.

---

81) "또 천사들에 관하여는 그는 그의 천사들을 바람으로, 그의 사역자들을 불꽃으로 삼으시느니라 하셨으되"(히브리서 1:7).

2. 천사의 속성

"부활 때에는 장가도 아니 가고 시집도 아니 가고 하늘에 있는 천사들과 같으니라"(마태복음 22:30).

천사는 인간과 같이 지(知)(벧전 1:12), 정(情)(눅 2:13), 의(意)(유 1:6)를 지닌 인격적 존재입니다. 즉 느낄 수 있고, 생각할 수 있으며, 행동할 수 있습니다. 그러나 인간과 차이점이 있다면 인간은 영과 육을 지녔으나 천사는 영만을 가진 무형적 존재라는 점입니다(히 1:14). 영이므로 소멸하지 않고(눅 20:36), 육이 없으므로 결혼하지 않으며(마 22:30), 종족 번식의 능력이 없습니다(막 12:25). 하나님과 같이 무한한 지식과 능력을 지닌 것은 아니지만, 인간보다는 월등한 지식과 능력을 지닌 존재입니다(마 24:36; 벧후 2:11).

3. 천사의 조직

"그러나 너희가 이른 곳은 시온 산과 살아 계신 하나님의 도성인 하늘의 예루살렘과 천만 천사와 하늘에 기록된 장자들의 모임과 교회와 만민의 심판자이신 하나님과 및 온전하게 된 의인의 영들과"(히브리서 12:22-23).

'천만의 천사들'(히 12:22)이라고 불릴 만큼 많은 천사가 존재합니다. 천사들은 개별적으로 창조되었으나 독립적으로 존재하는 것이 아니라 일정한 조직을 가지고 있습니다.

(1) 미가엘 : 악한 영계의 권세에 대항하여 싸우는 천사로서, 천사로 편성된 천군의 대장입니다. 천사장, 군장으로도 불립니다(유 1:9; 계 12:7; 단 10:13,21).

(2) 가브리엘 : '하나님의 영웅'이란 뜻이며, 하나님의 지시를 받아 사람들에게 전하는 것을 전담하는 천사입니다. 하나님의 계시를 사람에게 전달할 뿐만 아니라 해석하기도 합니다(눅 1:19; 단 8:16).

(3) 그룹 : 하나님의 거룩함을 수호하는 천사들입니다. 하나님 가장 가까이에서 시중드는 일을 합니다(창 3:24; 출 25:18; 삼하 22:11; 시 80:1; 사 37:16).

(4) 스랍 : 인간을 하나님께 접근시키며 예배를 수종드는 일을 전문적으로 하는 천사입니다(사 6:2,3,6).

(5) 수호천사 : 성도들과 어린 아이를 보호하는 천사로 알려져 있습니다. 예로부터 지금까지 이 땅에 살아가는 성도들을 보호하는 역할을 하고 있습니다 (히 1:14; 마 18:10).

(6) 정사, 권세, 능력, 주관하는 자, 보좌 : 천사 중에 등급과 위엄의 차이가 있음을 보여 주는 계급적 명칭입니다. 학자들에 따라서는 이들을 악한 천사로 보는 경우도 있습니다(엡 1:21;3:10; 골 1:16;2:10; 벧전 3:22).

4. 천사의 사역

"또 천사들에 관하여는 그는 그의 천사들을 바람으로, 그의 사역자들을 불꽃으로 삼으시느니라 하셨으되"(히브리서 1:7).

천사들은 하나님의 사역을 돕기 위한 존재로 지음받았습니다. 천사들은 다양

한 사역을 하지만 특별히 인류를 구원하는 구원 사역과 관련한 일을 주로 합니다. 즉 성경에 나타난 천사들의 등장은 대부분 하나님의 구원 사역과 관련해 나타난다는 것입니다. 아브라함, 야곱, 엘리야, 다니엘 등의 경우가 모두 그러합니다. 특별히 하나님의 구원 사역이 집중적으로 나타난 예수 그리스도의 탄생 때 천사들은 맹활약을 했습니다. 이는 성도가 하나님의 구원 사역에 관련한 일을 할 때, 하나님은 천사를 통해 그 일을 이루신다는 의미이기도 합니다.

하나님의 구원 사역이 반드시 교회와 관련해 있다는 사실을 고려한다면, 성도의 교회 사역과 성도를 돕는 천사의 사역은 불가분리의 관계에 있습니다. 천사들은 하나님을 받들어 섬기고 시중드는 일 외에 다음과 같은 일을 합니다.

5. 그리스도와 관련한 사역

(1) 탄생을 예언했습니다(눅 1:26-33).

(2) 탄생을 알렸습니다(눅 2:13).

(3) 아기 예수를 보호하는 일을 했습니다(마 2:13).

(4) 시험 후 주님을 강하게 했습니다(마 4:11).

(5) 그리스도를 수호할 준비를 했습니다(마 26:53).

(6) 겟세마네에서 주님께 힘을 주었습니다(눅 22:43).

(7) 무덤에서 돌을 굴려 내는 일을 했습니다(마 28:2).

(8) 제자들에게 부활을 알렸습니다(마 28:6).

6. 성도와 관련한 사역

(1) 일반적으로 돕는 사역을 수행합니다(히 1:14).

(2) 기도 응답에 관여합니다(행 12:15).

(3) 지켜봅니다(고전 4:9; 딤전 5:21).

(4) 위기를 극복할 수 있는 용기를 줍니다(행 27:23-24).

(5) 사망 시 의인을 돌봅니다(눅 16:22; 유 1:9).

7. 민족에 관한 사역

(1) 미가엘은 이스라엘과 특별한 관계가 있습니다. 오늘날에는 영적 이스라엘인 교회와 특별한 관련이 있습니다(단 12:1).

(2) 천사는 세상 나라를 향한 하나님의 섭리를 수행하는 하나님의 대리자입니다(단 10:12).

(3) 천사들도 환난의 심판에 참여하게 될 것입니다(계 8,9,16장).

8. 불신자를 향해서는 심판의 일을 합니다

(1) 임박한 심판을 알립니다(창 19:13; 계 14:6-7).

(2) 형벌을 내립니다(행 12:33).

(3) 세상의 마지막 심판 때 추수꾼으로 일합니다(마 13:39).

9. 천사의 위치

"아무도 꾸며낸 겸손과 천사 숭배를 이유로 너희를 정죄하지 못하게 하라 그가 그 본 것에 의지하여 그 육신의 생각을 따라 헛되이 과장하고"(골로새서 2:18).

천사들은 뛰어난 피조물로서 하나님의 심부름을 하는 존재임에는 틀림없으나 인간보다는 못한 존재입니다. 따라서 하나님은 인간에게 천사를 경외하는 일과 섬기는 일을 엄격히 금지시켰습니다.

오히려 천사들은 하나님과 성도를 섬기는 존재로 지음받았습니다.[82] 따라서 사람들이 천사를 섬기거나 악한 천사인 마귀를 숭배하고 경외하는 일은 아주 잘못된 행위입니다. 하나님이 성도를 잠시 동안 천사보다 못하게 하심은 오직 예수 그리스도의 십자가를 지는 일이 성도에게 유익하기 때문입니다(히 2:9).

불신자들은 악한 천사의 지배 아래 있습니다. 그리고 불신자들은 악한 천사가 가는 멸망의 곳으로 가게 됩니다. 인간은 마귀보다 지혜와 능력이 훨씬 부족하기 때문에 악한 천사인 마귀의 손아귀를 벗어날 길이 없습니다. 슬프게도 이것이 인간의 운명이었습니다. 이 사망의 음침한 골짜기에서 누가 우리를 구원할 수 있을까요?

우리 주 예수 그리스도는 마귀를 멸하고 우리를 구원하기 위해 오셨습니다.[83] 예수 그리스도는 마귀를 이기셨습니다. 예수 그리스도만이 사탄의 권세를 이기신 유일한 분입니다. 사람이 마귀의 손아귀를 벗어날 수 있는 길은 마귀를 이긴 예수님을 믿는 것뿐입니다. 실로 예수님만이 사탄의 권세를 이긴 유일한 분입니다. 아직도 구원 문제를 해결받지 않은 분들과 마귀와 귀신의 역사로 고생하는 가정들은

---

82) "모든 천사들은 섬기는 영으로서 구원 받을 상속자들을 위하여 섬기라고 보내심이 아니냐"(히브리서 1:14).

83) "죄를 짓는 자는 마귀에게 속하나니 마귀는 처음부터 범죄함이라 하나님의 아들이 나타나신 것은 마귀의 일을 멸하려 하심이라"(요한일서 3:8).

속히 예수 그리스도 앞으로 돌아와야 합니다.

10. 언제 천사의 도움을 받는가?

성도들이 늘 천사의 도움을 받는 것은 사실이지만, 하는 일에 따라 도움의 정도가 달라집니다.

(1) 무시로 : 천사들은 무시로 성도를 돕습니다.

(2) 전도할 때 : 천사들은 성도들이 전도할 때 특별히 함께 역사합니다. 왜냐하면 전도는 하나님의 큰일이기 때문입니다.

(3) 기도할 때 : 천사들은 성도들이 기도할 때 그들의 기도를 돕고, 하나님께 전하며, 기도응답에 관여합니다.

(4) 악과 싸울 때 : 악과 더불어 싸운다는 것은 마귀들과 싸우는 것이기 때문에 그곳에 하나님의 천사들이 함께합니다.

♥ 함께 나누어요

1. 천사가 신자들에게 하는 일은 무엇입니까?

2. 천사가 불신자들에게 하는 일은 무엇입니까?

3. 언제 천사들의 도움을 받습니까?

제7과
사탄과 영적전쟁

"우리가 육신으로 행하나 육신에 따라 싸우지 아니하노니 우리의 싸우는 무기는 육신에 속한 것이 아니요 오직 어떤 견고한 진도 무너뜨리는 하나님의 능력이라 모든 이론을 무너뜨리며 하나님 아는 것을 대적하여 높아진 것을 다 무너뜨리고 모든 생각을 사로잡아 그리스도에게 복종하게 하니"(고린도후서 10:3-5).

1. 영적 전쟁

창조된 피조물은 종류에 따라 크게 영적세계의 창조와 물질세계의 창조로 나누어집니다. 인격을 가진 영적 피조물로는 인간과 천사가 있습니다.

영적 전쟁은 하나님의 백성과 사탄의 싸움입니다. 성도가 되는 순간 사탄은 성도를 대적하거나 유혹에 빠뜨려 성도의 사명을 무력화합니다. 성도는 이런 사탄의 공격에 대해 잘 알고 적절하게 대적해야 합니다.

2. 주님이 오신 목적

예수 그리스도는 마귀를 멸하고 잃어버린 자를 찾아 구원하러 오셨습니다.[84] 예

---

[84] "죄를 짓는 자는 마귀에게 속하나니 마귀는 처음부터 범죄함이라 하나님의 아들이 나타나신 것은 마귀의 일을 멸하려 하심이라"(요한일서 3:8).
"인자가 온 것은 잃어버린 자를 찾아 구원하려 함이니라"(누가복음 19:10).

수 그리스도는 마귀를 이기셨습니다. 예수 그리스도만이 사탄의 권세를 이기신 유일한 분입니다. 사람이 마귀의 손아귀를 벗어날 수 있는 길은 마귀를 이긴 예수님을 믿는 것뿐입니다. 실로 예수님만이 사탄의 권세를 이긴 유일한 분입니다. 아직도 구원 문제를 해결받지 않은 분들과 마귀와 귀신의 역사로 고생하는 가정들은 속히 예수 그리스도 앞으로 돌아와야 합니다.

3. 사탄의 정체

하나님이 세상을 창조하기 이전에 피조된 천사(욥 38:6-7; 골 1:16)의 일부가 타락하였는데(벧후 2:4; 유 1:6; 사 14:12-20), 마귀는 그 무리의 두목입니다(마 25:41;9:34). '사탄'이라는 단어는 히브리어로 '사탄'(שטן)이라고 하며, 그 의미는 '대적하는 자'입니다. 사탄은 성경의 여러 곳에 하나님의 대적자로 나타납니다. 특히 그리스도의 가르침 가운데도 사탄이 등장합니다(마 13:39; 눅 10:18;11:18).

(1) 사탄을 지칭하는 용어들

사탄의 직접적인 이름으로는 사탄(벧전 5:8; 계 12:9), 마귀(벧전 5:8), 바알세불(마 12:24), 벨리알(고후 6:15) 등이 사용되었고, 간접적인 명칭으로는 악한 자(요일 5:19), 시험하는 자(살전 3:5), 이 세상 임금(요 12:31), 이 세상 신(고후 4:4), 공중 권세 잡은 자(엡 2:2), 형제들을 참소하던 자(벧전 5:8), 미혹하는 자(계 20:10), 대적(벧전 5:8) 등으로 사용되었습니다. 사탄을 상징하는 말로는 뱀(계 12:9), 용(계 12:3), 광명의 천사(고후 11:14) 등이 있습니다.

(2) 사탄의 속성

사탄은 영적(엡 6:11-12) 피조물(겔 28:14)이며, 원래 천사 중 뛰어난 존재였던 것으로 여겨집니다(겔 28:12). 사탄은 지(고후 11:3), 정(계 12:17), 의(딤후 2:26)를 지닌(마 25:41) 존재입니다. 사탄의 인격적 특성은 살인자(요 8:44), 거짓말쟁이(요 8:44), 상습적인 죄인(요일 3:8), 참소자(계 12:10), 대적(벧전 5:8), 도적질하고 죽이고 멸망시키는 자(요 10:10), 미혹하는 자(계 20:10)로 악의 화신입니다. 사탄은 유한성을 가진 피조물로서 하나님의 지배를 받으며(욥 1:12), 예수님께 완전히 패배당하고(요일 3:8; 요 12:31) 결박되어(마 12:29) 성도를 만지지도 못하며(요일 5:18), 성도들이 대적하면 피할 수밖에 없습니다(약 4:7). 에덴에서 심판이 선고되었고(창 3:14-15), 십자가에서 그 심판이 성취되었으며(요 12:31), 내쫓김을 당하여(계 12:13), 무저갱에 감금되고(계 20:2), 장차 불못에 던져질 것입니다(계 20:10).

(3) 사탄이 하는 일

사탄은 창조 후에 하나님보다 높아지겠다고 하나님을 반역하여 하늘에서 쫓겨났습니다. 그 이후 사탄은 하나님을 대적하면서 인류를 구원하고자 하는 하나님의 구속 사역을 방해하는 자로 나타납니다. 먼저 아담과 하와를 유혹하여 범죄하게 하고, 사람들의 인격 속에 침투하는 방법으로 구원사(救援史)를 방해합니다. 가인, 노아 시대의 사람들, 바벨탑을 쌓으면서, 소돔과 고모라에서, 가나안에 정착하여, 항상 사탄이 역사하였습니다. 오늘날에도 사탄은 교회 안에서 여전히 하나님의 구원 사역을 방해하고 있습니다.

사탄은 예수 그리스도께 대항하여 구속 사역을 방해하리라는 예언대로(창 3:15) 직접 그리스도를 시험했을 뿐 아니라(마 4:4-11) 간접적으로 그의 사역을 훼방했고(마

2:16), 유다를 충동질하여 그리스도를 십자가에 못 박는 일을 했습니다(요 13:37).

사탄에게 미혹된 역대 왕들은 하나님께 영광을 드리지 못하고, 오히려 하나님을 대신하고자 하는 교만에 빠졌습니다. 사탄은 열왕들을 충동하여(계 20:3) 아마겟돈 전쟁을 일으킴으로 그의 권세를 드러내려 할 것입니다(계 16:14-16).

사탄은 성도들이 거짓말하도록 유혹하며(행 5:3), 성도들을 고소하고 참소하며(계 12:10), 성도들이 하는 일을 방해하며(살전 2:18), 귀신을 고용해 성도들을 패배시키려고 시도하며(엡 6:11,12), 성도들로 하여금 부도덕에 빠지도록 유혹하며(고전 7:5), 성도들 가운데 가라지 씨를 뿌리며(마 13:38), 박해를 야기합니다.

사탄은 불신자를 지배하여(요일 5:19) 마음을 어둡게 하고(고후 4:4), 그들 가운데 역사하여(엡 2:2) 말씀을 제거하며(눅 8:12), 하나님을 대항하도록(계 2:13) 미혹합니다(계 13:14).

4. 귀신의 정체

헬라인들은 귀신을 죽은 악인의 영으로 보았고, 혹자는 아담 이전 종족의 육을 떠난 영으로 이해하며, 세대주의자들은 홍수 이전에 천사와 사람 사이에서 태어난 종족으로 보기도 합니다. 김기동 씨의 경우는 120년의 수명을 채우지 못하고 죽은 불신자들이 120년이 찰 동안 떠다니는 것이라고 합니다. 그러나 사탄이 천사이며 귀신의 왕으로 불린 점을 염두에 둔다면(마 12:24; 엡 6:11-12) 귀신 역시 천사였던 것으로 보아야 합니다.

(1) 귀신의 활동

귀신은 불화케 하고(삿 9:23), 시기와 다툼을 일으키고(약 3:13-15), 번뇌케 하고(삼상 16:14), 거짓말하게 하고(왕상 22:21-13), 점쟁이 혹은 박수가 되게 하고(마 9:32-33), 눈멀게 하고(마 12:22), 귀머거리가 되게 하고(막 9:25), 간질하게 하는 등(마 17:15,18) 주로 사람을 괴롭히는 일을 도맡아 합니다. 이런 귀신의 여러 활동을 두 가지 측면에서 분류하여 보면 다음과 같습니다.

일반적으로는 하나님의 목적인 인류를 구원하려는 일을 방해하며(계 16:13-16), 사탄의 명령을 행함으로써 사탄의 권위를 확장하려 합니다(엡 6:11,12). 그러나 이러한 귀신의 활동이 하나님의 선하신 목적 수행에 역으로 이용되기도 합니다(삼상 16:14).

특별히 인간(마 4:24)과 동물(막 5:13)을 사로잡아 병들게 하고(마 9:33), 하나님의 자녀의 영적인 성장을 저해하며(엡 6:12), 그릇된 교리를 유포합니다(딤전 4:1).

(2) 귀신 들림

귀신 들림이란 귀신이 어떤 사람 안에 거하면서 직접적인 통제력과 영향력을 행사하여 마음이나 몸을 혼란시키는 것을 말합니다. 이러한 귀신 들림이 성경에서는 자주 나오고 있습니다.

그리스도인은 성령이 내주하므로 귀신이 들릴 수 없으나 그가 성령의 뜻을 계속 거슬러 성령의 도우심을 일시적으로 제한시켰을 경우에는 귀신의 활동으로 말미암아 귀신 들린 듯이 보이는 정도까지는 이를 수 있습니다.

(3) 귀신의 운명

예수님의 사역은 주로 복음을 전파하고 귀신을 쫓아내며 병자를 고치는 일이었습니다. 예수님은 성령을 힘입어(마 12:28) 수없이 귀신을 쫓아내셨고(마 4:24; 막 1:34; 눅 4:20), 이 권능을 사도들에게 주셨습니다(마 12:1). 그러나 사도들(행 8:7;16:18;19:12-13)뿐만 아니라 모든 믿는 자도 귀신을 쫓아낼 수 있기 때문에(막 16:17), 복음전파는 가속화되었습니다. 궁극적으로 모든 귀신은 사탄과 함께 불못에 던짐을 당합니다.

5. 성도의 영적 전쟁

예수님이 이 세상에 오신 목적은 세 가지입니다. 첫째는 인류를 구원하기 위함이고(창 3:15), 둘째는 잃어버린 자를 찾아 구원하기 위함이며(눅 19:10), 셋째는 마귀의 일을 멸하기 위함입니다(요일 3:8).

그렇기 때문에 모든 그리스도인이 예수님을 자신의 구주로 영접하여 하나님의 자녀가 되는 권세를 받는 순간부터 영적전쟁은 시작합니다. 21세기는 지식정보과학기술 시대이지만, 동시에 영성이 필요한 시대입니다. 과학적인 시대이면서 반작용으로 가장 신비한 삶을 추구하는 시대이기도 합니다. 21세기는 어느 시기보다 치열한 영적전쟁의 시대입니다. 주님의 재림이 가까워지면서 사탄은 점점 공격의 수위를 높이기 때문입니다. 사회 전반에 사악한 영들이 우는 사자와 같이 우리를 공격하고, 광명의 천사처럼 우리를 유혹하고 있습니다.

(1) 성도는 그리스도 예수의 군사입니다

"너는 그리스도 예수의 좋은 병사로 나와 함께 고난을 받으라"(디모데후서 2:3).

(2) 우리의 싸움은 사탄과의 싸움입니다

"우리의 씨름은 혈과 육을 상대하는 것이 아니요 통치자들과 권세들과 이 어둠의 세상 주관자들과 하늘에 있는 악의 영들을 상대함이라"(에베소서 6:12).

(3) 사탄은 사망, 음부, 흑암의 공중 권세를 가지고 있습니다

"그가 우리를 흑암의 권세에서 건져내사 그의 사랑의 아들의 나라로 옮기셨으니"(골로새서 1:13).

"사망아 너의 승리가 어디 있느냐 사망아 네가 쏘는 것이 어디 있느냐 사망이 쏘는 것은 죄요 죄의 권능은 율법이라"(고린도전서 15:55-56).

"눈을 뜨게 하여 어둠에서 빛으로, 사탄의 권세에서 하나님께로 돌아오게 하고 죄 사함과 나를 믿어 거룩하게 된 무리 가운데서 기업을 얻게 하리라 하더이다"(사도행전 26:18).

"또 내가 네게 이르노니 너는 베드로라 내가 이 반석 위에 내 교회를 세우리니 음부의 권세가 이기지 못하리라"(마태복음 16:18).

(4) 예수 그리스도가 사탄을 이기셨습니다

"통치자들과 권세들을 무력화하여 드러내어 구경거리로 삼으시고 십자가로 그들을 이기셨느니라"(골로새서 2:15).

(5) 우리도 사탄을 이깁니다

"항상 우리를 그리스도 안에서 이기게 하시고 우리로 말미암아 각처에서 그리스도를 아는 냄새를 나타내시는 하나님께 감사하노라"(고린도후서 2:14).

"우리 주 예수 그리스도로 말미암아 우리에게 승리를 주시는 하나님께 감사하노니"(고린도전서 15:57).

(6) 그래도 사탄은 사자처럼 우리를 대적합니다

"근신하라 깨어라 너희 대적 마귀가 우는 사자 같이 두루 다니며 삼킬 자를 찾나니"(베드로전서 5:8).

(7) 우리를 천사처럼 유혹하기도 합니다

"이것은 이상한 일이 아니니라 사탄도 자기를 광명의 천사로 가장하나니"(고린도후서 11:14).

6. 마귀를 이기려면

하나님을 대적하는 더러운 영들은 세상에 내려와 지배하는 신이 되어 틈만 나면 사람의 깊숙한 곳까지 침투해서 감정, 마음, 사상을 왜곡합니다. 고린도후서 10장 3-5절을 보면, 사탄은 우리의 마음에 견고한 진을 쳐서 자리를 잡기 시작했습니다. 그들은 우리를 하나님의 계시로 충만하지 못하게 만들고, 복음의 광채가 마음속에 미치지 못하도록 막고 있습니다. 우리 마음에 욕심을 불어넣고, 상처로 인한 쓴 뿌리(교만, 시기, 미움, 질투, 용서하지 못하는 마음, 두려움, 열등감, 음란한 마음, 우울증, 불면증)가 생겨나게 했습니다. 그렇게 함으로써 하나님의 마음을 본받지 못하게 했습니다.

그렇다면 어떻게 마귀를 이기고 승리할 수 있을까요?

"마귀의 간계를 능히 대적하기 위하여 하나님의 전신 갑주를 입으라 우리의 씨름은 혈과 육을 상대하는 것이 아니요 통치자들과 권세들과 이 어둠의 세상 주관자들과 하늘에 있는 악의 영들을 상대함이라 그러므로 하나님의 전신 갑주를 취하라 이는 악한 날에 너희가 능히 대적하고 모든 일을 행한 후에 서기 위함이라 그런즉 서서 진리로 너희 허리 띠를 띠고 의의 호심경을 붙이고 평안의 복음이 준비한 것으로 신을 신고 모든 것 위에 믿음의 방패를 가지고 이로써 능히 악한 자의 모든 불화살을 소멸하고 구원의 투구와 성령의 검 곧 하나님의 말씀을 가지라 모든 기도와 간구를 하되 항상 성령 안에서 기도하고 이를 위하여 깨어 구하기를 항상 힘쓰며 여러 성도를 위하여 구하라"(에베소서 6:11-18).

사탄을 이기는 것이 신앙생활을 승리하는 길이요, 축복의 삶을 사는 길입니다. 성도들이 자꾸 넘어지고, 신앙이 성장하지 못하는 이유는 그 배후에 악한 사탄이 역사하기 때문입니다. 따라서 사탄과의 싸움에서 이기기 위해서는 다음과 같은 영적 전쟁을 해야 합니다.

(1) 진리로 허리띠를 띨 것

허리띠가 없으면 하체가 드러나 부끄러움을 당하듯 성도에게 진리가 부족하면 대적자에게 부끄러움을 당하기 때문에 진리로 바로 서야 합니다.

(2) 의의 **흉배를 붙일 것**

흉배는 가슴에 붙이는 표입니다. 성도의 의로운 행위는 가슴에 붙인 하나님의 표가 되어 사탄이 접근하지 못합니다. 선행에 힘쓰는 것이 성도에게는 큰 재산입니다.

(3) 평안의 복음으로 신을 신을 것

사탄은 복음을 전하는 성도를 두려워합니다. 반대로 복음을 전하지 않는 성도에게는 늘 가까이 있습니다. 기회를 얻든지 못 얻든지 복음을 전하십시오.

(4) 믿음의 방패를 가질 것

믿음은 사탄의 모든 공격을 막아 내는 성도의 방패입니다. 성도에게 믿음이 없을 때, 즉 불신이 충만할 때 사탄은 그 틈을 타서 공격합니다. 믿음으로 사십시오.

(5) 구원의 투구를 가질 것

머리는 신체의 가장 중요한 부분입니다. 구원의 확신이 없으면 사탄은 늘 이상한 종교, 철학, 세상 유행 등으로 사람을 미혹합니다. 구원의 확신을 가지십시오.

(6) 성령의 검을 가질 것

성령의 검은 하나님의 말씀입니다. 성도가 말씀에 바로 서지 않으면 사탄을 공격할 수 없습니다. 말씀에 바로 서십시오. 말씀에 순종하십시오.

(7) 기도에 힘쓸 것

기도할 때 성령님이 함께하십니다. 성령님이 함께하는 사람에게는 사탄이 틈을 탈 수 없습니다. 기도를 쉬지 말고 하십시오. 중보기도에 힘쓰십시오.

7. 영적 전쟁을 위한 중보기도의 실제

영적 전쟁은 중보기도에서 시작합니다. 이스라엘이 아말렉과 싸울 때, 여호수아는 나가 싸우고 모세는 기도했습니다(출 17:10-16). 모세의 손이 올라가면 이스라엘이 이기고, 모세의 손이 내려오면 아멜렉이 이겼습니다. 모세의 중보기도는 하늘의 세계가 이 땅을 지배하고 기도가 이 땅의 역사를 이룬다는 것을 보여 줍니다. 영적 전쟁에서 모세의 기도가 승리하는데, 이것이 중보기도의 힘입니다.

(1) 중보자이신 예수님(눅 23:34; 히 8:6)

(2) 아브라함(창 18:22-23)

(3) 모세(출 32:7; 출 32:30-32)

(4) 아론과 훌(출 17:8-16)

(5) 사무엘(삼상 7:7-10)

(6) 다니엘(단 9:3-27)

(7) 에스더(에 4:16)

(8) 사도 바울(롬 9:1-3)

(9) 모든 성도는 중보자(벧전 2:9; 벧전 2:5; 계 1:6)

8. 중보기도자의 기본자세

(1) 기도의 영으로 기름 부으소서(슥 12:10; 롬 8:26-28).

(2) 아비의 마음을 주소서(롬 5:8).

(3) 영혼 사랑하는 마음을 주소서(빌 1:8; 요 10:11-15).

(4) 기도에 민감하게 하소서(겔 22:30-31;33:1-9).

(5) 예배의 영으로 기름 부으소서(요 4:23-24).

(6) 찬양의 영으로 기름 부으소서(시 22:3).

(6) 복음 증거의 영으로 기름 부으소서(행 1:8).

(7) 대언의 영으로 기름 부으소서(롬 8:26-28).

(8) 하나님의 음성을 듣게 하소서(계 2:7,11,17,29).

(9) 의인의 간구는 역사하는 힘이 많으니라(약 5:15-17; 삼상 7:8-9; 왕상 18:37-38;행 4:28-31).

9. 영적 전투를 위한 12가지 전략기도 방법

(1) 십자가의 권세를 믿음(갈 3:13; 엡 2:16).

(2) 주님의 보혈을 믿음(히 9:12;10:9; 엡 2:13).

(3) 예수 이름의 권세를 선포(마 28:18; 눅 10:19).

(4) 매고 푸는 기도(창 27:40; 마 18:18;16:19)

(5) 합심기도(마 18:19; 행 1:14; 전 4:9-12)

(6) 성도의 권세(요 1:12; 마 28:18; 롬 10:18-13)

(7) 발로 밟는 권세(신 11:22-25; 수 1:3; 눅 10:19)

(8) 찬양과 경배의 능력(대하 20:16-23; 행 16:23-26)

(9) 멍에를 꺾는 기도(사 58:6-11)

(10) 말씀의 무기(마 4:4,7,10; 시 107:20; 딤후 2:15)

(11) 하나님의 전신갑주(엡 6:10-18)

(12) 성령의 능력(마 12:28; 행 1:8)

10. 중보기도 사역자의 자격

(1) 거듭난 자(요 3:3; 롬 6:23)

(2) 성령충만함이 지속적으로 유지되는 자(엡 5:8)

(3) 성령의 열매가 나타나는 자(갈 5:22-25)

(4) 성령의 은사가 나타나는 자(고전 12:7-11; 롬 12)

(5) 주님 뜻대로 행하는 자(삼상 16:7; 요 5:19)

(6) 말씀 위에 서 있는 자(딤후 2:15; 딤후 3:16)

(7) 교회의 한 지체(히 10:25; 롬 12:4-5)

(9) 순종하는 자(엡 5:21; 히 13:17; 삼상 15:22-23)

11. 최후 승리를 위하여

구원받은 순간 성도는 사탄과 영적 전쟁에 들어갑니다. 그러나 사탄과의 전쟁은 우리가 이길 수밖에 없습니다. 왜냐하면 우리 주 예수 그리스도가 십자가에서 사탄을 완전하게 이기셨기 때문입니다. 그리고 그 주님이 우리와 함께하시고, 성령으로 우리 안에 계시기 때문입니다. 그럼에도 불구하고 사탄이 아직 활동하는 것은 성도를 단련시키려는 주님의 신비한 뜻 때문입니다. 사탄은 결국 주님이 오시면 영원히 무저갱에 갇히게 됩니다.

성도는 사탄의 존재를 무시하거나, 두려워할 필요가 없습니다. 사탄의 대적과 유혹에 무서워할 필요도 없습니다. 예수 그리스도의 이름으로 사탄을 대적하면 됩니다. 사탄은 예수 그리스도 이름으로 물러갑니다.

♥ 함께 나누어요

1. 성도는 왜 영적 전쟁을 해야 합니까?

2. 마귀로부터 유혹이나 공격을 당한 경험을 서로 이야기해 봅시다.

3. 마귀의 유혹과 공격을 어떻게 이길 수 있는지 말해 봅시다.

제8과
천국과 지옥

"이 때부터 예수께서 비로소 전파하여 이르시되 회개하라 천국이 가까이 왔느니라 하시더라"(마태복음 4:17).

예수님이 공생애 사역을 시작하시면서 처음으로 하신 말씀은 회개하고 천국에 들어오라는 것이었습니다. 그가 하신 사역의 최대 메시지는 하나님 나라에 관한 것이었습니다. 예수님의 최대 관심사는 천국일 뿐만 아니라, 구약성경의 최대 메시지도 천국에 관한 것입니다.

"그가 열방 사이에 판단하시며 많은 백성을 판결하시리니 무리가 그들의 칼을 쳐서 보습을 만들고 그들의 창을 쳐서 낫을 만들 것이며 이 나라와 저 나라가 다시는 칼을 들고 서로 치지 아니하며 다시는 전쟁을 연습하지 아니하리라"(이사야 2:4).

에덴동산은 하나님이 친히 다스리시는 하나님 나라였습니다. 이스라엘은 하나님이 다스리시는 세상 속의 하나님 나라였습니다. 오늘날에는 교회가 하나님 나라입니다. 하나님 나라는 하나님이 다스리시는 곳입니다. 이 나라는 평등과 평화, 정의와 사랑이 충만한 곳입니다.

I. 천국의 정의

'천국'(天國)이란 말과 '하나님 나라'라는 말은 같은 말입니다. 가끔 '천국'을 천당 (天堂)이라고 하는 사람들도 있지만, 천당이란 말은 '극락'을 뜻하는 불교적 용어입니다. 따라서 '천당'이라는 말보다는 '하나님 나라'라는 말을 쓰는 것이 좋습니다.[85]

하나님 나라란, 하나님이 다스리시는 곳을 말합니다. 하나님 나라는 세 가지 요소로 구성됩니다. 첫째, 다스리시는 분이 있어야 합니다. 둘째, 다스림을 받는 백성이 있어야 합니다. 셋째, 하나님의 주권, 즉 하나님의 통치가 이루어져야 합니다.

2. 천국에 들어가려면

(1) 거듭나야 합니다

"예수께서 대답하여 이르시되 진실로 진실로 네게 이르노니 사람이 거듭나지 아니하면 하나님의 나라를 볼 수 없느니라 예수께서 대답하시되 진실로 진실로 네게 이르노니 사람이 물과 성령으로 나지 아니하면 하나님의 나라에 들어갈 수 없느니라"(요한복음 3:3,5).

천국에는 아무나 들어갈 수 없습니다. 거듭난 사람만이 천국을 볼 수 있으며 천국에 갈 수 있습니다. 사실 거듭나지 않은 사람은 천국이 있는지에 대해서도 별로

---

85) 천당

천당, 극락이라는 용어가 단순히 불교적 용어이기 때문에 쓰지 말자는 것이 아닙니다. 한국 불교에서는 극락을 현실세계라고 가르쳤습니다. 이 땅에서 사는 동안 잘 먹고 잘 사는 것이 곧 극락의 삶이요, 천당이라는 것입니다. 이 영향이 우리나라 기독교에 은연중에 미쳐서 이 땅에서 복 받아 잘 사는 것이 기독교의 가르침인 것으로 여기게 되었습니다. 기복 종교가 여기서 생겨난 것입니다. 그러나 기독교의 천국 개념은 이 땅만을 말하지 않습니다. 진정한 의미에서 기독교는 이 땅에 가치를 두지 않습니다. 예수 그리스도의 재림으로 이루어질 새 하늘과 새 땅이 나타날 것이기 때문이요, 그때에 이 땅은 없어질 것이기 때문입니다.

관심이 없습니다. 심지어 거듭나지 못한 사람은 지옥에 가는데도 불구하고 별로 심각하게 여기지 않습니다. 이것이 무서운 영적 무지입니다.

(2) 회개하는 사람이 들어갑니다

"이 때부터 예수께서 비로소 전파하여 이르시되 회개하라 천국이 가까이 왔느니라 하시더라"(마태복음 4:17).

세례 요한과 예수님의 복음전도의 주제는 하나님 나라였습니다. 그런데 이 나라는 회개하는 사람만이 들어갈 수 있습니다. 거듭난 사람만이 천국에 간다는 것과 동일한 내용입니다. 왜냐하면 회개하는 사람이 거듭나는 것이요, 거듭난 사람이 회개하기 때문입니다.

3. 천국의 종류

(1) 심령천국

"또 여기 있다 저기 있다고도 못하리니 하나님의 나라는 너희 안에 있느니라"(누가복음 17:21).

하나님 나라는 어디에 있습니까? 하나님 나라는 우리 안에 있습니다.[86] 예수님

---

86) 하나님 나라는 너희 안에 있다

　"하나님 나라는 너희 안에 있다."(누가복음 17장 21절)라는 말씀은 다음과 같이 세 가지로 해석할 수 있습니다.

　1) 하나님 나라가 이 땅 위에 있다는 것입니다. 바리새인들이 하나님 나라가 언제 임하느냐고 예수님께 잘못한 내용의(눅 17:20) 답변으로, 예수님께서는 하나님 나라가 이미 이 땅 위에 임했는데(예수님이 오시면서부터 하나님의 나라는 임했습니다), 단지 너희들이 영적으로 어두워서 보지 못하고, 믿음이 없어서 들어가지 못한다고 하신 것입니다.

을 믿으면, 그 마음을 하나님이 다스리십니다. 하나님의 지배를 받아 하나님의 백성이 되는 것이기 때문에 심령 가운데 하나님 나라가 임합니다. 또한 하나님 나라가 임할 때 하나님의 평강이 임합니다.

(2) 가정천국

"여호와를 경외하며 그의 길을 걷는 자마다 복이 있도다 네가 네 손이 수고한 대로 먹을 것이라 네가 복되고 형통하리로다 네 집 안방에 있는 네 아내는 결실한 포도나무 같으며 네 식탁에 둘러 앉은 자식들은 어린 감람나무 같으리로다 여호와를 경외하는 자는 이같이 복을 얻으리로다"(시편 128:1-4).

예수님을 믿는 가정은 하나님 나라입니다. 하나님 나라의 최소 단위는 가정입니다. 건강한 가정이 건강한 하나님 나라를 만들어 갑니다. 온 식구가 믿음으로 사는 가정은 하나님이 특별히 돌보시고 지키시며 복을 주시는 하나님 나라입니다.

(3) 천상천국

"또 내가 새 하늘과 새 땅을 보니 처음 하늘과 처음 땅이 없어졌고 바다도 다시 있지 않더라 또 내가 보매 거룩한 성 새 예루살렘이 하나님께로부터 하늘에서 내려오니 그 준비한 것이 신부가 남편을 위하여 단장한 것 같더라"(요한계시록 21:1-2).

하나님 나라가 현재 우리에게 임했음에도 불구하고, 완전한 하나님 나라는 미래에 이루어질 것입니다. 지금은 하나님 나라가 하늘에 있다고 말합니다. 그러나 주

---

2) 하나님 나라가 교회의 공동체 안에 있다는 것입니다. 실제로 하나님 나라는 교회에서 그 모습이 가장 잘 나타납니다. 왜냐하면 교회야말로 하나님이 직접적으로 다스리시는 곳이며, 교회는 하나님의 통치를 즐겁게 받는 곳이기 때문입니다.

3) 개인이 하나님을 영접한다는 것은 하나님의 통치를 받겠다는 것입니다. 하나님 나라는 하나님의 통치를 받는 곳에 이루어지는 것이기 때문에, 개인이 하나님을 믿게 되면 심령천국이 되는 것입니다.

결론 : 위의 세 가지 구분은 사실상 동일한 하나님 나라에 대한 다른 관점에 불과한 것입니다.

님의 재림으로 하늘의 하나님 나라는 여기서 우리 모든 성도의 것이 될 것입니다.

4. 천국과 교회

"또 내가 네게 이르노니 너는 베드로라 내가 이 반석 위에 내 교회를 세우리니 음부의 권세가 이기지 못하리라 내가 천국 열쇠를 네게 주리니 네가 땅에서 무엇이든지 매면 하늘에서도 매일 것이요 네가 땅에서 무엇이든지 풀면 하늘에서도 풀리리라 하시고"(마태복음 16:18-19).

교회는 이 땅 위에 세워진 하나님 나라입니다.[87] 이스라엘이 제사장의 나라로서 하나님의 살아 계심을 온 세상에 알렸던 것처럼, 교회도 이 땅에 사는 모든 사람에게 하나님 나라를 선포해야 합니다. 이 역할을 잘 감당하는 교회와 성도가 하나님의 복을 누리게 됩니다. 만일 그렇지 못하면, 이스라엘이 그랬듯 그 사람과 교회는 멸망할 것입니다.

5. 천국과 복음전도

(1) 치유를 통한 복음전도

"예수께서 온 갈릴리에 두루 다니사 그들의 회당에서 가르치시며 천국 복음을 전파하시며 백성 중의 모든 병과 모든 약한 것을 고치시니"(마태복음 4:23).

---

87) 하나님 나라와 교회
  하나님 나라와 교회는 완전하게 일치하는 것은 아닙니다. 그러나 교회를 하나님 나라라고 해도 전혀 오해의 소지는 없을 것입니다. 하나님 나라의 특징인 하나님의 통치가 가장 잘 나타나는 곳이 교회이기 때문입니다.

예수님의 전도 사역의 특징 중 하나는 병 고침에 있었습니다. 오늘날에도 수많은 사람이 질병 가운데 고통받고 있습니다. 시간이 갈수록 병으로 고통받는 사람은 많아지고 병원은 늘어나고 있습니다. 하나님은 복음전도를 위해 성도들에게 치유의 은사를 주셨습니다. 육신과 마음의 질병은 대부분 예수님을 믿으면 치유가 됩니다. 예수님을 믿고 병 고침을 받으라고 전하는 것은 너무도 당연한 복음전도 사역입니다.

(2) 악마적 권세로부터 구출

"하나님이 나사렛 예수에게 성령과 능력을 기름 붓듯 하셨으매 그가 두루 다니시며 선한 일을 행하시고 마귀에게 눌린 모든 사람을 고치셨으니 이는 하나님이 함께 하셨음이라"(사도행전 10:38).

질병뿐 아니라 사탄의 권세에서 고생하는 사람들도 많습니다. 우상 숭배로 인한 고통, 가난으로 인한 고통, 공포, 마술, 마약 등이 이에 해당합니다. 예수님께 나아가야만 이런 것들에서 해방됩니다.

"그러나 내가 하나님의 성령을 힘입어 귀신을 쫓아내는 것이면 하나님의 나라가 이미 너희에게 임하였느니라"(마태복음 12:28).

(3) 사회 참여

"너희는 세상의 소금이니 소금이 만일 그 맛을 잃으면 무엇으로 짜게 하리요 후에는 아무 쓸 데 없어 다만 밖에 버려져 사람에게 밟힐 뿐이니라 너희는 세상의 빛이라 산 위에 있는 동네가 숨겨지지 못할 것이요"(마태복음 5:13-14).

사회 참여를 통한 그리스도인의 영향력은 복음전도의 좋은 수단입니다. 정상적인 복음전도는 활발한 사회 참여를 통해 이루어집니다. 사회 참여는 교회 전체가 힘써야 할 일이며, 특별히 성도 개개인의 사회 참여에 대한 사려 깊은 의식이 뒤따라야 할 것입니다. 성도들은 사회 활동의 장으로 하나님이 주신 직장을 통해 복음전도에 힘써야 합니다.

6. 지옥

"만일 네 눈이 너를 범죄하게 하거든 빼버리라 한 눈으로 하나님의 나라에 들어가는 것이 두 눈을 가지고 지옥에 던져지는 것보다 나으니라 거기에서는 구더기도 죽지 않고 불도 꺼지지 아니하느니라"(마가복음 9:47-48).

영원한 고통이 있는 곳을 지옥이라고 합니다. 거기에는 평화, 기쁨, 감사가 없습니다. 하나님도 없습니다. 사람이 상상할 수 없는 고통만 있습니다.

"하나님이 범죄한 천사들을 용서하지 아니하시고 지옥에 던져 어두운 구덩이에 두어 심판 때까지 지키게 하셨으며"(베드로후서 2:4).

원래 지옥은 하나님께 불순종한 천사, 즉 마귀와 그의 추종자들인 귀신을 보내기 위해 만들어 놓은 곳입니다. 그러나 예수 그리스도를 믿지 않아서 하나님의 사랑을 거절한 사람들도 지옥에 가게 됩니다. 즉 불신자들은 모두 지옥에 가는 것입니다.

"너희도 정녕 이것을 알거니와 음행하는 자나 더러운 자나 탐하는 자 곧 우상 숭배자는 다 그리스도와 하나님의 나라에서 기업을 얻지 못하리니"(에베소서 5:5).

우상 숭배하는 자들은 모두 지옥으로 갑니다. 우상 숭배란 음행을 범하는 것,

더럽고 추한 행실을 하는 것, 욕심 부리는 것 등을 말합니다. 따라서 기독교 외의 종교는 우상 숭배이며, 조상 숭배 또한 우상 숭배입니다. 하나님보다 더 사랑하는 것은 모두 우상 숭배입니다.

"사망과 음부도 불못에 던져지니 이것은 둘째 사망 곧 불못이라"(요한계시록 20:14).

하나님을 믿지 아니하고 죽은 사람은 모두 지옥에 가기 때문에, 그곳을 둘째 사망 또는 불못이라고도 합니다. 그럼에도 불구하고 오늘날 지옥에 관한 메시지가 잘 전해지지 않고 있습니다.

"나더러 주여 주여 하는 자마다 다 천국에 들어갈 것이 아니요 다만 하늘에 계신 내 아버지의 뜻대로 행하는 자라야 들어가리라"(마태복음 7:21).

심각한 문제는, 교회에 다녔으나 구원받지 못한 사람은 지옥에 간다는 것입니다. 성도들은 자신의 구원을 확증해 보여야 합니다. 그런데 구원의 확증은 성도 자신의 판단으로 되지 않고, 교회 공동체의 보증으로 되는 것입니다.

🌳 함께 나누어요

1. 누가 천국에 들어갑니까? 당신은 어떻습니까?
2. 누가 지옥에 들어갑니까?

제9과
전도! 그 위대한 비전

"그러므로 너희는 가서 모든 민족을 제자로 삼아 아버지와 아들과 성령의 이름으로 세례를 베풀고 내가 너희에게 분부한 모든 것을 가르쳐 지키게 하라 볼지어다 내가 세상 끝날까지 너희와 항상 함께 있으리라 하시니라"(마태복음 28:19-20).

하나님은 모든 사람이 구원받으며 진리를 아는 데 이르기를 소원하십니다(딤전 2:4). 사랑하는 자녀를 길에서 잃어버린 부모나 유괴범에게 자녀를 납치당한 부모의 소원은 무엇이겠습니까? 그것은 바로 잃은 자녀를 다시 찾는 것입니다. 성경에서는 하나님을 떠난 자녀를 찾으시는 하나님의 행적을 기록하고 있습니다. 하나님은 "아담아, 아담아" 하며 아담을 찾아 부르십니다. 또한 "아브라함아, 아브라함아" 하며 아브라함을 부르십니다. 이처럼 하나님은 우리 한 사람 한 사람을 애타게 부르십니다. 선지자들을 통해 부르시고 예수 그리스도를 통해 부르시며 먼저 부름받은 성도들을 통해 부르십니다. 전도는 하나님이 자신을 부르신다는 사실을 아직 모르는 사람들에게 하나님이 지금 당신을 부르신다는 사실을 알리는 일입니다.

1. 그리스도의 재림은 전도와 깊은 관계가 있습니다

"이 천국 복음이 모든 민족에게 증언되기 위하여 온 세상에 전파되리니 그제야 끝이 오리라"(마태복음 24:14).

예수 그리스도의 재림은 복음의 세계적 전파와 밀접한 관련이 있습니다. 현재 인류의 3분의 2에 해당하는 인구가 아직도 예수님을 알지 못합니다. 지구상에 존재하는 수많은 미전도 국가와 이방인들은 주님의 손길을 기다리고 있습니다. 마태복음 28장 19절의 '모든 족속'을 선교학적으로는 언어를 중심으로 한 부족 단위로 정의하는데, 이를 근거로 보면 전 세계는 약 12,000개 부족이 존재합니다. 그리고 그중 절반 정도가 아직 미전도 부족입니다.[88]

2. 전도는 그리스도의 마지막 명령입니다

"예수께서 나아와 말씀하여 이르시되 하늘과 땅의 모든 권세를 내게 주셨으니 그러므로 너희는 가서 모든 민족을 제자로 삼아 아버지와 아들과 성령의 이름으로 세례를 베풀고 내가 너희에게 분부한 모든 것을 가르쳐 지키게 하라 볼지어다 내가 세상 끝날까지 너희와 항상 함께 있으리라 하시니라"(마태복음 28:18-20).

구원받은 신자라면 생명을 주신 그리스도의 명령을 소중히 여기고 이를 지켜야 합니다. 그리스도의 명령을 따르는 것이 신자의 본분이요, 구원받은 증거이며, 영적 생명을 성장시키는 것이기 때문입니다. 주님의 모든 명령은 생명을 다해 지켜야 하는 것이지만, 특별히 전도에 관한 명령은 마지막으로 당부하신, 유언적 성격을 띤다는 것을 기억한다면 우리가 왜 전도를 해야 하는지 그 이유를 알 수 있습니다.

우리에게 전도를 명하신 주님은 자신이 하늘과 땅의 모든 권세를 지니고 계심을 상기시키십니다. 하늘과 땅의 권세를 가진 주님이 이 세상 끝까지 우리와 함께 하실 것을 약속하십니다. 이는 주님이 친히 하신 약속입니다. 그런데 이 약속은 전

---

88) 미전도 부족

이규학, 현장전도」(목회학박사학위논문, 아세아연합신학대학원, 1994, p.19)에 의하면, 세계에는 12,000개 부족이 있다고 합니다. 그중 복음이 전파된 부족이 약 6,000여 곳이며, 나머지는 아직 미전도 부족입니다. 절반가량의 미전도 부족은 소수 단위의 부족이 대부분이나 무슬림이나 회교권 등 대단위 부족도 적지 않습니다.

도 명령과 함께 주어지고 있습니다. 주님이 성도들과 언제라도 함께 있을 것이지만, 복음을 전하는 자리에 특별한 관심을 보이시겠다는 것입니다. 예수 충만, 성령 충만은 복음전도를 하는 사람을 위해 예비된 것입니다. 우리가 전도할 때 그 현장에 주님이 함께하십니다.

3. 예수님은 복음을 전하려 오셨습니다

"예수께서 이르시되 내가 다른 동네들에서도 하나님의 나라 복음을 전하여야 하리니 나는 이 일을 위해 보내심을 받았노라 하시고"(누가복음 4:43).

예수 그리스도를 통한 복음전도는 구약의 핵심적 내용입니다. 이사야 선지자는 "주 여호와의 영이 내게 내리셨으니 이는 여호와께서 내게 기름을 부으사 가난한 자에게 아름다운 소식을 전하게 하려 하심이라 나를 보내사 마음이 상한 자를 고치며 포로된 자에게 자유를, 갇힌 자에게 놓임을 선포하며"(사 61:1)라고 주님의 복음전도 사역을 예언했습니다. 주님이 공생애 사역을 시작하시면서 유대 회당에서 처음으로 설교하신 내용이 바로 이사야 선지자의 메시지입니다.

주님은 복음을 전하기 위해 이 땅에 오셨습니다.[89] 이 땅에 계시는 동안 주님의 사역은 오직 복음전도였습니다. 주님 스스로 "예수께서 이르시되 내가 다른 동네들에서도 하나님의 나라 복음을 전하여야 하리니 나는 이 일을 위해 보내심을 받았노라 하시고"(눅 4:43)라고 하심으로 이 사실을 확증하셨습니다. 복음에 대한 주님의 열심은 그의 열두 제자들에게도 그대로 전해졌습니다. 제자들은 복음전도를 위

---

89) "주의 성령이 내게 임하셨으니 이는 가난한 자에게 복음을 전하게 하시려고 내게 기름을 부으시고 나를 보내사 포로 된 자에게 자유를, 눈 먼 자에게 다시 보게 함을 전파하며 눌린 자를 자유롭게 하고 주의 은혜의 해를 전파하게 하려 하심이라 하였더라 책을 덮어 그 맡은 자에게 주시고 앉으시니 회당에 있는 자들이 다 주목하여 보더라 이에 예수께서 그들에게 말씀하시되 이 글이 오늘 너희 귀에 응하였느니라 하시니"(누가복음 4:18-21).

해 살고 복음을 전하다가 천국에 갔습니다.

4. 하나님은 전도를 통해서만 영혼을 구원하십니다

"하나님의 지혜에 있어서는 이 세상이 자기 지혜로 하나님을 알지 못하므로 하나님께서 전도의 미련한 것으로 믿는 자들을 구원하시기를 기뻐하셨도다"(고린도전서 1:21).

주님이 복음을 전하기 위해 애를 쓰시는 이유가 있습니다. 인간의 형편이 참으로 비참하기 때문입니다. 인간의 비참함은 하나님을 거역한 악한 천사들을 위해 준비한 영원한 저주를 사탄의 권세 아래 있는 인간도 받아야 하는 데서 비롯됩니다. 그리고 이 비참함 중에 있는 사람들은 복음전도를 통해서만 구원에 이르기 때문입니다. 인간은 방황하고 있습니다. 영적으로 굶주린 각설이 상태라서,[90] 만족할 만한 것을 얻기 위해 이것저것 기웃거리지만 이 세상의 것으로 영원한 만족을 얻을 수는 없습니다. 그리고 인간은 모두 영적으로 무거운 짐을 지고 살아갑니다. 이는 사람의 힘으로 결코 해결할 수 없는 죄의 짐입니다.[91]

이 뿐만 아니라 인간은 공중 권세를 잡은 사탄의 노예 상태에 있습니다.[92] 따라서 인간은 영혼의 저주 상태에서 벗어날 수 없습니다. 왜냐하면 인간 스스로 인간을 사로잡고 있는 사탄의 힘을 이기지 못하기 때문입니다. 그런데 이러한 인간의 해결 불가능한 문제들이 복음전도를 통해 해결됩니다. 예수 그리스도는 사탄과의 전쟁에서 완전히 승리하셨습니다. 예수 그리스도를 믿는 사람들은 예수님의 이름으

---

90) "무리를 보시고 불쌍히 여기시니 이는 그들이 목자 없는 양과 같이 고생하며 기진함이라"(마태복음 9:36).
91) "수고하고 무거운 짐 진 자들아 다 내게로 오라 내가 너희를 쉬게 하리라"(마태복음 11:28).
92) "그 때에 너희는 그 가운데서 행하여 이 세상 풍조를 따르고 공중의 권세 잡은 자를 따랐으니 곧 지금 불순종의 아들들 가운데서 역사하는 영이라"(에베소서 2:2).

로 사탄의 권세에서 해방됩니다. 또한 하나님의 자녀가 되어 하늘 백성이 됩니다. 사람의 힘으로 불가능할 뿐만 아니라, 사람 보기에 미련해 보이는 이 일을 하나님은 오직 전도라고 하는 미련한 방편을 통해 이루십니다.

5. 하나님은 전도자에게 최고의 상을 베푸실 것입니다

"지혜 있는 자는 궁창의 빛과 같이 빛날 것이요 많은 사람을 옳은 데로 돌아오게 한 자는 별과 같이 영원토록 빛나리라"(다니엘 12:3).

하나님은 그에게 충성한 자들에게 상을 베푸실 것입니다.[93] 성도들 중 상 받는 것을 부담스러워 하거나 상에 관심이 없는 사람이 있지만, 이것은 바른 태도가 아닙니다. 하나님이 우리에게 베푸실 상이 영생이요, 하나님 자신이기에 더욱 그러합니다.

믿음으로 사는 성도는 반드시 상 받기를 기대해야 합니다.[94] 하나님은 전도자를 향해 소중한 상을 약속하십니다. 주님이 함께하신다는 임재와 동행의 약속입니다.[95] 그리고 주님은 전도자에게 그 영혼이 별처럼 빛나리라는 약속을 주셨습니다.

---

93) "그 주인이 이르되 잘하였도다 착하고 충성된 종아 네가 적은 일에 충성하였으매 내가 많은 것을 네게 맡기리니 네 주인의 즐거움에 참여할지어다 하고"(마태복음 25:23).
94) "믿음이 없이는 하나님을 기쁘시게 하지 못하나니 하나님께 나아가는 자는 반드시 그가 계신 것과 또한 그가 자기를 찾는 자들에게 상 주시는 이심을 믿어야 할지니라"(히브리서 11:6).
95) "내가 너희에게 분부한 모든 것을 가르쳐 지키게 하라 볼지어다 내가 세상 끝날까지 너희와 항상 함께 있으리라 하시니라"(마태복음 28:20).

6. 복음을 전하지 않으면 화가 있을 것입니다

"내가 복음을 전할지라도 자랑할 것이 없음은 내가 부득불 할 일임이라 만일 복음을 전하지 아니하면 내게 화가 있을 것이로다"(고린도전서 9:16).

이토록 소중한 복음을 전하는 것은 그리스도인의 믿음을 주님께 보여 주는 것입니다. 복음을 전하지 않는 자는 주님의 죽으심과 다시 사심의 은혜를 업신여기는 자요, 이웃을 사랑하라고 하신 주님의 계명을 무시하는 자입니다. 복음 전하기를 원하지 아니하는 자들을 향한 하나님의 경고를 기억해야 합니다.

"가령 내가 악인에게 말하기를 너는 꼭 죽으리라 할 때에 네가 깨우치지 아니하거나 말로 악인에게 일러서 그의 악한 길을 떠나 생명을 구원하게 하지 아니하면 그 악인은 그의 죄악 중에서 죽으려니와 내가 그의 피 값을 네 손에서 찾을 것이고" (에스겔 3:18).

7. 전도자 지침서

(1) 전도자는 영적 상태가 좋아야 합니다.

(2) 전도를 위한 기도를 반드시 해야 합니다.

(3) 전도의 기회를 얻기 위해 선행을 베풀어야 합니다.

(4) 교회와 속회 예배로 인도해야 합니다.

(5) 하나님의 말씀을 적절히 인용해야 합니다.

(6) 전도할 사람에 대한 관심을 계속 가져야 합니다.

(7) 전도한 사람이 정착할 때까지 돌보아야 합니다.

(8) 조급하게 강요하지 말아야 합니다.

(9) 항상 주보나 전도지를 가지고 다녀야 합니다.

(10) 10분 이내의 간증 자료를 준비하고 있어야 합니다.

(11) 교회와 담임목사, 교회 식구들을 자랑해야 합니다.

🏆 함께 나누어요

1. 여러분 주변의 불신자 중 반드시 구원을 받아야 할 사람의 명단을 10명 이상 적
   어 봅시다.
2. 전도의 문을 열어 주시기를 위해 함께 기도합시다.
3. 간단한 간증문을 작성해 봅시다.

제10과
행복한 가정

"이러므로 남자가 부모를 떠나 그의 아내와 합하여 둘이 한 몸을 이룰지로다"(창세기 2:24).

가정: 남편과 아내

우리 사회의 기본 단위는 개인이 아니라 가정입니다. 가정은 하나님 나라와 교회를 이루는 기본 단위입니다. 물론 가정은 사회를 이루는 기본 단위이기도 합니다. 가정이 건강해야 교회가 건강합니다. 가정이 건강해야 사회가 건강합니다. 오늘날 사회가 어지러운 것도 가정이 건강하지 못한 것과 관련이 있습니다. 그런데 가정의 행복은 하나님이 돌보실 때 완전해집니다. 가정의 핵심인 부부는 사랑과 복종으로 하나님이 설립하신 가정 제도의 목적을 성취해야 합니다.

1. 가정은 오직 하나님이 세우십니다

"여호와께서 집을 세우지 아니하시면 세우는 자의 수고가 헛되며 여호와께서 성을 지키지 아니하시면 파수꾼의 깨어 있음이 헛되도다"(시편 127:1).

남녀가 만나 가정을 형성하는 것은 저절로 된 것이 아니라 하나님이 처음부터 계획하신 일입니다. 하나님이 가정을 세우셨기 때문에 남녀를 막론하고 헤어지자 할 수 없습니다.[96] 따라서 부부는 배우자를 하나님이 자신에게 짝지어 준 존재임을 깨닫고 소중히 여겨 평생 함께 살아야 합니다.

2. 가정을 주신 목적

"하나님이 자기 형상 곧 하나님의 형상대로 사람을 창조하시되 남자와 여자를 창조하시고 하나님이 그들에게 복을 주시며 하나님이 그들에게 이르시되 생육하고 번성하여 땅에 충만하라, 땅을 정복하라, 바다의 물고기와 하늘의 새와 땅에 움직이는 모든 생물을 다스리라 하시니라"(창세기 1:27-28).

하나님이 가정을 세우신 목적은, 남녀로 생육하고 번성케 하여 하나님의 백성을 만들고 하나님 나라를 이루고자 함이었습니다. 하나님은 자신을 대신하여 남녀로 이 세상을 다스리게 하셨습니다. 그러므로 가정은 자녀를 생산하여 하나님의 백성을 만들고, 그분을 대신하여 이 땅 위에 하나님 나라인 교회를 세워 가는 일에 절대적인 책임이 있습니다.

3. 여자는 돕는 배필입니다

"여호와 하나님이 이르시되 사람이 혼자 사는 것이 좋지 아니하니 내가 그를 위하여 돕는 배필을 지으리라 하시니라"(창세기 2:18).

---

96) "예수께서 이르시되 모세가 너희 마음의 완악함 때문에 아내 버림을 허락하였거니와 본래는 그렇지 아니하니라"(마태복음 19:8).

하나님은 가정에 여자를 두셨습니다. 가정에 여자가 존재하는 가장 주요한 목적은 남자를 돕기 위해서 입니다. 여자는 혼자 살 수 있으나 남자는 혼자 살지 못합니다. 남자는 여자의 도움 없이 살지 못합니다. 남자는 여자의 도움을 받아야만 살 수 있습니다. 이토록 여자의 돕는 역할은 중요합니다. 따라서 남자는 돕는 배필인 여자를 지극히 소중히 여겨야 합니다. 아담은 "내 뼈 중의 뼈요 살 중의 살이라 이것을 남자에게서 취하였은즉 여자라 부르리라 하니라"(창 2:23)라고 하여 아내된 하와를 향해 원색적인 사랑을 고백한 바 있습니다.

4. 아내는 남편에게 복종해야 합니다

"아내들이여 자기 남편에게 복종하기를 주께 하듯 하라 이는 남편이 아내의 머리 됨이 그리스도께서 교회의 머리 됨과 같음이니 그가 바로 몸의 구주시니라 그러므로 교회가 그리스도에게 하듯 아내들도 범사에 자기 남편에게 복종할지니라"(에베소서 5:22-24).

세상이 변하고 강산이 변해도 하나님의 진리는 변할 수 없습니다. 아내가 남편에게 순종하는 것 또한 조금도 변할 수 없는 하나님의 법칙입니다. 아내가 남편에게 순종하는 것은 인간사의 법칙이기 이전에 하나님 나라인 교회의 법칙입니다. 그리스도가 교회의 머리인 것처럼 남편은 아내의 머리이기 때문에 교회가 머리인 그리스도께 순종을 다하듯 아내는 남편에게 순종을 다해야 합니다. 이것이 하나님 나라인 교회를 이루어 가는 것이요, 복음전도의 바른 길입니다.

5. 남편은 아내를 사랑해야 합니다

"남편들아 아내 사랑하기를 그리스도께서 교회를 사랑하시고 그 교회를 위하여 자신을 주심 같이 하라"(에베소서 5:25).

남편은 아내를 사랑하되, 주님이 교회를 사랑하사 그의 몸을 주신 것처럼 생명을 다해 사랑해야 합니다. 그리고 내 아내만을 사랑해야 합니다. 또한 "이와 같이 남편들도 자기 아내 사랑하기를 자기 자신과 같이 할지니 자기 아내를 사랑하는 자는 자기를 사랑하는 것이라"(엡 5:28) 하신 것처럼, 남편은 자신을 사랑하듯 아내를 사랑해야 마땅합니다. 이런 남편이 아내의 순종을 당당히 요구할 수 있을 것입니다.

부모 : 자녀 교육

1. 자녀들은 부모께 순종

"네 부모를 공경하라 그리하면 네 하나님 여호와가 네게 준 땅에서 네 생명이 길리라"(출애굽기 20:12).

(1) 부모를 섬기기 어려운 시대입니다

오늘날 대가족 제도가 붕괴되고 점차 핵가족화 현상이 나타나면서 어느 형제가 부모를 모시느냐 하는 문제는 부모의 마음을 아프게 합니다. 그러나 부모를 향한 자녀들의 불변하는 진리는 "자녀들아 주 안에서 너희 부모에게 순종하라 이것이 옳으니라 네 아버지와 어머니를 공경하라 이것은 약속이 있는 첫 계명이니 이로써 네가 잘되고 땅에서 장수하리라."(엡 6:1-3)라는 말씀입니다.

(2) 부모를 향한 순종(공경)이 우선되어야 합니다

가정을 건강하게 지키는 중요한 원칙으로서 자녀들은 마땅히 부모에게 순종해야 합니다. 가정에서의 순종은 사회를 지탱하는 근본이 됩니다. 부모의 권위를 인정하지 않는 자녀들은 사회에서도 윗사람의 권위를 인정하지 않을 것이요, 이런 사람들은 이후에 자신들도 인정받지 못할 것은 당연합니다. 부모에 대한 효도는 아무리 강조해도 지나치지 않습니다. 결혼한 사람들은 양편 부모를 조금도 편애하지 말아야 할 것이며, 나이든 부모에게 경제적인 욕구를 채워 주는 것을 잊지 말아야 합니다.

(3) 부모 공경은 곧 하나님 공경입니다

이와 같이 부모를 공경해야 하는 이유는 육신의 부모를 공경함으로써 영혼의 부모인 하나님께 효도하는 법을 배우기 때문입니다. 부모에게 불효하면서 하나님을 섬길 수 없음이요, 부모에게 소홀히 하면서 하나님께 헌신하는 것을 하나님은 받지 않으신다는 것입니다.

2. 가정의 구원을 위한 노력

"이르되 주 예수를 믿으라 그리하면 너와 네 집이 구원을 받으리라 하고 주의 말씀을 그 사람과 그 집에 있는 모든 사람에게 전하더라 그 밤 그 시각에 간수가 그들을 데려다가 그 맞은 자리를 씻어 주고 자기와 그 온 가족이 다 세례를 받은 후 그들을 데리고 자기 집에 올라가서 음식을 차려 주고 그와 온 집안이 하나님을 믿으므로 크게 기뻐하니라"(사도행전 16:31-34).

아직 믿음으로 하나 되지 못한 가정에서 가장 시급한 문제는 가족 구원입니다. 교회는 하나 되지 못한 가정을 위해서 기도하며 온 가족이 구원받을 수 있도록 노력해야 합니다. 여러분 주변의 성도 중 하나 되지 못한 가정이 있다면, 그들을 향한 특별한 관심과 기도가 필요합니다. 하나님을 모시는 축복된 가정, 서로 사랑하며 행복한 가정을 이루도록 힘씁시다. 아직까지 구원받지 못한 가족들의 명단을 적고 이들을 위해 매일 기도합시다.

3. 자녀 양육은 부모의 큰 책임입니다

"또 아비들아 너희 자녀를 노엽게 하지 말고 오직 주의 교훈과 훈계로 양육하라"
(에베소서 6:4).

(1) 자녀 교육의 책임은 부모에게 있습니다

부모들이 자녀 교육을 학교와 학원에 전적으로 의존함에도 불구하고 자녀 교육의 책임은 결코 학교와 학원에 있지 않습니다. 자녀는 가정을 통해 성품뿐 아니라 지혜와 지식도 양육되어야 합니다. 눈물을 흘리는 기도와 주의 교양, 적절한 훈계로 자녀를 양육해야 합니다. 사람이 아무리 수고해도 자식 농사 잘못 지으면 실패한 인생인 것입니다. 우리의 자녀들은 위기의 시대에 살고 있습니다. 정직한 신앙의 본을 보이는 것, 교회를 위하여 애쓰는 모습, 은밀한 구제의 손길, 간절한 기도는 자녀에게 더없는 교훈입니다.

(2) 성경은 조기 신앙 교육을 명합니다

성경은 어려서부터 자녀들을 가르치고 연단하라고 당부합니다. 성경은 "마땅히 행할 길을 아이에게 가르치라 그리하면 늙어도 그것을 떠나지 아니하리라"(잠 22:6), "또 아비들아 너희 자녀를 노엽게 하지 말고 오직 주의 교훈과 훈계로 양육하라"(엡 6:4), "주께서 그 사랑하시는 자를 징계하시고 그가 받아들이시는 아들마다 채찍질하심이라 하였으니 … 어찌 아버지가 징계하지 않는 아들이 있으리요"(히 12:6-7)라고 말함으로써 자녀 교육의 중요성을 강조합니다.

자녀 양육에 관한 성경의 내용을 분석해 보면 아래와 같습니다. 첫째, 어렸을 적부터 가장 귀한 것(근본이 되는 가치)이 무엇인지를 가르쳐라. 둘째, 이를 가르치되 부모가 먼저 모범을 보이면서 훈련하라. 셋째, 구체적인 행실에 잘못이 있을 때 그 이유를 분명히 알도록 하고 체벌할 때는 일관성 있게 그리고 사랑으로써 이행하라. 감정이나 혈기로 야단치지 마라.

(3) 최고의 교육은 모범입니다

자녀 양육에 있어서 가장 중요한 것은, 부모가 먼저 자녀 앞에서 모범을 보여야 한다는 점입니다. 먼저 아빠와 엄마가 서로 사랑하는 사이라는 사실을 자녀에게 드러내야 합니다. 또한 자신의 부모를 공경하는 모습을 자녀에게 나타내야 합니다. 그래야 자녀들의 정서가 안정되고 자유로우며 평온한 가정 분위기가 조성되어 가정교육이 제대로 자리 잡을 수 있습니다. 이러한 기초적인 터전 위에 어렸을 적부터 신앙적 습관, 태도, 행실이 훈련되어야 하고, 차츰 자녀들이 자라면서 생각, 언어 구사, 판단력, 책임감 등의 가치 체계가 형성되도록 해야 합니다. 가장 좋은 교육의 모범은 가정예배를 드리는 것입니다.

⑷ 자녀는 본래 하나님의 것입니다

자녀는 하나님의 것이요, 사랑의 선물입니다. 선물을 받은 자는 그것을 통해서 기뻐하며 감사할 뿐입니다. 행여나 우리가 자녀를 내 소유인양 내 생각대로, 내 욕심대로 키워 보겠다고 하면 바로 그것이 많은 근심을 초래하는 원인이 됩니다. 기독교 가정에서 자녀 양육의 비결은 자녀를 키우는 동안 그들을 하나님의 자녀로 여겨 모든 문제를 그분께 위탁해서 풀어 가는 데 있습니다.

🌳 함께 나누어요

1. 가정 구원이 중요한 까닭을 말해 봅시다.
2. 현재 가정을 꾸리고 있다면 어떤 모습으로 변화시켜 나가고 싶은지 이야기해 봅시다.
3. 가정을 복음화(신앙으로 더욱 성장)하기 위해 내가 할 수 있는 일을 생각해 보고 함께 기도합시다.

제11과
청지기 생활

"각각 은사를 받은 대로 하나님의 각양 은혜를 맡은 선한 청지기 같이 서로 봉사 하라"(베드로전서 4:10).

청지기란, 주인의 것을 맡아서 책임 있게 관리한 후 나중에 주인에게 결산해야 하는 사람을 말합니다. 우리는 모두 하나님의 청지기들입니다. 우리가 가진 몸, 재능, 재산 등 모든 것은 내 것이 아니라 주님이 내게 주신 것들입니다. 사람들은 대부분 심지어 그리스도인마저 우리가 빈손으로 왔다가 빈손으로 가는 줄 잊고 있습니다. 이 세상에서 사는 동안 우리에게 주어진 것은 우리 것이 아니라 하나님이 우리에게 맡긴 것임을 알지 못합니다.

주님의 제자들은 청지기직을 수행하는 데 있어서 최선을 다해서 충성해야 합니다. 마지막 결산은 너무 엄숙해서 적당하게 넘어가지 못할 것입니다. 성도가 구원만 받으면 된다는 안일한 생각을 하는 것은 청지기로서의 마지막 결산을 모르기 때문입니다. 모든 것이 주님의 것입니다. 우리 것이란 하나도 없습니다. 이 사실을 늘 명심하면 청지기로서 충성하는 데 큰 장애가 없을 것입니다.

시간을 맡은 청지기

"그런즉 너희가 어떻게 행할지를 자세히 주의하여 지혜 없는 자 같이 하지 말고 오직 지혜 있는 자 같이 하여 세월을 아끼라 때가 악하니라 그러므로 어리석은 자가 되지 말고 오직 주의 뜻이 무엇인가 이해하라"(에베소서 5:15-17).

우리는 시간을 맡은 청지기입니다. 그러나 우리 인생에 주어진 시간은 그리 많지 않습니다. 하나님 나라에서 보낼 영원한 시간을 생각한다면, 이 땅에서 보낼 80-90년이라는 생은 순간일 뿐입니다. 재물은 저축할 수 있지만, 시간은 지나가면 끝입니다. 우리에게 맡겨진 시간은 우리의 것이 아닙니다. 하나님의 것을 우리가 관리하고 있는 것입니다. 그렇기 때문에 성도들은 한순간이라도 소홀히 보낼 수 없습니다. 하나님은 이 땅에서 산 시간을 근거로 그의 백성을 평가하실 것입니다.

1. 악하고 게으른 것이 사람의 본성입니다

사람의 본성은 하나님을 향해서는 근본적으로 악하고 게으릅니다.[97] 하나님의 일에 악하고 게으른 사람이 갖는 현저한 특징은 자신의 정욕을 위해서는 부지런하다는 것입니다. 즉 영생을 위한 수고를 위해서는 게으르지만, 멸망을 위해서는 지극히 부지런하다는 것입니다. 이는 불신자들의 삶에서 나타납니다. 그러나 만약 성도들에게서도 이러한 현상이 나타난다면, 이는 분명 하나님을 업신여기는 것입니다.

---

97) "그 주인이 대답하여 이르되 악하고 게으른 종아 나는 심지 않은 데서 거두고 헤치지 않은 데서 모으는 줄로 네가 알았느냐"(마태복음 25:26).

2. 세월을 아끼세요!

"세월을 아끼라 때가 악하니라"(에베소서 5:16).

하나님은 성도들에게 세월을 아끼라고 하십니다. 세월을 아낀다는 말의 본래 의미는 돈을 주고 기회를 사라는 것입니다. 즉 하나님을 위해 수고하는 시간은 돈보다 훨씬 귀중하다는 것입니다. 돈벌이를 위해 시간을 투자하느라 하나님께 소홀한 것이 오늘날의 현실입니다. 때가 악합니다. 시간을 활용함에 있어서도 사탄의 역사가 강하게 나타납니다. 사탄은 성도들을 불필요한 일에 시간을 소비하도록 하여 "바쁘다. 정말 바빠." 하면서 정신없이 살게 합니다. 그렇게 정신없이 살다 보면, 정작 하나님을 위한 시간은 드리지 못합니다. 일에 지나치게 바쁜 사람들은 반드시 자신을 돌아보아 삶의 균형을 찾아야 합니다.

3. 주님의 뜻을 알아야 시간을 잘 사용할 수 있습니다

"너희는 이 세대를 본받지 말고 오직 마음을 새롭게 함으로 변화를 받아 하나님의 선하시고 기뻐하시고 온전하신 뜻이 무엇인지 분별하도록 하라"(로마서 12:2).

시간을 잘 사용하는 비결은 시간의 주인되신 주님의 뜻을 바로 아는 일입니다. 로마서 12장은 성도들에게 시간을 잘 활용할 수 있는 방향을 제시해 줍니다. 먼저 이 세대를 본받지 말고 변화를 받으라고 말합니다.[98] 성도라고 하면서 여전히 이 세대를 본받고 있다면, 올바른 시간 활용은 바라기 어려운 일입니다. 이 세대를 본받

---

98) "육체의 일은 분명하니 곧 음행과 더러운 것과 호색과 우상 숭배와 주술과 원수 맺는 것과 분쟁과 시기와 분냄과 당 짓는 것과 분열함과 이단과 투기와 술 취함과 방탕함과 또 그와 같은 것들이라 전에 너희에게 경계한 것 같이 경계하노니 이런 일을 하는 자들은 하나님의 나라를 유업으로 받지 못할 것이요"(갈라디아서 5:19-21).

고 있는가의 여부는 자신이 세상 유행에 얼마나 민감한가를 점검해 보면 대략 알 수 있습니다. 그리고 성도는 반드시 하나님이 자기에게 주신 은사를 따라 교회를 섬겨야 합니다. 성도마다 은사가 있습니다.[99] 로마서 12장에 의하면 성도가 시간을 잘 활용하는 비결은 자신의 은사로 교회를 섬기는 데 있다는 사실을 알 수 있습니다. 은사의 활용과 시간의 사용은 밀접한 관계가 있습니다.

재물을 맡은 청지기

"여호와여 위대하심과 권능과 영광과 승리와 위엄이 다 주께 속하였사오니 천지에 있는 것이 다 주의 것이로소이다 여호와여 주권도 주께 속하였사오니 주는 높으사 만물의 머리이심이니이다 부와 귀가 주께로 말미암고 또 주는 만물의 주재가 되사 손에 권세와 능력이 있사오니 모든 사람을 크게 하심과 강하게 하심이 주의 손에 있나이다 우리 하나님이여 이제 우리가 주께 감사하오며 주의 영화로운 이름을 찬양하나이다 나와 내 백성이 무엇이기에 이처럼 즐거운 마음으로 드릴 힘이 있었나이까 모든 것이 주께로 말미암았사오니 우리가 주의 손에서 받은 것으로 주께 드렸을 뿐이니이다"(역대상 29:11-14).

1. 천지간의 모든 것이 주님의 것입니다

성도는 재물을 맡은 청지기입니다. 성도들이 재물을 어떻게 관리해야 하는지는 역대상 29장 11-14절을 보면 알 수 있습니다. 본문에서 다윗 왕은 천지간에 있는 모든 것이 주님의 것이라고 고백합니다. 그렇기 때문에 우리의 재물(부와 귀)도 주님의 것이라고 주장합니다. 따라서 다윗과 이스라엘 백성은 재물을 하나님께 즐겁고 감

---

99) "각각 은사를 받은 대로 하나님의 여러 가지 은혜를 맡은 선한 청지기 같이 서로 봉사하라"(베드로전서 4:10).

사한 마음으로 드렸습니다.

하나님께 무엇인가를 드리는 것도 영적인 능력이 있어야 합니다. 그들은 하나님께 즐겁게 드릴 힘이 있었습니다. 그 힘은 무엇이었을까요? 그것은 바로 그들이 가진 모든 것은 하나님의 것이요, 하나님이 그들을 통해 천하를 구원하신다는 믿음이었습니다. 또한 그들은 재물을 드리면서도 주님께 받은 것을 다시 돌려드리는 것뿐이라고 말합니다. 성도들이 기꺼이 하나님께 재물을 드림에 있어서 중요한 것은 자신의 재물이 하나님의 것임을 아는 것과 하나님이 세상을 구원하시는 일에 그 재물을 쓰신다는 것을 아는 것입니다.

2. 성도는 청지기일 뿐입니다

"부하려 하는 자들은 시험과 올무와 여러 가지 어리석고 해로운 욕심에 떨어지나니 곧 사람으로 파멸과 멸망에 빠지게 하는 것이라 돈을 사랑함이 일만 악의 뿌리가 되나니 이것을 탐내는 자들은 미혹을 받아 믿음에서 떠나 많은 근심으로써 자기를 찔렀도다 오직 너 하나님의 사람아 이것들을 피하고 의와 경건과 믿음과 사랑과 인내와 온유를 따르며"(디모데전서 6:9-11).

모든 재물은 하나님의 것입니다. 우리는 청지기에 지나지 않습니다. 이러한 신앙이 없으면 비록 예수님을 믿는다 할지라도 매우 위험한 지경에 빠지기 쉽습니다. 돈을 사랑하는 것은 일만 악의 뿌리가 됩니다.[100] 돈은 이 세상의 전능한 신적 존재입니다. 돈이면 안 되는 것이 거의 없을 지경입니다. 참으로 돈은 사랑스러운 존재입니다. 그런데 돈이 일만 악의 뿌리라니요. 주님이 돈을 경계하신 이유는 너무 분명합니다. 돈을 사랑하면 주님을 떠날 수밖에 없기 때문입니다. 주님은 사람이 하나님과 재물을 겸하여 섬길 수 없다고 말씀하십니다. 돈과 주님을 동시에 섬길 수

---

100) "한 사람이 두 주인을 섬기지 못할 것이니 혹 이를 미워하고 저를 사랑하거나 혹 이를 중히 여기고 저를 경히 여김이라 너희가 하나님과 재물을 겸하여 섬기지 못하느니라"(마태복음 6:24).

있다고 하는 사람은 주님보다 위대한 사람일 것입니다. 많은 성도가 돈을 사랑하기 때문에 타락합니다. 얼마나 많은 성도들이 돈과 주님 사이에서 방황하는지요.

3. 재물 관리의 원칙

"네가 이 세대에서 부한 자들을 명하여 마음을 높이지 말고 정함이 없는 재물에 소망을 두지 말고 오직 우리에게 모든 것을 후히 주사 누리게 하시는 하나님께 두며 선을 행하고 선한 사업을 많이 하고 나누어 주기를 좋아하며 너그러운 자가 되게 하라 이것이 장래에 자기를 위하여 좋은 터를 쌓아 참된 생명을 취하는 것이니라"(디모데전서 6:17-19).

재물을 주인인 그리스도의 뜻대로 관리하는 데 필요한 몇 가지 원칙을 디모데전서 6장 17-19절에서 찾아볼 수 있습니다. 재물을 소유한 사람은 마음을 높이지 말아야 합니다. 재산이 있다고 든든해하지 말라는 것이요, 교만하지 말라는 것입니다. 지갑이 두툼해야 안심이 되고 흡족한 오늘의 현실과는 동떨어진 이야기이지만, 그렇게 하는 것이 진리입니다. 가난한 사람이 복이 있다는 주님의 가르치심은 거짓말이 아닙니다.[101] 그리고 재물을 소유한 사람은 소망을 그것에 두지 말고, 하나님께 두어야 합니다. 성도의 소망은 오직 예수 그리스도뿐입니다.[102]

또한 재물을 선한 사업을 위해 쓰라고 하십니다. 선한 사업은 하나님의 구원 사업을 말합니다. 선한 사업은 교회를 든든히 세워 가는 일을 말합니다. 특별히 선한 사업의 종류로 하나님은 구제를 요구하십니다. 이것이 생명을 얻는 일이라고 합니다. 선행을 하는 것이 구원을 얻는 것이라는 의미가 아니라 이와 같은 선한 사업이 구원받은 성도라는 사실을 증거해 준다는 것입니다. 재물을 가진 성도는 재

---

101) "심령이 가난한 자는 복이 있나니 천국이 그들의 것임이요"(마태복음 5:3).
102) "믿음의 주요 또 온전하게 하시는 이인 예수를 바라보자 그는 그 앞에 있는 기쁨을 위하여 십자가를 참으사 부끄러움을 개의치 아니하시더니 하나님 보좌 우편에 앉으셨느니라"(히브리서 12:2).

물을 통해 하나님을 사랑한다는 사실을 증명합니다. 사랑은 말과 입으로 되는 것이 아닙니다.[103] 하나님의 청지기라는 생각이 확고한 사람만이 하나님을 위해 재물을 바로 쓸 수 있습니다. 따라서 성도는 선한 사업에 쓸 재물을 얻기 위해 열심히 일해야 합니다.

4. 청지기는 결산을 합니다

"또 어떤 사람이 타국에 갈 때 그 종들을 불러 자기 소유를 맡김과 같으니 각각 그 재능대로 한 사람에게는 금 다섯 달란트를, 한 사람에게는 두 달란트를, 한 사람에게는 한 달란트를 주고 떠났더니 다섯 달란트 받은 자는 바로 가서 그것으로 장사하여 또 다섯 달란트를 남기고 두 달란트 받은 자도 그같이 하여 또 두 달란트를 남겼으되 한 달란트 받은 자는 가서 땅을 파고 그 주인의 돈을 감추어 두었더니"(마태복음 25:14-18).

마태복음 25장 14-30절에서는 달란트 비유를 통해 청지기 결산에 관한 교훈을 합니다. 하나님은 신자들 각인에게 각기 다른 종류와 분량의 달란트를 주십니다. 이 달란트는 성도가 소유한 모든 시간, 재물, 재능 등을 총체적으로 가리킵니다. 하나님 앞에 많이 받았다고 자랑할 수 없으며, 조금 받았다고 부끄러워할 필요가 없습니다. 모두가 하나님의 것입니다. 그러나 하나님의 것을 어떻게 사용했는지는 나중에 반드시 결산을 해야 합니다. 그런데 오늘날 성도들은 하나님의 결산에 관한 생각은 거의 하지 않고 살아갑니다. 무엇 때문에 그렇게 무모하고 용감한지 모르겠습니다.

---

103) "누가 이 세상의 재물을 가지고 형제의 궁핍함을 보고도 도와 줄 마음을 닫으면 하나님의 사랑이 어찌 그 속에 거하겠느냐 자녀들아 우리가 말과 혀로만 사랑하지 말고 행함과 진실함으로 하자"(요한 일서 3:17-18).

🏆 함께 나누어요

1. 청지기는 어떤 사람입니까?

2. 여러분의 것 모두가 정말로 하나님의 것이라고 여기십니까?

3. 하나님이 결산하실 때, 자신 없는 것은 무엇입니까? 그렇다면 지금부터 어떻게 해야 할까요?

제12과
순종하는 생활

"한 사람이 순종하지 아니함으로 많은 사람이 죄인 된 것 같이 한 사람이 순종하심으로 많은 사람이 의인이 되리라"(로마서 5:19).

우리는 불순종으로 충만한 시대에 살고 있습니다. 특히 해방 이후 정치적·사회적으로 불확실한 시대를 살면서 사회 전반에 걸쳐 전통적 권위에 대한 불신이 팽배해졌습니다. "네 멋대로 살아라.", "나대로 살게 내버려 둬." 이런 말들은 현 시대를 살아가는 사람들의 모습을 나타냅니다. 하나님을 향한 불순종, 부모를 거역함, 권위에 도전하는 것이 오늘날 우리의 자화상입니다. 이러한 때 하나님은 그의 자녀들이 온종일 마음을 다하여 그에게 순종하기를 원하십니다.

1. 하나님이 기뻐하시는 순종

"사무엘이 이르되 여호와께서 번제와 다른 제사를 그의 목소리를 청종하는 것을 좋아하심 같이 좋아하시겠나이까 순종이 제사보다 낫고 듣는 것이 숫양의 기름보다 나으니"(사무엘상 15:22).

순종하는 자녀가 부모에게 큰 기쁨이 되는 것처럼, 하나님은 성도의 순종을 참으로 기뻐하십니다. 하나님은 "내가 이 일을 위해 누구를 보낼꼬, 누가 이 일을 할꼬…" 하실 적에 "내가 여기 있나이다. 나를 보내소서. 부족하지만 제가 하겠나이다." 하고 나서는 사람을 지금 찾고 계십니다. 하나님은 즐겨 순종하는 사람들을 통해 하나님의 일을 이루어 가시며, 순종하는 이들에게 은혜를 베푸십니다.

2. 순종의 예

(1) 노아의 순종

"노아가 그와 같이 하여 하나님이 자기에게 명하신 대로 다 준행하였더라"(창세기 6:22).

노아 시대의 대홍수는 하나님께 불순종하는 인류를 멸망시키기 위한 것이었습니다. 그러나 노아는 하나님께 순종하는 사람이었습니다. 그 결과 하나님은 그를 통해 인류 구원의 길을 여셨습니다.

(2) 아브라함의 순종

"믿음으로 아브라함은 부르심을 받았을 때에 순종하여 장래의 유업으로 받을 땅에 나아갈새 갈 바를 알지 못하고 나아갔으며"(히브리서 11:8).

믿음의 조상 아브라함의 위대함은 하나님께 대한 순종함에 있습니다. 하나님이 떠나라고 했을 때 그는 떠났고, 아들 이삭을 바치라고 했을 때 그 아들을 바쳤습니다. 아브라함은 순종함으로 믿음의 조상이 되었습니다.

(3) 여호수아와 갈렙의 순종

"애굽에서 나온 자들이 이십 세 이상으로는 한 사람도 내가 아브라함과 이삭과 야곱에게 맹세한 땅을 결코 보지 못하리니 이는 그들이 나를 온전히 따르지 아니하였음이니라 그러나 그나스 사람 여분네의 아들 갈렙과 눈의 아들 여호수아는 여호와를 온전히 따랐느니라 하시고"(민수기 32:11-12).

온 이스라엘이 하나님과 모세를 대적했을 때, 여호수아와 갈렙은 가나안 땅은 하나님이 우리에게 주신 것이라고 담대히 주장했습니다. 하나님을 거역했던 무리 60만 명은 광야에서 40년을 방황하다가 죽었지만, 여호수아와 갈렙은 마침내 가나안으로 들어갔습니다.

3. 순종의 본을 보이신 그리스도

"사람의 모양으로 나타나사 자기를 낮추시고 죽기까지 복종하셨으니 곧 십자가에 죽으심이라 이러므로 하나님이 그를 지극히 높여 모든 이름 위에 뛰어난 이름을 주사"(빌립보서 2:8-9).

예수 그리스도는 우리에게 순종의 본이 되십니다. 예수님은 근본 하나님이셨지만, 아버지 하나님께 죽기까지 순종함으로 순종의 본을 보이셨습니다. 그 결과 온 인류의 구세주가 되셨고 만왕의 왕, 만주의 주가 되셨습니다. 성도는 그리스도의 순종을 본받아야 합니다.

4. 순종의 대상

(1) 하나님께 순종함

"베드로와 사도들이 대답하여 이르되 사람보다 하나님께 순종하는 것이 마땅하니라"(사도행전 5:29).

먼저 성도는 하나님께 순종해야 합니다. 초대교회 성도들을 비롯한 하나님 사람의 두드러진 특징은 순교를 각오하면서까지 사람의 말보다 하나님의 말씀에 순종한다는 점입니다.

(2) 하나님의 말씀에 순종

"네가 네 하나님 여호와의 말씀을 삼가 듣고 내가 오늘 네게 명령하는 그의 모든 명령을 지켜 행하면 네 하나님 여호와께서 너를 세계 모든 민족 위에 뛰어나게 하실 것이라"(신명기 28:1).

하나님께 대한 순종은 곧 하나님 말씀에 대한 순종입니다. 영이신 하나님은 성경을 통해 하나님을 어떻게 섬겨야 하는지 말씀하셨습니다. 성경은 곧 하나님이 말씀하시는 권위를 지니는 것입니다. 말씀에 대한 순종이 영생입니다.

(3) 부모에게 순종

"자녀들아 주 안에서 너희 부모에게 순종하라 이것이 옳으니라"(에베소서 6:1).

부모에 대한 순종은 철저한 효도를 포함합니다. 부모에게 순종하는 자는 이 땅에서 잘되며 장수하리라는 하나님의 약속이 있습니다.

⑷ 남편에게 순종

"여자는 일체 순종함으로 조용히 배우라"(디모데전서 2:11).

남편은 아내의 머리입니다.[104] 이는 남존여비 사상을 말하는 것이 아니라 가정의 질서를 의미하는 것입니다. 가정에서 아내의 순종 없이는 자녀들의 순종도 없습니다.

⑸ 교회의 권위에 순종

"또 내가 네게 이르노니 너는 베드로라 내가 이 반석 위에 내 교회를 세우리니 음부의 권세가 이기지 못하리라 내가 천국 열쇠를 네게 주리니 네가 땅에서 무엇이든지 매면 하늘에서도 매일 것이요 네가 땅에서 무엇이든지 풀면 하늘에서도 풀리리라 하시고"(마태복음 16:18-19).

하나님은 교회에 천국열쇠를 주셨습니다. 성도는 교회의 정당한 사역, 권고, 권징에 순종해야 합니다.[105]

⑹ 인도자에게 순종

"너희를 인도하는 자들에게 순종하고 복종하라 그들은 너희 영혼을 위하여 경성

---

104) **남자는 여자의 머리**
"그러나 나는 너희가 알기를 원하노니 각 남자의 머리는 그리스도요 여자의 머리는 남자요 그리스도의 머리는 하나님이시라."(고전 11:3)에서 말씀하고 있는 것처럼 남녀 관계는 단순히 남녀 관계에 머무르는 것이 아닙니다. 하나님의 창조질서가 그렇다는 것입니다. 질서가 무너지면 혼란이 옵니다. 그런데 세상 질서를 유지하는 근본이 아내와 남편이요, 아내와 남편의 관계는 순종과 사랑입니다.

105) **천국열쇠**
교회의 권위는 하나님이 교회에 천국열쇠를 주심에 있습니다. 교회의 결정이 곧 하나님의 결정이라는 것입니다. 교회가 성도의 구원을 인정하면 하나님도 그러하시며, 교회가 성도를 징계하면 그것은 곧 하나님이 징계하는 것입니다. 특히 천국열쇠는 징계와 관련하여 효력을 발휘하는 것이기 때문에, 정당한 징계는 성도와 교회를 순결하게 합니다.

하기를 자신들이 청산할 자인 것 같이 하느니라 그들로 하여금 즐거움으로 이것을 하게 하고 근심으로 하게 하지 말라 그렇지 않으면 너희에게 유익이 없느니라"(히브리서 13:17).

인도자는 예수 그리스도의 심정으로 영혼을 돌아봅니다. 참으로 선한 목자는 양들을 위해 사는 자입니다. 양들이 아플 때 목자도 아파하며, 양들이 울 때 목자도 눈물로 간구합니다.

5. 순종의 비결

(1) 성경읽기와 성경공부

"진리의 말씀이 내 입에서 조금도 떠나지 말게 하소서 내가 주의 규례를 바랐음이니이다 내가 주의 율법을 항상 지키리이다 영원히 지키리이다"(시편 119:43-44).

(2) 새벽기도

"내가 날이 밝기 전에 부르짖으며 주의 말씀을 바랐사오며"(시편 119:147).

"새벽 아직도 밝기 전에 예수께서 일어나 나가 한적한 곳으로 가사 거기서 기도하시더니"(마가복음 1:35).

(3) 믿음

"믿음으로 아브라함은 부르심을 받았을 때에 순종하여 장래의 유업으로 받을 땅에 나아갈새 갈 바를 알지 못하고 나아갔으며"(히브리서 11:8).

6. 순종하지 않으면

"네가 만일 네 하나님 여호와의 말씀을 순종하지 아니하여 내가 오늘 네게 명령하는 그의 모든 명령과 규례를 지켜 행하지 아니하면 이 모든 저주가 네게 임하며 네게 이를 것이니 네가 성읍에서도 저주를 받으며 들에서도 저주를 받을 것이요 또네 광주리와 떡 반죽 그릇이 저주를 받을 것이요 네 몸의 소생과 네 토지의 소산과 네 소와 양의 새끼가 저주를 받을 것이며 네가 들어와도 저주를 받고 나가도 저주를 받으리라 네가 악을 행하여 그를 잊으므로 네 손으로 하는 모든 일에 여호와께서 저주와 혼란과 책망을 내리사 망하며 속히 파멸하게 하실 것이며 여호와께서네 몸에 염병이 들게 하사 네가 들어가 차지할 땅에서 마침내 너를 멸하실 것이며여호와께서 폐병과 열병과 염증과 학질과 한재와 풍재와 썩는 재앙으로 너를 치시리니 이 재앙들이 너를 따라서 너를 진멸하게 할 것이라"(신명기 28:15-22).

순종하지 않는 사람의 결과는 사망이요, 순종하지 않는 성도는 끝없이 저주를 받을 뿐입니다. 성경에 이르기를 성도가 순종하지 아니하면 성경에 기록된 여러 종류의 저주가 모두 임할 것을 경고합니다. 더욱 무서운 것은 불순종을 통해 자기 자신만 저주를 받는 것이 아니라 자손대대로 저주를 받는다는 것입니다.

7. 순종의 유익

"네가 네 하나님 여호와의 말씀을 청종하면 이 모든 복이 네게 임하며 네게 이르리니 성읍에서도 복을 받고 들에서도 복을 받을 것이며 네 몸의 자녀와 네 토지의소산과 네 짐승의 새끼와 소와 양의 새끼가 복을 받을 것이며 네 광주리와 떡 반죽그릇이 복을 받을 것이며 네가 들어와도 복을 받고 나가도 복을 받을 것이니라 여호와께서 너를 대적하기 위해 일어난 적군들을 네 앞에서 패하게 하시리라 그들이한 길로 너를 치러 들어왔으나 네 앞에서 일곱 길로 도망하리라"(신명기 28:2-7).

순종의 유익은 범사에 많으니 첫째는 영생이요, 둘째는 범사에 복을 받는 것입니다. 참으로 순종하는 사람이 복을 받습니다. 순종하는 사람은 자신에게만 복이 임하는 것이 아니라 주변의 사람들, 자손들까지 복을 받습니다.

함께 나누어요

1. 가장 순종하기 어려운 것은 무엇입니까?

2. 순종하지 못하는 것은 순종하면 손해를 볼 것이라는 불신앙 때문은 아닐까요?

제13과
성도의 사회참여

"예수께서 이르시되 네 마음을 다하고 목숨을 다하고 뜻을 다하여 주 너의 하나님을 사랑하라 하셨으니 이것이 크고 첫째 되는 계명이요 둘째도 그와 같으니 네 이웃을 네 자신 같이 사랑하라 하셨으니 이 두 계명이 온 율법과 선지자의 강령이니라"(마태복음 22:37-40).

성도의 가장 큰 본분이 무엇일까요? 그것은 사랑을 실천하는 것입니다. 하나님과 이웃을 사랑하는 것 외에 더 큰 일은 없을 것입니다. 그러면 하나님을 사랑하고 이웃을 사랑한다는 것은 무엇일까요? 그것은 하나님이 인생들을 사랑하신다는 것을 세상에 알리는 것입니다. 즉 복음을 전하는 것입니다. 그런데 복음전도는 반드시 사회참여를 요구합니다. 건실한 사회참여와 복음전도는 그리스도인의 두 가지 의무입니다. 어느 한 가지를 앞세울 수 없기에, 어느 한 가지를 더 소중하게 여길 수 없는 것입니다. 전도와 사회참여는 성도들이 동일하게 최고의 관심을 기울일 분야입니다.

I. 모두가 하나님의 것입니다

(1) 하나님의 소생

땅과 거기에 충만한 것과 세계와 그 가운데에 사는 자들은 다 여호와의 것이로다"(시편 24:1).

예전에 하나님을 알지 못했던 시절에는 우리가 하나님의 소생인지를 알지 못했습니다. 그러나 하나님을 알고 나니, 온 땅과 그 위에 존재하는 생명이 모두 하나님의 것임을 깨달았습니다. 온 땅에 있는 모든 사람이 하나님의 것이라면, 분명 불신자들도 하나님의 것입니다. 문제는 그들 스스로가 하나님의 소생이라는 사실을 아직 알지 못한다는 것입니다. 그리스도인들은 바로 이 사실, 즉 인생들의 주인이 하나님임을 알리는 자들입니다.

(2) 불신자들을 향한 하나님의 관심

"또 네 이웃을 사랑하고 네 원수를 미워하라 하였다는 것을 너희가 들었으나 나는 너희에게 이르노니 너희 원수를 사랑하며 너희를 박해하는 자를 위하여 기도하라 이같이 한즉 하늘에 계신 너희 아버지의 아들이 되리니 이는 하나님이 그 해를 악인과 선인에게 비추시며 비를 의로운 자와 불의한 자에게 내려주심이라"(마태복음 5:43-45).

하나님은 참으로 지구상의 모든 인류를 사랑하십니다. 하나님은 해와 달과 비를 모든 사람에게 비취고 내리십니다. 의인들(그리스도인들)의 논과 밭에만 비를 내리지 않습니다. 그런데 이 사실을 아는 사람은 그리스도인뿐입니다. 하나님은 사회의 모든 사람, 심지어 하나님을 대적하는 원수까지도 사랑하십니다. 그러기에 우리도 그렇게 함으로써 우리가 하나님의 자녀임을 나타내야 합니다.

(3) 사람은 사회적 존재입니다

"여호와 하나님이 이르시되 사람이 혼자 사는 것이 좋지 아니하니 내가 그를 위하여 돕는 배필을 지으리라 하시니라"(창세기 2:18).

위의 성경 말씀은 물론 아담과 하와에 관한 말씀입니다. 그러나 그 원리는 보다 광범위하게 적용됩니다. 모든 인간은 사회적 존재입니다. 모든 사회의 구성원과 교제하며 살아가도록 지음받았습니다. 나만, 내 가정만, 내가 섬기는 교회만 복 받아 잘 살면 된다는 것은 올바른 그리스도인의 생각이 아닙니다. 모든 사회가 건강해야 합니다. 그리스도인들은 건강한 사회를 책임지는 가장 핵심적인 사람들입니다.

2. 세상을 섬기러 오신 주님

(1) 세상을 섬기신 주님

"인자가 온 것은 섬김을 받으려 함이 아니라 도리어 섬기려 하고 자기 목숨을 많은 사람의 대속물로 주려 함이니라"(마가복음 10:45).

예수님이 세상에 오신 목적은 세상을 섬기려고 오신 것입니다. 예수님은 그를 믿지 않는 세상을 생명을 다해 섬기심으로 세상을 구원하셨습니다. 그런데 예수님은 자신이 세상에 오셨던 동일한 목적을 가지고 우리를 세상에 보내십니다. 우리도 주 예수 그리스도의 본을 받아 하나님 말씀으로 세상을 섬겨야 합니다.

"예수께서 또 이르시되 너희에게 평강이 있을지어다 아버지께서 나를 보내신 것 같이 나도 너희를 보내노라"(요한복음 20:21).

교회는 세상에 사랑의 봉사를 행하도록 보냄을 받았습니다. 우리는 세상을 섬기는 사랑의 삶을 통해 세상을 향하여 죄, 사탄 그리고 사망으로부터의 구원의 좋은 소식을 전해야 합니다. 사회를 향한 적극적인 참여와 복음전도는 동떨어진 것이 아닙니다. 함께 가는 것입니다. 성도들의 세상을 향한 정욕적인 관심이 아니라 복음전도를 향한 관심이 세상을 구원합니다.

(2) 사랑의 실천을 명하신 주님

"이같이 너희 빛이 사람 앞에 비치게 하여 그들로 너희 착한 행실을 보고 하늘에 계신 너희 아버지께 영광을 돌리게 하라"(마태복음 5:16).

하나님을 알지 못하는 사람들은 성도들의 선한 행실을 보고 하나님의 살아 계심을 알게 될 것입니다. 그리고 하나님 앞에 나아오게 될 것입니다. 하나님은 이를 위해 교회를 세우셨고 성도를 교회에 부르셨습니다. 실로 성경의 가장 중요한 명령이 하나님과 이웃을 사랑하는 것입니다. 이 명령을 잘 수행하는 것이 복음전도의 바른길입니다.

(3) 초대 교회의 모범

"또 재산과 소유를 팔아 각 사람의 필요를 따라 나눠 주며 날마다 마음을 같이하여 성전에 모이기를 힘쓰고 집에서 떡을 떼며 기쁨과 순전한 마음으로 음식을 먹고 하나님을 찬미하며 또 온 백성에게 칭송을 받으니 주께서 구원 받는 사람을 날마다 더하게 하시니라"(사도행전 2:45-47).

초대 교회 성도들은 대부분 가난한 사람들이었습니다. 그럼에도 불구하고 그들은 재산과 소유까지 팔아 구제에 힘썼습니다. 그들에게 있어서 과부, 고아, 가난한 사람들은 특별한 관심의 대상이었습니다.[106] 초대 교회 성도들의 이 같은 사회참여는 온 백성의 칭송을 받았습니다. 이것이 하늘의 하나님 앞에 상달되었습니다. 그리고 하나님은 구원받은 사람을 날마다 더하게 하셨습니다.

(4) 성도를 더욱 윤택하게 하는 구제

"흩어 구제하여도 더욱 부하게 되는 일이 있나니 과도히 아껴도 가난하게 될 뿐이니라 구제를 좋아하는 자는 풍족하여질 것이요 남을 윤택하게 하는 자는 자기도 윤택하여지리라"(잠언 11:24-25).

가난한 사람은 하나님이 특별히 사랑하는 사람들입니다. 하나님이 사랑하는 이들을 위해 구제, 보호, 위로를 베푸시는 것은 곧 하나님을 향해서 하는 것입니다. 가난한 이들을 내 몸처럼 아끼는 사람들을 하나님은 내버려 두지 않습니다. 하나님이 친히 갚으십니다.

3. 직업활동과 사회참여

(1) 성도의 직업과 사회참여

"그런즉 너희가 먹든지 마시든지 무엇을 하든지 다 하나님의 영광을 위하여 하라"(고린도전서 10:31).

성도들의 사회참여는 직업활동을 통해 가장 활발하게 나타납니다. 하나님은 성

---

106) "그 때에 제자가 더 많아졌는데 헬라파 유대인들이 자기의 과부들이 매일의 구제에 빠지므로 히브리파 사람을 원망하니"(사도행전 6:1).
"하나님 아버지 앞에서 정결하고 더러움이 없는 경건은 곧 고아와 과부를 그 환난중에 돌보고 또 자기를 지켜 세속에 물들지 아니하는 그것이니라"(야고보서 1:27).

도들에게 특정한 직업을 주셨습니다. 구원받은 성도들에게 있어서 직업은 생계를 유지하는 방편만이 아닙니다. 성도의 직업은 하나님이 자신을 대신하여 성도를 섬기라고 주신 소중한 것입니다.[107]

하나님은 성도들마다 독특한 영역에서 일할 수 있는 직업을 주셨습니다. 어떤 이에게는 사업을, 어떤 이에게는 정치를, 어떤 이에게는 가르치는 일 등을 직업으로 주셨습니다. 그런데 이 직업과 복음전도는 매우 긴밀한 관련이 있습니다.

> "무슨 일을 하든지 마음을 다하여 주께 하듯 하고 사람에게 하듯 하지 말라 이는 기업의 상을 주께 받을 줄 아나니 너희는 주 그리스도를 섬기느니라"(골로새서 3:23-24).

하나님은 성도들에게 각기 다른 재능을 주셔서 세상 가운데 보내십니다. 성도들이 자원해서 가는 것이면서도 하나님이 보내시는 것입니다. 그리고 성도들은 보냄받은 장소에서 하나님의 일을 합니다. 하나님의 일이란, 사회생활에 충실한 것이요, 이를 통해 복음을 전하는 것입니다.

따라서 성도들은 자신의 일에 충실해야 합니다. 무슨 일을 하든지 하나님께 하는 것처럼 해야 합니다. 직업은 하나님이 주신 것이요, 하나님은 그 일의 성실함을 통해 전도의 기회를 주시기 때문입니다. 사실 성도들이 있는 곳이 바로 교회입니다. 성도들은 집에서, 사무실에서, 길거리나 장터에서, 학교에서, 세상 일이 진행되고 있는 곳이면 어디서나 교회의 역할을 감당하게 됩니다.

성도들은 자신이 있는 곳에서 성실하게 일하며(그것이 하나님의 일이기도 합니다), 복음전도의 기회가 주어지기를 소원해야 합니다. 또한 전도의 기회가 주어지는 데로 힘써 복음을 전해야 합니다. 이것이 하나님이 성도들에게 직장을 주신 진정한 목

---

107) 하나님이 직업을 주셨다는 의미

하나님이 직업을 주셨다고 했을 때 고려해야 할 사항이 있습니다. 직업에는 귀천이 없다는 것입니다. 성경은 모든 직업이 동등하다고 주장합니다. 그럼에도 불구하고 하나님은 성경을 통해 어떤 종류의 직업을 금하십니다. 성경에 금지된 직업은 하나님이 주신 것이라고 할 수 없습니다.

적입니다.

⑵ 국가에 대하여

"각 사람은 위에 있는 권세들에게 복종하라 권세는 하나님으로부터 나지 않음이
없나니 모든 권세는 다 하나님께서 정하신 바라 그러므로 권세를 거스르는 자는
하나님의 명을 거스름이니 거스르는 자들은 심판을 자취하리라"(로마서 13:1-2).

정부의 권세는 하나님이 주신 것입니다. 하나님은 선을 도모하고 악을 제어하
는 목적을 위해 정부를 세우셨습니다. 무정부 상태나 악한 정부는 결코 바람직한
것이 아닙니다. 따라서 성도는 정부가 바로 서기 위해 기도와 격려로 도와야 할 것
입니다.

"베드로와 사도들이 대답하여 이르되 사람보다 하나님께 순종하는 것이 마땅하
니라"(사도행전 5:29).

그럼에도 불구하고 정부의 권위는 절대적인 것이 아닙니다. 정부가 하나님의 정
의와 평화를 위협하고, 가난한 사람들을 억압하며, 복음전도를 방해하는 것은 하
나님께 도전하는 행위입니다. 이럴 경우 교회는 분연히 약자 편에서 정부를 향해
선지자적 고발을 해야 합니다. 필요하다면 비폭력 저항도 해야 합니다.

4. 인권문제와 사회참여

"하나님이 이르시되 우리의 형상을 따라 우리의 모양대로 우리가 사람을 만들고
그들로 바다의 물고기와 하늘의 새와 가축과 온 땅과 땅에 기는 모든 것을 다스리
게 하자 하시고 하나님이 자기 형상 곧 하나님의 형상대로 사람을 창조하시되 남자
와 여자를 창조하시고"(창세기 1:26-27).

사람에게는 인간만이 지니고 있는 권리가 있습니다. 인간이 누릴 수 있는 고유한 권리에 대해서는 어느 나라건 법으로 정해 놓고 있습니다.[108] 인간만이 누릴 수 있는 소중한 인권은 어디서 온 것일까요? 인권은 인간을 창조하신 하나님으로부터 출발합니다. 세상의 모든 피조물과는 달리 인간은 창조주이신 하나님의 형상(形象)을 따라 창조되었습니다.[109] 사람은 누구를 막론하고 하나님의 형상을 소유하고 있습니다.

하나님이 만드신 첫 사람 아담과 하와는 하나님의 형상으로 충만한 상태였습니다. 그러나 그들이 고의적으로 하나님을 대적하고 하나님을 떠났습니다. 그 후 아담과 하와에게 충만했던 하나님의 형상은 심하게 훼손되었습니다. 그럼에도 불구하고 모든 사람에게는 하나님의 형상이 부분적으로 남아 있습니다. 이것이 하나님이 인간을 사랑하시는 이유이고 존중받아야 할 인권의 기본입니다.

인간의 권리를 침해하는 것은 곧 하나님의 권리를 침해하는 것입니다. 뿐만 아니라 하나님을 향한 도전행위이기도 합니다. 그러나 우리는 가정과 사회, 나아가서는 온 세상에 편만한 인권훼손의 현장을 수없이 목격합니다. 약육강식이 삶의 원리가 된 자본주의 사회에서는 타인의 인권을 억눌러야 내가 출세한다고 생각합니다.

하나님 나라는 섬기는 자들의 것입니다. 하나님 나라는 하나님의 형상이 회복된 구속받은 사람들이 모인 곳입니다. 지상의 하나님 나라는 교회입니다. 하나님의 나라인 교회는 인간의 인권이 완전하게 지켜지는 곳이어야 합니다. 교회는 헌신적인 섬김이 베풀어지는 곳입니다. 또 교회가 앞장서서 우리 사회의 인권을 위해 힘

---

108) 헌법에서 정의하는 인권이란 인간이 인간으로서 마땅히 누리는 기본적 권리를 의미합니다. 인간이면 누구나 태어나면서부터 가지고 있는 권리로서, 어느 누구로부터도 침해받지 않을 권리를 말합니다. 크게는 자유권, 사회권(평등권 포함), 참정권으로 나뉩니다. 우리나라 헌법 제9조에는 '모든 국민은 인간으로서의 존엄과 가치를 가지며, 행복을 추구할 권리를 가진다. 국가는 개인이 가지는 불가침의 기본적 인권을 확인하고 이를 보장할 의무를 진다.'라고 규정하고 있습니다.

109) 하나님의 형상이란 하나님의 지(知), 의(義), 성(聖)(골 3:10, 엡 4:24)이고, 생령과 영생(창 2:7)이며 영의 근본 속성인 이성(理性), 양심(良心), 의지(意志)입니다. 인간의 신체도 하나님의 형상을 따라 창조되었습니다.

써 섬겨야 할 것입니다.

다른 사람의 인권을 지켜 주는 가장 소중한 방식은 사랑입니다. 사랑은 자기희생입니다. 자기희생이란 자신의 권리를 주장하는 대신 타인의 인권을 우선적으로 생각하는 것입니다. 교회와 성도들은 억압당하는 사람들, 인권을 짓밟히는 계층과 이웃들에게 깊은 관심을 가져야 합니다.

5. 환경문제와 사회참여

"하나님이 그들에게 복을 주시며 하나님이 그들에게 이르시되 생육하고 번성하여 땅에 충만하라, 땅을 정복하라, 바다의 물고기와 하늘의 새와 땅에 움직이는 모든 생물을 다스리라 하시니라"(창세기 1:28).

(1) 환경에 관한 정의

환경이란 널리 생물이 생활하는 장소를 말하며, 생물이 살아가고 있는 외계, 일반적으로 자연 환경을 가리키는 말입니다. 그러나 인간과 환경의 관계에 따라 인적 환경, 문화적 환경 등으로 구분하여 말하기도 합니다. 인적 환경을 말할 때는 인간의 생활공간을 말하는 경우가 많습니다. 인간이 다른 생물과 크게 다른 것은 인간 자신이 만들어 낸 문화·사회적 환경의 비중이 극히 크다는 점입니다. 자연 환경에는 물리적 환경과 생물적 환경이 있으며, 그것은 또한 지형, 지질, 토양, 육수(육상의 수역), 해양, 기후, 식생, 동물, 미생물 등으로 구분하기도 합니다.

(2) 자원낭비와 환경오염

환경문제에 있어서 주요 쟁점은 자원낭비와 환경오염입니다. 과학문명의 발달로 우리 삶은 많은 부분에서 발전을 거듭해 왔습니다. 그러나 이러한 발전은 대부분 천연 자원을 소비하는 방향으로 진행되어 왔기에 한정된 자원의 소비는 필연적으로 자원 고갈의 위기를 가져올 것입니다. 현대 산업의 총아인 석유자원도 앞으로 40년 후면 바닥날 것이라는 전망입니다.

천연자원의 소비는 환경오염이라는 악순환을 낳고 있습니다. 환경오염의 종류에는 여러 가지가 있으나, 그 대표적인 것으로는 대기오염, 수질오염, 토양오염 등이 있습니다. 대기오염의 주범은 차량배기가스와 공업단지에서 배출되는 유독가스 그리고 가정 보온용으로 쓰이는 석유와 석탄에서 나오는 일산화탄소와 이산화황이 있습니다. 대도시와 공업단지 인근의 공기는 오래 전부터 위험 수위에 이르렀습니다. 설상가상으로 중국의 공업화와 함께 가장 피해를 많이 입는 지역이 우리나라라고 합니다.

또한 수질오염으로 수돗물을 먹는 사람은 거의 없고 식수마저 사먹고 있는 상황입니다. 그러나 문제의 심각성은 이러한 오염이 전혀 나아질 기미가 보이지 않는다는 데 있습니다. 바다와 강도 심각하게 오염되어 물고기가 떼죽음을 당하는가 하면 물고기 등을 먹고 사는 새들도 중독되어 생태계가 일대 교란에 빠져들고 있습니다. 토양도 지나친 비료와 농약의 투여로 중금속 오염이 나타나고 있습니다. 이는 토양에서 생산되는, 우리가 먹는 식품들이 점차 오염되고 있다는 것을 의미합니다.

(3) 대책

하나님은 우리에게 주신 자원을 잘 관리하라고 명령하셨습니다. 그동안 우리는 하나님의 명령에 따라 자원을 잘 관리하기보다는, 오히려 많은 부분에서 자원을 파괴해 왔습니다. 인간의 삶의 터전으로 한없는 시혜를 베풀던 자연이 이제는 거꾸로 인간을 위협하고 있습니다. 이제부터라도 우리는 자원절약과 환경오염방지에 적극 나서야 할 것입니다. 정부에서 할 일은 정부가 하도록 하고 가정에서 할 수 있는 일은 가정이 나서야 할 것입니다.

6. 새 하늘과 새 땅에서

"또 내가 새 하늘과 새 땅을 보니 처음 하늘과 처음 땅이 없어졌고 바다도 다시 있지 않더라"(요한계시록 21:1).

우리는 사회의 빛과 소금입니다. 사회를 위해 충성스럽게 봉사하는 사람들입니다. 이 세상의 어느 누구보다도 세상 사람들을 사랑해야 합니다. 원수까지 사랑해야 합니다. 그럼에도 불구하고 우리의 시민권은 하늘에 있기 때문에, 이 땅의 불완전함은 저 하늘에서 이루어질 것입니다. 따라서 우리는 선을 행하면서 낙심하지 말아야 합니다.

🌳 함께 나누어요

1. 전도와 사회참여와의 관계를 이해한 대로 이야기해 봅시다.

2. 개인이 할 수 있는 자원 절약과 환경 살리기를 의논해 봅시다.

3. 직업을 통한 복음전도의 계획을 세우고 함께 의논해 봅시다.

제14과
성례전(1)

세례

"그러므로 너희는 가서 모든 민족을 제자로 삼아 아버지와 아들과 성령의 이름으로 세례를 베풀고"(마태복음 28:19).

1. 성례의 정의와 종류

성례(聖禮)를 의미하는 라틴어 사크라멘트(Sacraments)는 '보이지 아니하는 은총의 보이는 표시'라는 뜻입니다. 성례는 그리스도 안에서 신자들에게 하나님의 은혜를 눈으로 보고 손으로 만질 수 있도록 감각적으로 전달하는 표시입니다. 여기서 중요한 것은 감각적 표시인데, 물과 떡과 포도주를 감각적인 촉감으로 느낀다는 것입니다. 주님이 행하여 지키라고 정하신 성례에는 세례와 성만찬이 있습니다.

2. 성례의 영적 의미

성례는 하나님의 은혜를 몸으로 체험하고 눈으로 보며 손으로 만지는 감각적인 것이지만, 그렇다고 감각적 은혜에만 머무르는 것은 아닙니다. 성례는 성도가 그리스도와 연합하는 것을 의미합니다. 세례는 구원받음으로 그리스도와 연합하는 것이기 때문에, 구원이 한 번인 것처럼 세례도 한 번입니다. 한 번 구원을 받음으로 성도는 영원히 그리스도와 연합합니다. 세례가 연합의 상징인 것입니다. 성만찬 또한 그리스도와 연합을 의미하는 것이기에 떡은 그리스도의 몸을 상징하고, 포도주는 그리스도의 피를 상징합니다.

3. 세례의 기원

"요한이 모든 사람에게 대답하여 이르되 나는 물로 너희에게 세례를 베풀거니와 나보다 능력이 많으신 이가 오시나니 나는 그의 신발끈을 풀기도 감당하지 못하겠노라 그는 성령과 불로 너희에게 세례를 베푸실 것이요"(누가복음 3:16).

구약시대에는 어린아이가 태어나면 8일 만에 성전에 올라가 할례 예식을 치렀습니다.[110] 예수님도 할례를 받으셨습니다. 할례는 하나님의 백성이라는 표시였습니다. 그런데 이방인이 유대교로 개종할 때 그는 먼저 할례를 받고 그 후에 물로 세례를 받았습니다. 예수님 시대에는 할례와 세례가 함께 시행되었다가 초대교회 때부터 할례는 폐지되고 세례만이 기독교 성례로 자리 잡았습니다. 예수님이 베푸신 물세례는 성령세례의 상징입니다. 물세례를 받는 것은 성령세례를 받았다는 표시입니다.

---

110) "할례할 팔 일이 되매 그 이름을 예수라 하니 곧 잉태하기 전에 천사가 일컬은 바러라"(누가복음 2:21).

4. 세례의 의미

"무릇 그리스도 예수와 합하여 세례를 받은 우리는 그의 죽으심과 합하여 세례를 받은 줄을 알지 못하느냐 그러므로 우리가 그의 죽으심과 합하여 세례를 받음으로 그와 함께 장사되었나니 이는 아버지의 영광으로 말미암아 그리스도를 죽은 자 가운데서 살리심과 같이 우리로 또한 새 생명 가운데서 행하게 하려 함이라"(로마서 6:3-4).

세례를 나타내는 헬라어 밥티죠(βαπτιζω)는 '물에 잠근다', '물로 씻는다', '물을 뿌린다'라는 뜻이 있습니다. 세례에 대한 의미를 이해하는 것은 성도들에게 대단히 중요합니다. 세례에는 신자의 삶의 방향이 들어 있기 때문입니다.

(1) 의롭다 하는 표시입니다

"베드로가 이르되 너희가 회개하여 각각 예수 그리스도의 이름으로 세례를 받고 죄 사함을 받으라 그리하면 성령의 선물을 받으리니"(사도행전 2:38).

세례는 회개하고 죄 사함을 받은 사람에게 주어지는 것입니다. 세례를 받은 사람은 의인이요, 세례는 의인이 되었다는 표시로 주는 것입니다. 물론 의인(義人)이라는 뜻은 사람이 하나님처럼 의롭게 되었다는 것이 아니라 의롭다고 인정한다는 의인(義認)의 의미입니다.

(2) 중생의 표시입니다

"무릇 그리스도 예수와 합하여 세례를 받은 우리는 그의 죽으심과 합하여 세례를 받은 줄을 알지 못하느냐 그러므로 우리가 그의 죽으심과 합하여 세례를 받음으로 그와 함께 장사되었나니 이는 아버지의 영광으로 말미암아 그리스도를 죽은 자 가운데서 살리심과 같이 우리로 또한 새 생명 가운데서 행하게 하려 함이라 만일 우리가 그의 죽으심과 같은 모양으로 연합한 자가 되었으면 또한 그의 부활과 같은 모양으로 연합한 자도 되리라"(로마서 6:3-5).

세례는 성도가 그리스도의 죽음과 부활에 참여함으로 옛 사람이 죽고 새 사람으로 다시 사는 중생의 표시입니다. 즉 세례를 받을 때 우리의 옛 사람이 그리스도와 함께 죽었다는 것을 상징합니다. 성도가 물속으로 들어가는 것은 죽어서 무덤에 장사된다는 의미입니다. 또한 물속에서 올라오는 것은 부활하신 그리스도와 함께 죽음에서 다시 살아난다는 것을 상징합니다.

(3) 그리스도의 몸인 교회에 연합하는 표시입니다

"우리가 유대인이나 헬라인이나 종이나 자유인이나 다 한 성령으로 세례를 받아 한 몸이 되었고 또 다 한 성령을 마시게 하셨느니라"(고린도전서 12:13).

세례자는 이 패역한 세대에서 나와 구원을 얻었습니다.[111] 그리고 예수님의 제자가 되어[112] 성령을 선물로 받아[113] 교회와 한 몸이 되었습니다(고전 12:13). 여기서 교회와 한 몸이 되었다는 의미는 교회의 머리인 예수 그리스도의 몸의 일부분이 되었다는 것입니다. 세례받은 성도는 그리스도의 새생명 가운데 행하게 됩니다.[114] 그렇기 때문에 세례자는 그리스도의 몸으로서 머리되신 그리스도가 분부하신 모든 것을 지킬 의무를 갖게 됩니다.[115] 몸은 항상 머리의 명령을 따르기 때문입니다. 이러

---

111) "또 여러 말로 확증하며 권하여 이르되 너희가 이 패역한 세대에서 구원을 받으라 하니"(사도행전 2:40).

112) "예수께서 제자를 삼고 세례를 베푸시는 것이 요한보다 많다 하는 말을 바리새인들이 들은 줄을 주께서 아신지라"(요한복음 4:1).

113) "베드로가 이르되 너희가 회개하여 각각 예수 그리스도의 이름으로 세례를 받고 죄 사함을 받으라 그리하면 성령의 선물을 받으리니"(사도행전 2:38).

114) "그러므로 우리가 그의 죽으심과 합하여 세례를 받음으로 그와 함께 장사되었나니 이는 아버지의 영광으로 말미암아 그리스도를 죽은 자 가운데서 살리심과 같이 우리로 또한 새 생명 가운데서 행하게 하려 함이라"(로마서 6:4).

115) "내가 너희에게 분부한 모든 것을 가르쳐 지키게 하라 볼지어다 내가 세상 끝날까지 너희와 항상 함께 있으리라 하시니라"(마태복음 28:20).

한 은혜는 세례 전에 받았지만, 세례로써 확실히 인침받는 것입니다.

5. 세례의 양식

세례의 양식에는 침례, 관수, 세례가 있습니다. 먼저 '침례'는 사람을 완전히 물속에 잠기게 했다가 일으켜 세우는 방식입니다. 침례교를 중심으로 몇몇 교단에서는 침례를 선호합니다. 초대교회 이후 시행했던 '관수'는 머리에 물을 잔뜩 쏟아붓는 의식입니다. 이러한 관수 의식은 요즘은 별로 많이 사용하고 있지 않습니다. 또 한 가지는 현재 교회에서 대부분 사용하는 '세례'라는 형식입니다. 세례는 머리에 물을 떨어뜨리는 방법입니다. 그러나 어떤 양식을 사용하느냐 하는 것은 별로 중요하지 않습니다. 성례는 상징을 나타내는 것이기 때문입니다. 말하자면 결혼식이 한국식이냐, 서양식이냐가 중요한 것이 아니라 그 의미가 중요한 것과 같은 이치입니다.

6. 세례의 대상

"베드로가 이르되 너희가 회개하여 각각 예수 그리스도의 이름으로 세례를 받고
죄 사함을 받으라 그리하면 성령의 선물을 받으리니"(사도행전 2:38).

세례는 자기의 죄를 회개하고 예수 그리스도를 믿는 사람에게 성삼위 하나님의 이름으로 베푸는 것입니다. 예수님을 믿는다고 다 주는 것이 아니라 믿음을 확실히 고백하고 믿음대로 살 때 주는 것입니다. 그러므로 교회에서는 일정 기간 세례 대상자를 교육하면서 그 기간 동안 교회 생활(예배, 기도, 헌금 등)을 바로 해 나가

는 사람에게 세례를 주어야 합니다.

교회에 따라 차이가 있지만 보통 6개월의 예비과정인 학습을 거치고(이 과정을 생략하는 교회도 있습니다), 학습을 마친 후 6개월간의 교육과 신앙고백, 신앙생활을 관찰하여 최종적으로 세례를 베풀게 됩니다. 그러나 1년이 지났다고 해서 자동적으로 세례를 베푸는 것은 절대로 아닙니다. 분명한 신앙고백과 거듭난 증거 없이는 1년이 아니라 평생 예배당에 나와도 세례를 베풀지 않습니다. 이처럼 세례를 신중히 하는 까닭은 신자가 하나님의 백성이 됐다고 하는 증거는 교회의 세례밖에 없기 때문입니다. 이렇게 소중한 세례를 함부로 베풀 수 없으며 함부로 받아서도 안 됩니다. 그렇기 때문에 교회의 세례는 신자에게 최고로 중요한 것입니다.

유아 세례는 하나님의 약속에 근거하여 부모의 믿음을 보고 부모가 아이를 믿음으로 양육할 것을 조건으로 해서 주는 것입니다. 그렇기 때문에 유아 세례를 받은 자녀의 신앙적 책임은 부모에게 있습니다.

🌳 함께 나누어요

1. 반드시 세례를 받아야 하는 이유는 무엇입니까?
2. 세례를 한 번밖에 받지 않는 이유는 무엇입니까?
3. 당신도 세례받을 수 있는지 말해 봅시다.

제15과
성례전(2)

성만찬

"또 떡을 가져 감사 기도 하시고 떼어 그들에게 주시며 이르시되 이것은 너희를 위하여 주는 내 몸이라 너희가 이를 행하여 나를 기념하라 하시고(누가복음 22:19).

I. 성만찬의 기원

(1) 구약교회의 희생제사

"모든 영혼이 다 내게 속한지라 아버지의 영혼이 내게 속함 같이 그의 아들의 영혼도 내게 속하였나니 범죄하는 그 영혼은 죽으리라"(에스겔 18:4).

구약교회 예배의 핵심은 '희생제사'였습니다. 희생제사란 죄값으로 죽어야 할 사람 대신 짐승을 잡아 하나님께 제사드리는 것을 말합니다. 구약의 성도들은 예배를 드릴 때마다 짐승을 가지고 하나님 앞에 나아갔습니다. 제사장은 성도의 죄를 위해 양의 머리에 안수하고, 양의 주인은 자신의 죄를 대신하여 양을 잡아 하나님께 제물로 드렸습니다. 이렇게 짐승으로 제사를 드린 이유는 죄의 값은 죽음이기 때문에 죄지은 사람을 대신하여 짐승을 죽였던 것입니다. 이렇게 함으로써 그 사람의 지은 죄가 용서를 받고 하나님과 화목을 이루었습니다.

(2) 유월절 어린양

"너희는 이스라엘 온 회중에게 말하여 이르라 이 달 열흘에 너희 각자가 어린 양
을 잡을지니 각 가족대로 그 식구를 위하여 어린 양을 취하되 너희는 그것을 이렇
게 먹을지니 허리에 띠를 띠고 발에 신을 신고 손에 지팡이를 잡고 급히 먹으라 이
것이 여호와의 유월절이니라"(출애굽기 12:3,11).

이스라엘 백성이 자신의 죄를 대신하여 짐승을 희생제물로 삼아 예배를 드린
것은 이미 아벨과 노아 그리고 아브라함 때부터 나타난 것이었습니다. 그러나 이것
을 하나님이 공식적인 예배법으로 정하신 것은 출애굽의 유월절 때부터입니다. 가
나안으로 떠나기 전날 애굽에 있던 구약의 성도들은 흠 없는 어린 양을 잡아 그 피
를 문설주에 바르고 고기는 불에 구워서 먹었습니다.

그날 밤 죽음의 천사가 애굽 전역을 휩쓸었을 때, 애굽의 처음 난 것은 사람의
자식을 비롯하여 짐승의 초태생까지 모두 죽였으나, 문설주에 양의 피를 바른 집은
그 재앙이 건너가(유월) 장자의 죽음을 면하게 되었습니다. 이 사건 이후 구약교회
의 성도들은 하나님 앞에 예배 드리러 나아갈 때에는 반드시 짐승을 가지고 가서
자신의 죄를 대신해 짐승을 희생제물로 드려야 했습니다.

(3) 최후의 만찬

"너희는 누룩 없는 자인데 새 덩어리가 되기 위하여 묵은 누룩을 내버리라 우리의
유월절 양 곧 그리스도께서 희생되셨느니라"(고린도전서 5:7).

구약교회의 성도들이 드린 어린양은 우리 주 예수 그리스도를 상징합니다. 그
래서 세례요한도 예수님을 보고 "보라 세상 죄를 지고 가는 하나님의 어린 양이로
다."(요 1:29下)라고 하여 예수님이 사람들의 모든 죄를 위해 죽을 어린양임을 알렸습
니다. 예수님은 우리의 죄를 위해 희생제물이 되기 위해 오셨습니다. 예수님은 임

박한 죽음을 앞두고 유월절에 제자들과 최후의 만찬을 나누셨습니다. 그리고 어린 양이신 그의 몸과 피를 대신하여 떡과 포도주를 제자들에게 나누어 주심으로 그의 죽음이 우리를 위한 유월절 희생제물임을 천명하셨습니다.

최후의 만찬은 교회 예배의 기초가 되었습니다. 신약교회 예배의 직접적인 근거는 성만찬에서 시작했습니다. 예수님이 제자들과 함께 마지막으로 나누신 만찬은 이후 기독교 예배의 기본적인 틀이 되었습니다. 예수님이 우리의 죄를 위해 희생제사를 드리심으로 우리는 더 이상 짐승을 바치는 제사는 드리지 않게 되었습니다. 만일 예수님의 희생제사가 없었다면, 오늘날 우리는 예배 드리러 갈 때마다 반드시 소, 염소, 양 등의 짐승을 잡아 하나님 앞에 우리의 죄를 대신해 드려야 했을 것입니다.

2. 성찬의 의미

(1) 감사

"말할 수 없는 그의 은사로 말미암아 하나님께 감사하노라"(고린도후서 9:15).

성찬 예배는 하나님의 아들 예수 그리스도의 은혜에 감사하는 예식입니다. 마땅히 죽어야 할 우리를 대신하여 죽으신, 말할 수 없는 그 은혜에 감사하는 것입니다. 뿐만 아니라 예수님의 살과 피를 우리에게 주신 그 은혜에 감사하는 것입니다. 사실 죄인이 그리스도의 몸과 피에 연합한다는 것 이상의 감사가 어디 있을까요?

(2) 기념

> "축사하시고 떼어 이르시되 이것은 너희를 위하는 내 몸이니 이것을 행하여 나를 기념하라 하시고"(고린도전서 11:24).

우리를 위해 죽으신 주님을 기념하는 축제입니다. 구약교회의 성도들은 애굽에서 종되었던 자신들을 구해 주신 유월절을 기념해서 늘 희생제사를 드렸습니다. 구약의 성도들은 희생제사를 드리기 위해 짐승을 잡을 때마다 '아! 내가 죽어야 마땅한데 이 짐승이 대신 죽는구나.' 하면서 자신의 죄를 회개했습니다. 우리는 성만찬을 행함으로 주님이 우리의 죄를 대속하기 위해 죽으신 은혜를 기념합니다. 주님의 몸과 피를 대할 때마다 '아! 죄로 인해 짐승처럼 처참하게 죽어야 되는 나를 위해 주님께서 대신 죽으시고, 나를 살리셨구나.' 하면서 감격해하는 것입니다.

(3) 성도의 교제

> "우리가 축복하는 바 축복의 잔은 그리스도의 피에 참여함이 아니며 우리가 떼는 떡은 그리스도의 몸에 참여함이 아니냐"(고린도전서 10:16).

성만찬은 원래 예수님이 죽으시기 전날 밤 제자들과 함께한 최후의 만찬에서 출발했습니다. 만찬이란 글자 그대로 저녁식사입니다. 사람들에게 있어서 교제하기에 가장 적합한 장소는 식탁입니다. 예수님은 지상에 계실 적에 항상 제자들과 함께 먹고 마시면서 식탁 교제를 나누셨습니다.

'제자들과 항상 한 식탁에서 식사를 하셨다는 것'은 예수님과 제자들은 이미 한 가족이었다는 것을 의미합니다. 그러므로 성만찬은 다름 아닌 하나님 나라 가족들이 하나님을 모시고 식사하는 자리인 것입니다. 그런데 식탁의 떡과 잔이, 그냥 떡과 잔이 아니라 예수 그리스도라는 것입니다. 주님은 떡은 예수 그리스도의 살이고 포도주는 예수 그리스도의 피라고 친히 말씀하셨습니다. 따라서 떡과 잔에 참여하는 것은 예수 그리스도를 먹고 마시는 것과 동일한 것입니다.[116] 우리는 떡과 잔에 참여함으로 먼저는 그리스도와 교제를 이룹니다. 떡과 잔에 참여하는 것은 우리가 그리스도의 몸에 동참한다는 것이요, 내가 그리스도 안에 그리스도가 내 안에 거하는 은혜를 실질적으로 누리는 것입니다. 그리고 성도 모두가 한 떡과 한 잔에 참여함으로 하나님의 한 가족, 한 형제가 되었음을 확인하는 것입니다.

116) 성찬과 주의 임재

성만찬을 할 때 주님이 어떻게 임재하시느냐에 관한 것입니다. 오랫동안 논쟁이 되어 왔으며, 지금도 학자들에 따라 상당한 견해차를 가지고 있는 민감한 사안이기도 합니다. 대표적인 학설을 소개합니다.

1. 로마교회의 화체설

로마교회가 주장하는 화체설이란 성만찬의 떡과 포도주가 주님의 살과 피로 실재로 변화한다는 것입니다. 떡과 포도주가 그리스도의 몸으로 직접 변화하기 때문에 성만찬 시에 그리스도의 육체적인 몸이 직접 와 있다는 것입니다. 신부가 축사하면 떡과 포도주가 주님의 몸으로 변한다는 것입니다. 떡과 잔이 주님의 실재적인 몸이고 피이기에 참여만 하면 자동적으로 은혜가 임한다고 함으로 말씀 선포보다 성만찬을 더 중요시합니다. 떡과 포도주가 실재로 주님의 몸이니 일반 신자들은 몸인 떡에만 참여할 수 있고 피는 너무 거룩하기 때문에 신부만 참여하는 것으로 되어 있습니다. 그리고 떡과 잔이 주님의 실재적인 몸과 피이기에 극히 소중히 여겨야 한다고 하여 이를 숭배하고 있습니다.

2. 루터파의 공제설

루터파의 성찬관은 공제설입니다. 공제설이란 성만찬 시에 주님이 육체로 임하신다는 것입니다. 어떻게 임하는지는 모르지만 그리스도의 몸과 피가 성만찬의 떡과 잔에 임한다는 것입니다. 루터파에서는 그렇게 이야기하지 않지만, 공제설은 로마교회의 화체설과 크게 다르지 않습니다.

3. 쯔빙글리파의 기념설

쯔빙글리는 기념설을 주장했습니다. 기념설이란 성만찬 시에 떡과 잔이 로마교회의 화체설처럼 그리스도의 몸과 피로 변한다든가, 루터파처럼 떡과 잔에 그리스도의 몸과 피의 요소가 함께 있다는 것이 아닙니다. 성만찬은 예수 그리스도의 죽으심을 기념하고 회상한다는 것입니다.

4. 칼빈의 영적 임재설

영적 임재설이란 성만찬 시에 그리스도의 육체가 실재로 임하는 것도 아니고, 단순히 그의 죽으심을 기념하는 것이 아닙니다. 성만찬을 합당하게 시행하면 그리스도의 모든 구원하신 은혜가 영으로 우리에게 전해 온다는 것입니다. 그렇기 때문에 성만찬에 참여하는 사람들은 실재로 은혜를 받습니다. 믿음으로 떡과 잔을 받으면 영적 은혜가 오는 것입니다. 그리스도가 몸이 아니라 영으로 성만찬에 오십니다. 그렇기 때문에 성만찬을 믿음으로 받는 사람은 주님과 영적 연합을 이루며 신앙이 자라게 됩니다.

(4) 복음전도

"너희가 이 떡을 먹으며 이 잔을 마실 때마다 주의 죽으심을 그가 오실 때까지 전하는 것이니라"(고린도전서 11:26).

성만찬에 참여하는 것은 복음전도와 깊은 관계가 있습니다. 성만찬은 주님과의 석별의 정을 나누는 장소였을 뿐만 아니라 앞으로 재림하실 하나님 나라의 잔치이기도 합니다. 초대교회의 성도들은 늘 모여서 예배를 드리며, 떡과 잔을 나누었습니다. 사람들이 "왜 당신들은 모일 때마다 떡과 잔을 나누는 거요?" 하고 물으면 "오늘 우리가 떡을 먹고 잔을 나누는 것은 예수님이 우리를 위해 피 흘려 죽으시고, 머리에 가시 면류관을 쓰시고 창에 찔려 죽으신 것을 기념하는 것이라오. 예수님은 우리의 구세주일 뿐만 아니라 당신들을 위해서도 죽으신 분이라오. 당신도 우리 주 예수를 믿으시오."라고 말할 수 있었던 것입니다. 그러므로 떡과 잔을 먹고 마시는 것이 주님이 우리를 위해 죽으셨음을 이방에 알리는 것이요, 먹고 마실 때마다 우리를 위한 그리스도의 죽음을 상기하여 복음전도의 각오를 새롭게 하는 것입니다.

(5) 종말의 소망

"그러나 너희에게 이르노니 내가 포도나무에서 난 것을 이제부터 내 아버지의 나라에서 새것으로 너희와 함께 마시는 날까지 마시지 아니하리라 하시니라"(마태복음 26:29).

성도들은 주님의 성만찬에 참여함을 통해 그리스도의 재림을 소망하게 됩니다. 부활하신 주님은 다시 오시겠다고 우리에게 약속하셨습니다. 성만찬은 주님의 다시 오심을 소망하는 자리입니다. 초대교회의 성도들은 성만찬 예배를 드리면서

"주 예수여, 오시옵소서."(마라나타: μαρανατα)라고 하여 주님의 재림을 위해 기도했습니다.[117]

다가올 하나님 나라에서 하나님과 더불어 먹고 마시는 아름다움이 이 땅에서는 성만찬의 형식으로 진행되는 것입니다. 따라서 성만찬은 예수 그리스도의 다시 오심을 기다리는 예식입니다. 그리고 영으로 다시오신 주님과 더불어 먹고 마시는 아름다운 천국 잔치입니다.

3. 성찬의 효과

(1) 자기를 돌아봄

"사람이 자기를 살피고 그 후에야 이 떡을 먹고 이 잔을 마실지니 주의 몸을 분별하지 못하고 먹고 마시는 자는 자기의 죄를 먹고 마시는 것이니라"(고린도전서 11:28-29).

성찬을 통해 성도는 자기를 돌아봅니다. 그리스도와 연합한 거룩한 백성인 내가 얼마나 거룩하게 살고 있는지를 살펴봅니다. 그동안의 삶을 다시금 돌이키고 회개합니다. 그리고 죄를 멀리하고 거룩하게 살겠다는 다짐을 합니다. 실로 자신을 겸손히 돌아보기에 적합한 시간은 성만찬이 이루어지는 예배시간입니다. 주님의 몸과 피를 대하는 심령은 참으로 경건해집니다. 특히 성만찬이 이루어지는 예

---

117) 마라나타

'마라나타'라는 기도문은 성만찬 예배에서 공식적으로 사용된 예배 용어입니다. 마라나타의 뜻은 두 가지입니다. 하나는 '예수님, 제자들과 함께 계셨던 것처럼 여기 오셔서 우리와 함께 계셔 주십시오.' 하는 것과, 다음은 주님의 재림을 기대하면서 '주님, 어서 속히 오셔서 이 세상의 불의를 심판하시고 의인들을 구원하소서.'라는 뜻입니다. 성경의 마지막 책인 요한계시록의 마지막도 '주 예수여 오시옵소서.'로 끝나고 있습니다. 이로 보아 초대교회 성도들의 소망은 주님의 재림에 있었다는 것을 알 수 있으며, 재림 소망은 성만찬을 통해 강화되었음을 알 수 있습니다.

배시간에는 성령의 임재가 강하게 나타나기 때문에 더욱 자신을 돌아보아 회개하게 됩니다.

(2) 그리스도의 몸에 연합됨

> "그들이 먹을 때에 예수께서 떡을 가지사 축복하시고 떼어 제자들에게 주시며 이르시되 받아서 먹으라 이것은 내 몸이니라 하시고 또 잔을 가지사 감사 기도 하시고 그들에게 주시며 이르시되 너희가 다 이것을 마시라 이것은 죄 사함을 얻게 하려고 많은 사람을 위하여 흘리는 바 나의 피 곧 언약의 피니라"(마태복음 26:26-28).

성도는 이미 그리스도의 몸에 참여한 자입니다. 그런데 세상을 살다 보면 믿음이 연약해져 세상에 참여하는 일이 많아집니다. 그렇게 되면 자신이 과연 그리스도께 속한 자인지, 세상에 속한 자인지를 망각하기 쉽습니다. 때로는 자신의 신분을 완전히 망각함으로 너무나 세속적이 되어, 믿음을 잃어버리기까지 합니다.

바울과 동행하며 복음을 열심히 전하던 사람들도 훗날 믿음을 잃어버리고 오히려 하나님을 대적했습니다(딤후 1:15). 성도는 성찬을 통해 자신이 세상에 속해 있지 않고 그리스도께 속해 있음을 새롭게 확인합니다. 그러면서 '아! 나는 그리스도와 함께 죄에 대하여 죽고, 그리스도와 의에 대해 산 사람이구나. 다시금 주와 동행하자.'라고 스스로에게 다짐합니다.

(3) 영육 간의 건강

성도의 영적 건강은 그리스도와 함께하는 확신에서 얻어집니다. 즉 믿음이 좋은 사람이 영적으로 건강한 사람입니다. 성만찬은 성도가 그리스도와 한 몸임을 실질적으로 알게 합니다. 따라서 성도는 성찬을 통해 영적 건강을 얻습니다. 성찬은 육신적 건강을 유지하는 역할도 합니다. 따라서 초대교회에서는 몸이 불편해서 예배에 참석하지 못했던 성도들에게 성만찬 예배가 끝나고 남은 떡과 잔을 주었습니다. 예배를 경건하게 잘 드리는 분들은 대부분 건강의 복을 받습니다.

4. 성찬에 참여하는 자격

성찬은 분별력이 없는 아이나(고전 11:28) 불신자 그리고 결함이 있는 성도는 참여하지 못합니다. 성찬은 모든 사람을 위하여 있는 것이 아니라 오직 스스로를 살필 수 있는 참된 성도를 위하여 존재합니다.

🌳 함께 나누어요

1. 성만찬에 참여하는 이유를 말해 봅시다.
2. 성찬에 참여하는 유익을 말해 봅시다.

제16과
세계선교

"오직 성령이 너희에게 임하시면 너희가 권능을 받고 예루살렘과 온 유대와 사마리아와 땅 끝까지 이르러 내 증인이 되리라 하시니라"(사도행전 1:8).

21세기 지구촌은 인구가 폭발적으로 증가하고 있습니다. 그러나 그들은 대부분 예수 그리스도를 알지 못한 채 죽어 가고 있습니다. 70억 인구의 2/3가 복음을 듣지 못하고 있을 뿐만 아니라 지구촌 곳곳에서 이슬람 근본주의를 비롯한 많은 이방 종교들이 맹위를 떨치고 있습니다. 현재 100여 개 나라에서는 선교사의 출입을 막고 있으며, 1,200여 개 작은 부족 단위의 국가들은 아직 복음을 듣지 못한 상태로 그냥 방치되어 있습니다.

1. 오늘 사망의 빗장을 부수시고(아펜젤러의 기도문)

"오늘 사망의 빗장을 부수시고 부활하신 주님께 간구하오니 어두움 속에서 억압을 받고 있는 이 한국 백성에게 밝은 빛과 자유를 허락하여 주옵소서." 이 기도문은 지금으로부터 127년 전인 1885년 부활절 날 제물포 항구에 발을 디딘 아펜젤러 선교사의 기도문 중 일부입니다.

2. 복음에 빚진 자

아펜젤러 선교사와 언더우드 선교사가 입국하던 1885년 당시 우리나라는 미개하고 가난한 나라였습니다. 그러다가 1910년에 한일합방이 되었습니다. 산천초목마저 일본이 빼앗아 가고 남은 것은 거의 없었습니다. 1945년에 해방되었으나 1950년에 6·25 전쟁이 일어나 그나마 남아 있던 것까지 모두 파괴되었습니다. 1960년 세계통계에 의하면, 세계 122개 나라 중 우리나라의 국민소득은 세계 121번째였습니다. 그러던 우리나라가 지금은 경제력이 세계 10위권이고, 철강, 조선, 자동차, 반도체, 가전제품 등의 산업은 세계 최고 수준입니다. 이는 우리나라 5천 년 역사 이래 최고의 전성기입니다.

우리나라가 발전할 수 있었던 것은 여러 요인이 있겠지만 그중 하나가 외국인 선교사들 덕분이었습니다. 1885년에 의사 알렌이 선교사로 들어와서 병든 고종 황제를 고쳐 주고, 고종의 주치의가 되었으며, 세브란스의 전신인 광혜원을 세웠습니다. 수많은 선교사가 자국에서 대규모의 선교비를 모금해 와서 각종 선교사업을 시작했습니다. 교회당과 고아원을 만들고, 현대식 병원을 세우며, 교육기관을 지었습니다. 그러면서 오늘날의 교육제도가 생겼습니다. 연세대, 서강대, 이화여대 등의 명문 사학들이 선교사들이 세운 학교입니다. 우리나라에서 여성들이 학교에 가고, 사회로 진출하게 된 것도 기독교를 만나면서부터입니다. 한국 발전에 미친 선교사들의 업적은 실로 지대했습니다.

서울 망원동에 있는 양화진 외국인 선교사 묘지에만 선교사 417명이 잠들고 있습니다. 기독교 역사상 100년이라는 기간 동안 선교사가 가장 많이 파송된 나라가 한국입니다. 그리고 가장 많은 선교사가 순교한 나라도 한국이라고 합니다. 6·25 전쟁 때는 미군 54,246명, 유엔군 628,993명의 젊은이들이 희생당했습니다. 우리는 복음에 빚지고, 사랑에 빚진 나라입니다.

3. 하나님의 선교사 예수 그리스도

"하나님이 세상을 이처럼 사랑하사 독생자를 주셨으니 이는 그를 믿는 자마다 멸
망하지 않고 영생을 얻게 하려 하심이라 하나님이 그 아들을 세상에 보내신 것은
세상을 심판하려 하심이 아니요 그로 말미암아 세상이 구원을 받게 하려 하심이
라"(요한복음 3:16-17).

하나님은 사랑이십니다. 하나님은 사랑받을 만한 가치가 없는 죄인을 사랑하십
니다. 우리 인간은 스스로 하나님을 떠나 끊임없이 죄를 지었기 때문에 도저히 용
서받을 수 없는 존재입니다. 인간은 태어나면서 죄를 지으며, 죄의 값으로 이미 심
판을 받아 저주와 멸망의 길로 나아가고 있습니다. 인간에게 있어서 죽음은 죄의
값이며, 영원한 저주입니다. 인간은 스스로 이 저주에서 벗어날 수 없습니다. 인간
은 참으로 비참한 존재입니다.

이런 비참한 처지에 놓인 우리를 위해 하나님은 계속해서 그의 종들을 선교사
로 보내셨습니다. 그러다가 최후에는 그의 아들을 우리를 위해 선교사로 보내셨습
니다. 하나님의 아들을 우리에게 보내신 것은 우리가 심판을 면하고 영생을 얻게
하려 하기 위함입니다. 하나님이 우리에게 보내신 선교사 예수 그리스도의 구원 사
역을 통해 인류는 마침내 구원을 받게 되었습니다.

4. 주님의 지상 명령

"예수께서 나아와 말씀하여 이르시되 하늘과 땅의 모든 권세를 내게 주셨으니 그
러므로 너희는 가서 모든 민족을 제자로 삼아 아버지와 아들과 성령의 이름으로
세례를 베풀고 내가 너희에게 분부한 모든 것을 가르쳐 지키게 하라 볼지어다 내가
세상 끝날까지 너희와 항상 함께 있으리라 하시니라"(마태복음 28:18-20).

구원받은 신자라면 생명을 주신 그리스도의 명령을 소중히 여기고 이를 지켜야 합니다. 그리스도의 명령을 따르는 것이 신자의 본분이요, 구원받은 증거이며, 영적 생명을 성장시키는 것이기 때문입니다. 주님의 모든 명령은 생명을 다해 지켜야 하는 것이지만, 특별히 전도에 관한 명령은 마지막으로 당부하신, 유언적 성격을 띤다는 사실을 기억해야 합니다.

우리에게 전도를 명하신 주님은 자신이 하늘과 땅의 모든 권세를 지니고 계심을 상기시키십니다. 하늘과 땅의 권세를 가진 주님이 이 세상 끝까지 우리와 함께 하실 것을 약속하십니다. 이는 주님이 친히 하신 약속입니다. 그런데 이 약속은 전도 명령과 함께 주어지고 있습니다. 주님이 성도들과 언제라도 함께 있을 것이지만, 복음을 전하는 자리에 특별한 관심을 보이시겠다는 것입니다. 예수 충만, 성령 충만은 복음전도를 하는 사람을 위해 준비된 것입니다.

5. 주님의 증인

"오직 성령이 너희에게 임하시면 너희가 권능을 받고 예루살렘과 온 유대와 사마리아와 땅 끝까지 이르러 내 증인이 되리라 하시니라"(사도행전 1:8).

주님의 선교명령을 수행하는 일은 아무나 할 수 있는 것은 아닙니다. 주님은 영혼을 구원하는 명령을 특별한 사람들에게만 맡기셨습니다. 주님은 하나님의 영, 즉 성령을 받은 사람들에게만 선교할 수 있는 능력을 주셨습니다. 성령이 임함으로써 우리는 예수님의 증인이 됩니다. 예수님이 주라는 진리를 믿고 예수님을 주로 고백한 사람은 성령이 임한 사람입니다. 성령님이 아니고서는 예수님을 주라고 고백할 수 없습니다. 왜냐하면 악한 영이 그 어두움의 권세로 사람들을 미혹하여 예수님이 주라는 진리를 감추고 있기 때문입니다. 그러나 주님이 보내신 성령을 받으면 어두움의 권세는 물러가고 예수님이 주라는 진리를 깨닫게 됩니다. 그리고 우리에게 임한 성령으로 말미암아 권능을 받습니다. 어느 특정한 사람에게만 권능이 임하는 것이 아니라 예수님을 주로 믿는 사람이라면 누구에게나 권능이 임합니다.

하나님이 신자에게 성령을 부어 주시고 권능을 주신 중요한 이유가 있습니다. 그것은 바로 땅 끝까지 이르러 예수님의 증인이 되라는 것입니다. 여기서 증인이란 예수님이 세상 죄를 지고 십자가에서 죽으신 후 장사한 지 사흘 만에 다시 부활하심으로 세상을 구원하시고 온 천하의 주가 된 사실을 보고 듣고 전할 수 있는 사람을 말합니다.

6. 주님의 재림

"이 천국 복음이 모든 민족에게 증언되기 위하여 온 세상에 전파되리니 그제야 끝이 오리라"(마태복음 24:14).

지구는 마지막 날을 향해 부지런히 나아가고 있습니다. 우리가 사는 지구가 언젠가는 멸망하리라는 사실에 대해서 과학자들은 대체로 동의합니다. 자원고갈, 인구폭발, 환경오염, 기근, 기상이변 등 이미 과학의 한계를 넘어선 문제는 인류의 장래에 탈출구가 없음을 직접적으로 보여 줍니다. 예수 그리스도가 다시 오시는 날이 인류의 마지막 날이 될 것입니다. 그렇다면 주님은 언제 오실까요? 수많은 사람이 주님이 오실 날짜까지 예측했다가 결국 이단으로 정죄받았고, 여호와의 증인들의 경우는 주님이 이미 영으로 재림하셨다는 이단 사설을 펴고 있습니다. 예수 그리스도의 재림은 복음의 세계적 전파와 밀접한 관련이 있습니다. 온 세상 땅 끝까지 복음이 전파되어야 주님이 재림하실 것입니다.

7. 교회와 선교

(1) 파송된 선교사의 선교지와 그 가족에 대한 이해

선교지에 대해 잘 알아보도록 합시다. 선교하는 나라에 대한 구체적인 정보는 선교를 이해하고 간접 선교를 하는 데 필수적인 요소입니다. 또한 선교지에 파송되어 있는 선교사와 그 가족에 대한 이해도 매우 중요합니다. 선교의 핵심은 선교사와 그 가족이기 때문입니다.

(2) 단기 선교와 선교지 방문

요즘은 해외여행을 가는 사람들이 많아졌는데, 해외여행을 갈 기회가 있다면 선교지를 방문하는 것도 유익합니다. 구체적인 계획을 세워 단기 선교 목적으로 선교지를 방문하는 것도 좋습니다. 선교지를 방문할 때에는 선교사의 사역에 방해가 되지 않도록 각별히 유의해야 합니다.

(3) 선교사에게 격려 편지하기

외국으로 간 선교사들은 여러 가지로 외로운 가운데 영적 전쟁을 해야 합니다. 성도들이 선교사들에게 보내는 격려 편지는 끊임없이 영적 전쟁을 해야 하는 선교사들에게 큰 위로와 힘이 됩니다.

(4) 선교 헌금

파송된 선교사들을 위해 매달 일정액의 선교 헌금을 하는 것이 선교사역을 돕는 방법 중의 하나입니다.

(5) 기도

선교사들을 위한 가장 중요한 지원은 기도입니다. 선교사들을 위해 작정하고 기도하는 것이 무엇보다 중요합니다.

8. 세계는 나의 교구입니다

18세기를 살았던 존 웨슬리는 "세계는 나의 교구다."라고 외치면서 땅 끝까지 복음을 전하기 위해 온 힘을 다했습니다. 그 결과 감리교단이 생겨났습니다. 웨슬리 사후 200여 년이 지난 21세기는 웨슬리 때와는 비교도 할 수 없을 만큼 세계가 하나가 되었습니다. 기독교선교 이래 선교사들로부터 가장 많은 혜택을 누렸고, 가장 많은 발전을 이룬 한국교회는 이제 힘을 다해 그 빚을 갚아야 할 때입니다. 가깝게는 북한 선교입니다. 그리고 온 세상 모든 나라를 향해 복음을 전해야 합니다. 내가 가든지 보내든지 해야 합니다.

🌳 함께 나누어요

1. 선교하는 사람들에 대해 갖고 있었던 생각을 나누어 봅시다.

2. 선교는 왜 해야 합니까?

3. 나는 어떻게 선교에 동참할 수 있을까요?